La Toscane

et Florence

Berceau de la Renaissance, terre de raffinement, l'élégante Toscane a vu naître les plus grands génies de la peinture, de l'architecture et des sciences. À partir du 16e s., sa capitale, Florence, couvée par les Médicis, assiéra sa suprématie sur une constellation de cités-États aussi brillantes que prospères – Sienne, Pise, Lucques, Arezzo... – devenues de splendides villes-musées. Vous découvrirez cet héritage exceptionnel en même temps qu'un art de vivre sophistiqué ; la Toscane a donné ses lettres de noblesse à l'huile d'olive et au vin italien et le seul mot "chianti" est porteur de mille promesses. *Salute* !

"Ce que vous voyez est unique au monde. Nulle part la nature n'est à ce point subtile, élégante et fine. Le dieu qui fit les collines de Florence était artiste. Oh ! Il était joaillier, graveur en médailles, sculpteur, fondeur en bronze et peintre ; c'était un Florentin."

Anatole France

SOMMAIRE

VIGNOLA
AlBICOCCHE
IT CAT I
€4,00
Kg
amor

Préparez votre voyage

Au Mercato Centrale, Florence

EN UN CLIN D'ŒIL

La Toscane vue d'un satellite ou par le petit bout de la lorgnette : des chiffres et des données pour cerner l'identité de cette région d'Italie.

10

C'est le nombre de cavaliers se retrouvant à Sienne deux fois par an lors du Palio, pour faire trois tours de la piazza del Campo. Chaque duo représente l'un des 17 *contrade* de la ville (tous ne peuvent donc y participer). Seuls neuf chevaux se tiennent sur la ligne de départ, le dixième est contraint de partir après les autres.

3 750 000 HABITANTS

La Toscane (22 990km²) compte 3,75 millions d'habitants, dont 10% vivent à Florence, qui s'étend sur 102km², soit à peu près comme Paris intra-muros.

1564

Galilée est né à Pise en 1564 et mort à Florence en 1642. C'est dans sa ville natale qu'il aurait formulé ses théories sur la chute des corps et le mouvement des pendules.

PONT COUVERT

En 1593, le Ponte Vecchio a cessé d'accueillir boucheries et tanneries à la suite de l'injonction de Ferdinand Ier de Médicis, qui n'en supportait pas l'odeur. Depuis, il abrite des boutiques d'orfèvres et des joailliers. Notons que c'est l'unique pont de la ville épargné par les bombardements nazis de 1944.

MODE

À Florence sont nées de prestigieuses maisons comme Gucci, Ferragamo et Pucci, qui y ont aussi ouvert leur musée.

1883

C'est l'année où le Florentin Carlo Collodi, rédige *Les Aventures de Pinocchio*, la célèbre marionnette en bois.

4°

C'est l'inclinaison de la tour de Pise, haute de 58,36 m.

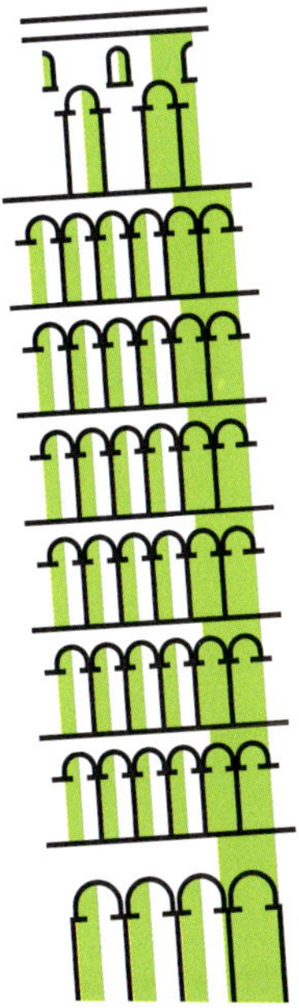

AU SOMMET !

La coupole du Duomo de Florence atteint quelque 85m de hauteur. Son diamètre maximum est de 45,4m, soit la longueur de deux courts de tennis !

ARMOIRIES

Cinq boules rouges et une boule bleue fleurdelisée : on retrouve partout à Florence le blason des Médicis. Ces boules seraient des besants (pièces de monnaie), rappelant que les Médicis avaient fait fortune dans la banques. Les fleurs de lys évoquent leurs liens avec la Couronne française.

VIN

35 millions de bouteilles de Chianti Classico sont produites chaque année.

4,34M

Voire 5,14m socle compris : c'est la hauteur du *David*, la célébrissime sculpture de Michel-Ange, originaire de Florence.

★ LES INCONTOURNABLES

★ **SIENNE** (p.162) La belle ville aux tons ocre est fameuse pour sa course échevelée, le Palio, sa piazza del Campo en forme de coquille, ses grands peintres, sa cathédrale, la gentillesse de ses habitants et ses douceurs sucrées.

★ **PISTOIA** (p.88) Non loin de Florence, au pied des Apennins, ce paisible chef-lieu d'une modeste province possède un patrimoine architectural d'une richesse inattendue.

★ **GALERIE DES OFFICES, FLORENCE** (p.52) Si Florence est un livre d'histoire de l'art, ouvrez-en le principal chapitre. Ces longues salles dominant l'Arno abritent des chefs-d'œuvre de Giotto, Botticelli, Michel-Ange, Raphaël...

★ **VOLTERRA** (p.141) Juchée sur une falaise menacée par l'érosion, l'ancienne cité étrusque contemple des horizons nus. Elle allie des trésors antiques à une longue tradition du travail de l'albâtre.

★ **PIENZA** (p.172) Cette petite cité "idéale" du Val d'Orcia est née du rêve humaniste d'un pape de la Renaissance et des talents d'urbaniste et de sculpteur de Bernardo Rossellino.

★ **PIAZZA DEL DUOMO, FLORENCE** (p.46) Le cœur spirituel de la capitale toscane avec sa cathédrale gothique au dôme emblématique, son vertigineux campanile et la collection de chefs-d'œuvre de son musée...

★ **PIAZZA DELLA SIGNORIA, FLORENCE** (p.51) Grandiose aujourd'hui comme à la Renaissance : le Palazzo Vecchio à l'élégant beffroi, tout à la gloire des Médicis, y fait face à un musée de sculptures à ciel ouvert. Que de beauté !

★ **PISE** (p.100) On ne présente plus sa tour penchée, devenue l'un des emblèmes de l'Italie. Le centre historique de l'ancienne République maritime, à commencer par le Campo dei Miracoli, recèle bien d'autres merveilles.

★ **CORTONE** (p.185) Arrimée à une colline verdoyante, Cortone l'Étrusque séduit avec son dédale de ruelles aussi tortueuses qu'escarpées où les époques se fondent en une singulière harmonie.

★ **SAN GIMIGNANO** (p.146) En plein Chianti, cette ville médiévale se révèle inoubliable avec ses altières maisons-tours et les sublimes fresques de sa collégiale Santa Maria Assunta.

★ **LUCQUES** (p.110) Cette ancienne rivale de Florence a vu naître Puccini, possède les remparts les mieux préservés de Toscane, d'extraordinaires églises romanes... et une vraie douceur de vivre.

★ **AREZZO** (p.180) Les fresques du maître humaniste Piero della Francesca, une étonnante grand-place inclinée et un florilège d'édifices gothiques et Renaissance font toute sa fierté.

EN VOILÀ DES IDÉES !

Personnalisez votre séjour en multipliant vos expériences selon vos goûts et vos envies.

Vues magnifiques

Voici les spots parfaits pour découvrir Florence et les villes de Toscane de haut !

- **Duomo (Florence)** (p.46) Montez au sommet de la coupole et prenez de l'altitude en plein cœur de Florence.
- **Campanile (Florence)** (p.47) Pour une vue à 360°.
- **Basilica di San Miniato al Monte (Florence)** (p.82) Sa façade en marbre blanc domine toute la vallée !
- **Piazzale Michelangelo (Florence)** (p.83) Pour contempler le coucher du soleil sur la ville.
- **Fiesole** (p.86) On y embrasse du regard la pittoresque campagne autour de Florence.
- **Torre Pendente (Pise)** (p.100) Grimpez au sommet de la tour la plus célèbre d'Italie...
- **Torre del Palazzo Guinigi (Lucques)** (p.114) Profitez de la vue à l'ombre de sept chênes verts, à plus de 44m de haut !
- **Castellina in Chianti** (p.137) Un village fortifié avec vue sur le vignoble.
- **San Gimignano** (p.146) Cette cité médiévale hérissée de tours est un spot parfait pour admirer la campagne alentour.
- **Torre del Mangia (Sienne)** (p.162) Elle surplombe la fameuse piazza del Campo. Au sommet de ses 400 marches, le panorama est splendide !

Le meilleur de la Renaissance

À Florence, Arezzo et Pienza principalement, vous trouverez de sublimes exemples d'architecture et d'art de la Renaissance.

- **Duomo (Florence)** (p.46) Sa coupole est un chef-d'œuvre d'équilibre conçu par Brunelleschi en 1420.
- **Galleria degli Uffizi (Florence)** (p.52) Les plus belles peintures de la Renaissance y sont réunies (Botticelli, Michel-Ange, Giotto, Raphaël...).
- **Museo Galileo (Florence)** (p.54) Pour tout connaître des découvertes scientifiques de l'époque et voir le télescope de Galilée.
- **Museo Nazionale del Bargello (Florence)** (p.54) Céramiques et sculptures de grands maîtres (Michel-Ange, Giambologna...) s'exposent dans une ancienne prison.
- **Basilica di Santa Maria Novella (Florence)** (p.58) Elle abrite des chefs-d'œuvre dont un cycle de fresques de Ghirlandaio (15e s.).

Basilica di San Lorenzo (Florence) (p.64) Ses vastes volumes recèlent des trésors artistiques (Lippi, Donatello...). Derrière l'édifice s'élève le mausolée de la famille Médicis (Cappelle Medicee).

Palazzo Medici Riccardi (Florence) (p.65) L'ancienne demeure des Médicis abrite la chapelle des Mages, tapissée de fresques (1459) de Benozzo Gozzoli.

Basilica di Santo Spirito (Florence) (p.80) Dessinée par Brunelleschi, elle recèle un crucifix en bois réalisé par Michel-Ange en 1492.

Villa di Poggio a Caiano (Poggio a Caiano) (p.88) La villa de Laurent le Magnifique vaut le détour pour les fresques d'Andrea del Sarto (16e s.), son théâtre et le musée de la Nature morte.

Pienza (p.172) La "cité idéale" du pape Pie II, qui voulut en faire une illustration des principes humanistes.

Montepulciano (p.174) Des palais conçus par les plus grands architectes de la Renaissance ont fleuri autour de la Piazza Grande.

Fresques de Piero della Francesca (Arezzo) (p.180) La Basilica di San Francesco renferme l'un des plus beaux exemples de la peinture Renaissance : le cycle de fresques de la *Légende de la Sainte Croix* (15e s.).

Palazzi, cortili (palais, cours)

Florence est une ville de palais. Certains se visitent comme des musées, beaucoup sont encore habités, sont le siège d'activités publiques ou de boutiques.

Museo Davanzati (Florence) (p.48) Un voyage au 14e s., dans cette demeure de marchands florentins.

Palazzo Strozzi (Florence) (p.49) L'un des plus grands palais de Florence.

Museo Salvatore Ferragamo (Florence) (p.51) Au sous-sol du palais Spini-Feroni, l'extraordinaire collection du célèbre chausseur.

Palazzo Vecchio (Florence) (p.52) Incontournable avec sa flèche et ses airs de forteresse, l'hôtel de ville mérite une visite par ses passages secrets.

Palazzo Medici Riccardi, Florence

Palazzo Medici Riccardi (Florence) (p.65) L'ancienne demeure des Médicis est l'exemple parfait d'un palais Renaissance.

Museo Horne (Florence) (p.74) Un palais-musée pour découvrir œuvres et mobilier d'époque (Giotto, Lippi, Beccafumi...).

Palazzo Pitti (Florence) (p.78) Un édifice monumental en pierre dorée remanié au 16e s. afin d'accueillir la famille Médicis. À l'intérieur, la Galleria Palatina et sa richissime collection de peintures.
Villa della Petraia (Florence) (p.86) Façade du 16e s., cour décorée de fresques, sculptures… L'ancienne villa du roi d'Italie est une splendeur !
Palazzo Comunale (San Gimignano) (p.148) Cet édifice du 13e s. qui abrite un riche Museo Civico donne sur la plus haute tour de la ville, la Torre Grossa.
Palazzo Pubblico – Museo Civico (Sienne) (p.162) L'hôtel de ville domine la piazza del Campo de sa vertigineuse Torre del Mangia.

Fêtes historiques

Les Toscans sont très attachés à leur passé et vivent avec passion les fêtes traditionnelles (p.211) qui remontent, pour certaines, au Moyen Âge.
Calcio Storico Fiorentino (Florence) (p.72) Le 24 juin place Santa Croce, pour découvrir l'ancêtre du football !
Carnevale di Viareggio (p.121) Aussi célèbre en Italie que celui de Venise, il a traditionnellement lieu en février – mais en septembre pour l'édition 2021.

Carnevale di Viareggio

Ferie delle Messi (San Gimignano) (p.151) La foire des moissons se tient le 3e week-end de juin… depuis 1258 !
Palio di Siena (Sienne) (p.166) Cette cavalcade endiablée autour de la piazza del Campo se déroule le 2 juillet et le 16 août.
Giostra del Saracino (Arezzo) (p.186) En juin et en septembre, une fête médiévale sur la gand-place d'Arezzo.
Gioco del Ponte (Pise) (p.212) La "joute du pont" a lieu le dernier samedi de juin.

En amoureux

La Toscane est l'une des contrées les plus romantiques au monde, où les balades main dans la main laissent des souvenirs impérissables…
Promenade sur les berges de l'Arno (Florence) (p.54) Flânez-y en fin de journée, lorsque la lumière de miel embrasse le pont et les *palazzi*.
Giardino di Boboli (Florence) (p.79) Pour déambuler entre fontaines et bosquets…

Balade sur la colline de San Miniato (Florence) (p.82) Profitez du plus beau crépuscule de Florence.

Settignano (Florence) (p.86) La villa Gamberaia possède un romantique jardin à l'italienne avec vue sur la vallée.

Remparts (Lucques) (p.117) Pour une balade à pied ou à vélo sous les arbres de la passeggiata delle Mura.

Ristoro di Lamole (Greve in Chianti) (p.135) Avec sa terrasse panoramique pour un dîner *molto romantico* !

Villa Il Poggiale (San Casciano in Val di Pesa) (p.227) Une demeure historique au milieu des oliviers, avec piscine, sauna et chambres de rêve...

En famille

Une région idéale pour des vacances en famille (une fois que les enfants ont un peu grandi), permettant d'alterner moments de détente au bord de la piscine et visites de lieux historiques.

Museo Galileo (Florence) (p.54) Un musée fascinant et ludique : les objets scientifiques sont mis en scène sur des vidéos.

Vivoli (Florence) (p.75) Réputé pour être le meilleur glacier du monde !

Torre Pendente (Pise) (p.100) Un grand classique : la photo en faisant mine d'empêcher la tour de tomber.

Monteriggioni (Environs de Colle di Val d'Elsa) (p.141) Une cité fortifiée pour un voyage au Moyen Âge !

Festa del Grillo (Florence) (p.212) La fête préférée des enfants !

Terrasses avec vue

Pour des vues sublimes sur les toits des villes ou sur les vignes du Chianti en sirotant un verre ou en savourant un plat traditionnel.

Sesto on Arno (Florence) (p.63) Ici, cocktail avec vue sur le fleuve et la ville...

La Castellana (Greve in Chianti) (p.134) Pour déguster un filet de bœuf à la truffe en dominant la vallée.

Ristoro di Lamole (Greve in Chianti) (p.135) Un restaurant dont la terrasse panoramique ouvre sur l'un des plus beaux sites du Chianti !

Cantinetta di Rignana (Greve in Chianti) (p.135) Devant un bâtiment en pierre, dînez en admirant les collines du Chianti.

Podere le Vigne (Radda in Chianti) (p.139) Savourez une grillade typiquement toscane au milieu des vignes.

Le Vecchie Mura (San Gimignano) (p.153) Goûtez les *pici* (spaghettis) de San Gimignano sur une verdoyante terrasse toisant les murailles et la vallée.

Ristorante Pizzeria di Nonno Mede (Sienne) (p.177) À la tombée de la nuit, vue enchanteresse sur la colline du Duomo...

Bellavista (San Gimignano) (p.229) Comme son nom l'indique, cet hôtel jouit d'une fort belle vue sur les tours de San Gimignano.

Cuisine toscane

Les Toscans sont attachés à leurs traditions, surtout en cuisine !

Trattoria Guelfa (Florence) (p.61) L'adresse idéale où déguster la fameuse *bistecca alla fiorentina*.

13 Gobbi (Florence) (p.62) Ossobuco de veau ou bœuf à la truffe noire ? Votre cœur balance...

Trattoria Cibrèo (Florence) (p.76) La vraie cuisine toscane, de saison et du marché !

All'Antico Ristoro di Cambi (Florence) (p.83) Découvrez la *finocchiona* (saucisson au fenouil mariné dans le vin), la *ribollita* (soupe de légumes au pain) et les tripes à la florentine sous les belles voûtes de la salle.

La Casalinga (Florence) (p.84) Dans une ambiance aussi chaleureuse qu'animée, laissez-vous conter les secrets de la cuisine familiale toscane.

Trattoria Al Tranvai (Florence) (p.84) L'une de ses spécialités ? Les *penne alla chiantigiana*, des pâtes à la saucisse et au fenouil revenues dans le vin.

La Bottega (Radda in Chianti) (p.139) Les plats sont préparés avec des légumes du jardin et des produits du terroir arrosés d'huile d'olive maison.

Bel Mi' Colle (Colle di Val d'Elsa) (p.145) Adoptez le *slow food* en savourant les pâtes et le pain maison, et des recettes à base de produits issus de filières courtes.

Il Saraceno (Arezzo) (p.187) *Crostini ai fegatini* (tartines à la mousse de foie), soupe d'épeautre et morue à la mode locale feront le bonheur des gourmets.

Domaines viticoles

Parce qu'on apprécie toujours plus un vin lorsqu'on a découvert ses vignes, ses caves, et les hommes et les femmes qui l'ont fait.

Castello Vicchiomaggio - Cantinetta San Jacopo (Greve in Chianti) (p.133) Ce domaine d'une trentaine d'hectares produit un Chianti Classico fruité, élégant et équilibré.

Castello di Verrazzano (Greve in Chianti) (p.133) Cette terre donne du vin depuis le 12e s. ! On en visite aujourd'hui le château, les caves et les jardins, et l'on y déguste du Chianti Classico...

Fattoria Casaloste (Greve in Chianti) (p.133) De ce domaine de 10ha sont issus trois Chianti Classico biologiques reconnus, dont un de réserve !

Castello di Ama (Gaiole in Chianti) (p.136) Ce domaine viticole associe art et vin en exposant les œuvres de grands artistes contemporains (Buren, Kapoor, Garaicoa...).

Castello d'Albola (Radda in Chianti) (p.137) Autour d'un château du 15e s. s'étendent 120ha de vignes qui donnent du Chianti Classico, du chardonnay, du *vin santo* et de la grappa.

Castello di Brolio (Gaiole in Chianti) (p.138) Ici naquit le Chianti Classico en 1860, grâce à un assemblage de cépages à dominante italienne.
Castello di Fonterutoli (Castellina in Chianti) (p.138) Vous y trouverez du vin, mais aussi une intense huile d'olive produite sur place.
Fattoria dei Barbi (Montalcino) (p.176) Un immense domaine où des bouteilles de *vin santo* et de brunello dorment depuis le 19e s. !

Shopping gourmand

Fromages, charcuterie, miel, huile d'olive, gâteaux secs... il n'y a pas que des pâtes à rapporter d'Italie !

Procacci (Florence) (p.55) Dans cette boutique huppée, la truffe est à l'honneur !
Mercato Centrale (Florence) (p.68) Haut en couleurs, en parfums et en saveurs, ce marché couvert abrite des stands de charcuterie, fromages et produits gourmands au rez-de-chaussée, et de nombreux restaurants à l'étage.
Mercato Sant'Ambrogio (Florence) (p.74) Légèrement excentré, cet agréable marché propose fruits, légumes, charcuteries et fromages sous une halle du 19e s. !

Mercato Sant'Ambrogio, Florence

Taddeucci (Lucques) (p.118) Le temple des *buccellati*, des pains traditionnels en forme de couronne, à l'anis et aux raisins secs.
La Cacioteca (Lucques) (p.119) Cette fromagerie en activité depuis cinquante ans propose des fromages issus du lait de brebis des montagnes de la Garfagnana.
L'Erta di Quintole (Impruneta) (p.134) Ce domaine produit une huile d'olive bio aux reflets dorés et aux saveurs d'artichaut.
Macelleria Falorni (Greve in Chianti) (p.135) L'adresse idéale des amateurs de charcuterie ! Ici, la *cinta senese* (race de porc noir très réputée) est à l'honneur sous toutes ses formes.
Castello di Fonterutoli (Castellina in Chianti) (p.138) Les amateurs d'huile d'olive goûteront ici des crus d'un vert intense aux parfums d'artichaut et d'herbes fraîches...
Nannini (Sienne) (p.176) L'adresse gourmande de Sienne pour se fournir en *panforte* aux amandes et aux épices.

ITINÉRAIRES

Trois itinéraires pour vous laisser guider selon vos inclinations et le temps dont vous disposez.

Vignes du Chianti

Huit jours dans la campagne toscane

De Florence, partez en voiture à la découverte de la Toscane rurale ! Traversez les vignobles du Chianti, foulez les pavés de sublimes cités médiévales et offrez-vous des échappées nature à pied, à vélo ou à cheval dans des paysages de carte postale... Au creux des collines, en forêt ou au bord de l'eau, profitez pleinement de cette région aux mille visages, en ralliant Arezzo, Sienne et Pise.

JOUR 1 : LES COLLINES DU CHIANTI

Matinée

De Florence, la SR222 vous emmènera sur les terres du Chianti, au sud. Observez, d'ailleurs, comment les vignes "colonisent" peu à peu les collines... Arrêtez-vous à **Montefioralle** (p.132), bourg du 16e s. où se visite la maison natale d'Amerigo Vespucci, avant de rallier **Greve in Chianti** (p.132). Déambulez sous ses arcades et faites quelques emplettes gourmandes à la **Macelleria Falorni** (p.135).

Après-midi et soirée

Reprenez la route pour **Panzano** et offrez-vous un déjeuner mémorable à l'**Officina della Bistecca** (p.131). Accordez-vous ensuite une balade digestive dans les ruelles fleuries de **Castellina in Chianti** (p.137) avant de gagner le domaine viticole **Castello di Ama** (p.136) pour déguster des crus locaux en admirant des œuvres d'art contemporain ! En fin d'après-midi, rendez-vous à **Radda in Chianti** (p.136). Dînez au **Podere le Vigne** (p.139) en savourant le coucher du soleil sur le vignoble...

JOUR 2 : LES COLLINES DU CHIANTI

Matinée

Levez-vous de bonne heure pour vivre une expérience amusante au **Querceto di Castellina** (p.138) : en compagnie de la mamma, faites le marché et apprenez à cuisiner ce que vous savourerez au déjeuner !

Après-midi et soirée

Regagnez **Radda in Chianti** (p.136). Flânez dans les rues de ce bourg fortifié jusqu'au **couvent Santa Maria in Prato**, afin de visiter la **Casa del Chianti Classico**. Faites ensuite un crochet par **Volpaia** (p.136) : ses maisonnettes médiévales et son château du 10e s. méritent le détour. Reprenez la route vers le sud pour bifurquer sur la SR429 et mettre ainsi le cap sur **Castelfranco Piandiscò**, 37km au nord-est. Près de la poste du village, vous trouverez le départ d'une boucle de randonnée de 2km qui vous fera découvrir de pittoresques formations géologiques, les **Balze del Valdarno** (rens. à la mairie Tél. 055 96 31 262). Pour dîner, suivez la SP1 vers le sud jusqu'à **Loro Ciuffenna** (10km) et attablez-vous à l'auberge-restaurant **Il Cipresso** (p.131) dans un cadre splendide, au pied des montagnes.

JOUR 3 : AREZZO ET LE CASENTINO

Matinée

Entrez dans **Arezzo** (p.180) pour voir de vos yeux la Piazza Grande, et vous émouvoir devant les sublimes fresques (15e s.) de la **Basilica di San Francesco** (p.180). Après avoir déjeuné à la **trattoria Il Saraceno** (p.187) et goûté ses fameux *crostini ai fegatini* (tartines de foie aux anchois), suivez la SR71 vers le sud : elle vous amènera à Cortone en 45min. En chemin, scrutez les abords de la route pour apercevoir la tour carrée du **château de Montecchio** (13e s.).

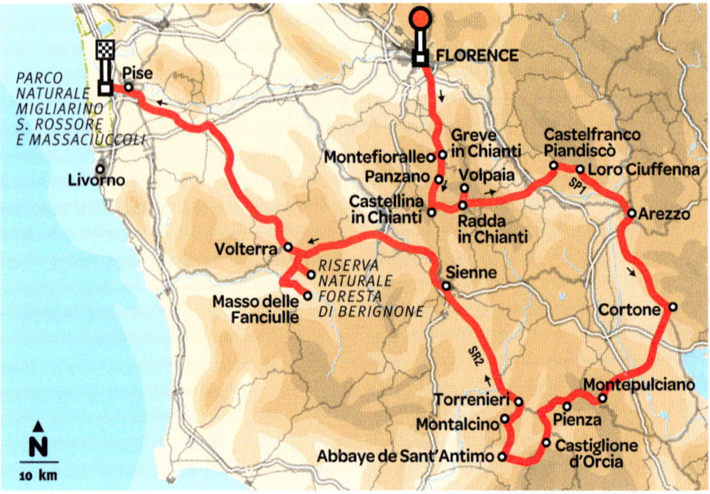

Après-midi et soirée

Arrivé à **Cortone** (p.185), gagnez la piazza della Repubblica et la piazza Signorelli où s'admirent d'imposants *palazzi* et le riche **Museo dell'Accademia Etrusca** (p.185). Faites une pause *gelato* chez **Dolce Vita** (via Nazionale, 71 www.gelateriadolcevita.it), puis déambulez jusqu'à **San Niccolò** (15e s.) : cette église du 15e s. renferme une *Déposition* de Luca Signorelli, un enfant du pays. Après un détour par le **Duomo**, installez-vous sur la terrasse de la **Taverna Pane e Vino** (piazza Signorelli, 27 Tél. 0575 631 010 www.pane-vino.it) pour dîner.

JOUR 4 : LE VAL D'ORCIA

Matinée

Rendez-vous à **Montepulciano** (p.174), la cité la plus haut perchée de Toscane (605m) ! Promenez-vous dans ses ruelles pentues jalonnées de palazzi et déjeunez à l'**Osteria Acquacheta** (p.179).

Après-midi et soirée

Au fil des 15km qui séparent Montepulciano de **Pienza** (p.172), les paysages vous sembleront sans doute familiers... Rien d'étonnant, puisque vous approcherez du célèbre Val d'Orcia, dont plusieurs cinéastes – et pas qu'eux ! – ont immortalisé les douces collines et les rangées de cyprès (www.parcodellavaldorcia.com) ! Promenez-vous dans ce village remanié au 15e s. selon les idéaux de la Renaissance, admirez sa piazza Pio II, son Palazzo Piccolomini et ses vues sublimes sur les environs. En fin de journée, laissez-vous tenter par un apéritif panoramique au bar **Il Casello** (au n°3 de la rue éponyme) avant de vous régaler de spécialités à l'**Osteria Sette di Vino** (piazza di Spagna Tél. 0578 74 90 92).

JOUR 5 : LE VAL D'ORCIA

Matinée

Dirigez-vous vers **San Quirico d'Orcia** (p.173). Garez-vous au pied des remparts et visitez les Horti Leonini, un magnifique jardin à l'italienne gardé par un bosquet de chênes verts... De là, gagnez **Bagno Vignoni** (p.175), dont la grand-place dresse ses maisons en pierres ocre autour d'une "piscine" du 16e s. Au sud du village, sous le Parco dei Mulini, vous pourrez barboter librement dans un bassin thermal aménagé au pied de roches calcaires ! Une petite faim ? Optez pour une assiette de charcuterie et de légumes marinés à **La Bottega di Cacio** (piazza del Moretto, 31 Tél. 0577 887 477 www.labottegadicacio.com).

Après-midi et soirée

Faites halte à **Castiglione d'Orcia** (p.173), sur la route de l'**abbaye de Sant'Antimo** (p.172), une merveille romane posée au creux d'un vallon enchanteur. Rendez-vous ensuite à **Montalcino** (p.172). Offrez-vous une dégustation de brunello à la **Fattoria dei Barbi** (p.176) et dînez à l'excellent restaurant du domaine.

JOUR 6 : SIENNE

Matinée

Pour gagner Sienne, suivez la SP14 en direction de l'est et bifurquez sur la SR2 à hauteur de Torrenieri. Cette petite boucle, qui rallonge à peine le trajet, vous fera traverser les lunaires **Crete Senesi** (p.171), des vallons dénudés qui moutonnent à perte de vue ! À **Sienne** (p.162), laissez votre voiture sur le parking gratuit "Il Campino", derrière le stade, et engagez-vous dans le dédale des rues pavées de la vieille ville pour gagner la **piazza del Campo** (p.162).

Après-midi et soirée

Déjeunez près de la place, à l'**Osteria Le Logge** (p.177), avant d'aller étudier une célèbre fresque de Lorenzetti (14e s.) au **Palazzo Pubblico** (p.162). Admirez ensuite le dallage du **Duomo di Santa Maria Assunta** (p.167) et ses bustes de 171 papes ! Faites un détour par la crypte de la cathédrale et la magnifique **Libreria Piccolomini** (p.167). S'il vous reste des forces, poussez la porte du **Museo dell'Opera Metropolitana** (p.168), sinon flânez via Banchi di Sopra avant de dîner à la **Pizzeria di Nonno Mede** (p.177), pour profiter du coucher du soleil sur le Duomo.

Les Crete Senesi

JOUR 7 : VOLTERRA

Matinée

En route pour **Volterra** (p.141), 55km à l'ouest. Garez-vous sur l'un des parkings aménagés à la périphérie, puis partez à l'assaut de cette cité perchée sur une falaise. Foulez l'impressionnante piazza dei Priori sous le regard de pierre de la **Torre del Porcellino**, jetez un coup d'œil au **Duomo** et visitez le riche **Museo Etrusco Guarnacci**.

Après-midi et soirée

Après un déjeuner végétarien au **Life Bistrot** (15, via Porta dell'Arco Tél. 0588 853 71 www.lifebistrot.com), dirigez-vous vers la **forêt de Berignone**, à 30min de route de Volterra (rens. Tél. 0588 872 57). Dépassez Saline di Volterra (2km) et tournez à gauche en suivant les panneaux marron jusqu'au parking. Chaussez-vous confortablement, emportez un maillot de bain et suivez le cours de la Cecina pour aller faire trempette en pleine nature, au **Masso delle Fanciulle** ! De retour à Volterra, poussez la porte de **L'Enoteca Scali** (3, via Guarnacci Tél. 0588 811 70) afin de goûter les meilleurs crus de la région avant de dîner à **La Carabaccia** (p.145). Déambulez ensuite dans les rues silencieuses de la cité pour vous imprégner de son atmosphère médiévale... Terminez la soirée à **L'Antica Velathri Cafè** (vicolo Ormanni, 3 Tél. 0588 190 0121), où l'adorable Pietro vous concoctera un cocktail sur mesure !

JOUR 8 : PISE ET LE BORD DE MER

Matinée

Prenez la direction de **Pise** (p.100) (65km) par la via Volterrana. Dirigez-vous vers le **Campo dei Miracoli** (p.100) pour vous faire photographier devant la **Torre Pendente** (p.100), visiter l'impressionnant **Battistero** (p.101) et admirer le **Duomo** (p.100) ! Déjeunez à la **Trattoria Sant'Omobono** (p.108).

Après-midi et soirée

Louez un vélo chez **Smile&Ride** (via Pietro Mascagni, 13 Tél. 0375 561 7631 www.smileandride.com) et partez en balade sous les pins du **Parco Naturale Migliarino San Rossore** (www.parcosanrossore.org) – l'un des plus grands parcs côtiers d'Italie ! À 5,5km du centre-ville, on y respire un air délicieusement iodé. Si l'escapade ne vous tente pas, longez la rive sud de l'Arno jusqu'à l'église **Santa Maria della Spina** (p.105) et au **Palazzo Blu** (p.106), puis traversez le fleuve pour vous offrir une glace à la **Bottega del Gelato** (p.107) et flâner jusqu'à la **piazza dei Cavalieri** (p.105). Dînez sous les voûtes de l'**Osteria dei Cavalieri** (p.109) pour conclure en beauté votre séjour.

Cet itinéraire peut être prolongé par les deux suivants à pied et à vélo. Avec un ou deux jours de plus, vous pouvez aussi faire étape à Colle di Val d'Elsa et San Gimignano entre Sienne et Volterra !

Piazza del Campo, Sienne

Trois jours de marche entre San Gimignano et Sienne

Cet itinéraire suit un tronçon de la via Francigena, la route qui amenait jadis les pèlerins de Canterbury à Rome en traversant la Toscane : 45km entre forêts, oliveraies et bourgs médiévaux de San Gimignano jusqu'à Sienne.

JOUR 1 : SAN GIMIGNANO-COLLE DI VAL D'ELSA

Matinée

Remontez le temps à la découverte du village médiéval de **San Gimignano** (p.146). Égarez-vous dans ses ruelles, puis dirigez-vous vers la **piazza del Duomo** (p.147) pour y visiter la stupéfiante **basilique Santa Maria Assunta** (p.148), toute tapissée de fresques ! Sur la **piazza delle Erbe** (p.148), levez les yeux sur les vertigineuses **Torri dei Salvucci** (p.148) avant de grimper au sommet de la **Torre Grossa** (p.148) pour profiter d'un splendide panorama.

Après-midi et soirée

Déjeunez au **Ristorante Dorandò** (p.153), puis passez sous la Porta San Giovanni pour rejoindre la **via Francigena** (p.145) en direction de Colle di Val d'Elsa (12km). Le parcours débute à gauche après le rond-point et suit la Strada comunale di Santa Lucia au milieu des vignes et des oliveraies. Entrez dans **Colle di Val d'Elsa** (p.140) et reprenez des forces à **L'Antica Trattoria** (p.145), à Colle Bassa.

JOUR 2 : COLLE DI VAL D'ELSA-MONTERIGGIONI

Matinée

Partez à l'assaut de Colle Alta... en ascenseur ! Du Baluardo, le rempart, dirigez-vous vers la piazza del Duomo avant de passer sous l'arche du **Palazzo Campana** (p.140) pour accéder au **Borgo,** la ville fortifiée (p.140). Flânez dans les rues jalonnées de palais jusqu'à la piazza Santa Caterina et à la Porta Nuova.

Après-midi et soirée

Après avoir déjeuné au **Bel Mi'Colle** (p.145), suivez le bucolique Sentierelsa (Pro Loco Tél. 0577 922 791). Traversez **Gracciano dell'Elsa** pour regagner la via Francigena. Elle vous amènera en 2h env. sous la ceinture de pierre de **Monteriggioni** (p.141). Grimpez jusqu'à ce village farouchement gardé par onze tours du 13e s. et profitez d'un dîner bien mérité à l'**Osteria Antico Travaglio** (piazza Roma, 6/A Tél. 0577 165 1764).

JOUR 3 : MONTERIGGIONI-SIENNE

Matinée

Prévoyez une copieuse provision d'eau pour affronter cette dernière étape (20km), qui débute juste après la Porta Romana. Foulez les pittoresques chemins de terre blanche à travers bois et champs et entrez dans **Sienne** (p.162) par l'Antiporto di Camollia.

Soirée

Prévoyez de vous attabler sous les poutres de l'**Osteria Nonna Gina** (p.177), afin de conclure votre périple autour d'une belle assiette de *gnocchi alla Lella* !

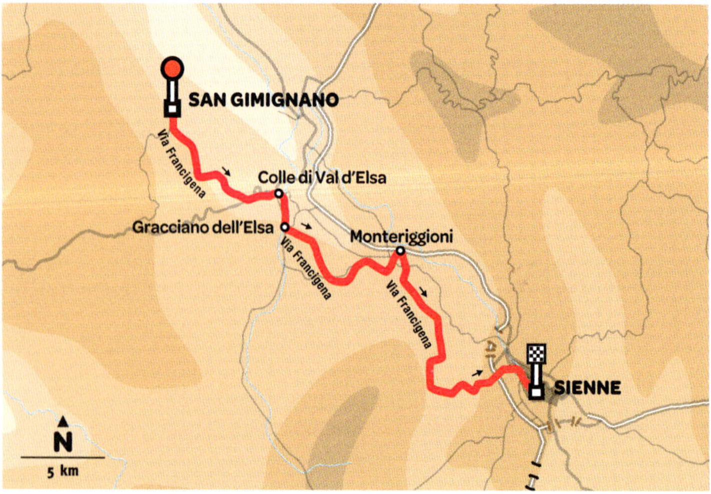

Carte postale toscane...

Trois jours à vélo de Pise à Florence

JOUR 1 : PISE-LUCQUES (22KM)

Matinée

À **Pise** (p.100), louez un vélo chez **Smile&Ride** (via Pietro Mascagni, 13 Tél. 0375 561 7631 www.smileandride.com) et gagnez la via Lenin pour emprunter le Cammino di Santa Giulia (www.camminodisantagiulia.it). Passé les faubourgs de Pise et leurs abords agricoles, rejoignez la rive du Serchio à hauteur du village de **Pappiana**. De là, un sentier bordé d'arbres et d'herbes folles longe la rivière jusqu'à **Lucques** (p.110).

Après-midi et soirée

Après une pause déjeuner à la **Buca di Sant'Antonio** (p.119), prenez le temps de découvrir **Lucques** (p.110), son adorable **piazza dell'Anfiteatro** (p.110), l'église de **San Michele in Foro** (p.111) aux étonnants graffitis médiévaux, et grimpez au sommet de la **Torre del Palazzo Guinigi** (p.114) (44,25m) pour dominer toute la ville... à l'ombre de sept chênes verts ! Profitez de la douce lumière de la fin de l'après-midi en suivant à vélo le sentier long de 4km aménagé sur les remparts. Remettez-vous de vos émotions en savourant une polenta aux cèpes au **Gli Orti di Via Elisa** (p.119).

La rive droite de l'Arno, à Florence

JOUR 2 : LUCQUES–SAN MINIATO (46KM)

Matinée

Rendez-vous à **La Grotta** (p.119) où vous trouverez de quoi vous préparer un pique-nique avant de sortir de la vieille ville en passant, à l'est, sous la Porta Elisa. Empruntez la via Romana pour rejoindre la **via Francigena** (p.145). Après avoir traversé plusieurs bourgs, faites une pause-déjeuner dans le village médiéval d'**Altopascio** et remplissez-y votre gourde.

Après-midi et soirée

Partez à la conquête des collines de la **réserve de Cerbaie** (www.ecocerbaie.it) et pédalez à travers bois au cœur d'une nature préservée. Grimpez jusqu'à **San Miniato** (p.82), une pittoresque bourgade fondée par les Lombards au 7e s. Et puisque après l'effort, vient le réconfort, offrez-vous un dîner de haute volée à **Le Colombaie** (via Montanelli, 5 – Località La Catena Tél. 0571 484 220 www.lecolombaie.eu) et goûtez la truffe locale !

JOUR 3 : SAN MINIATO-FLORENCE (42KM)

Matinée

Prenez un repas à emporter à la **Macelleria Falaschi** (via A. Conti 18-20 Tél. 0571 431 90 www.sergiofalaschi.com) avant d'enfourcher votre monture. Traversez **Empoli** et **Montelupo Fiorentino**, puis dirigez-vous vers **Signa**. Octroyez-vous une pause casse-croûte au **Parco dei Renai** (www.parcorenai.it) avant de suivre la via dei Renai et l'Arno jusqu'à Florence (13km).

Après-midi et soirée

Vous arriverez dans la capitale toscane en longeant la rive nord du fleuve. Admirez le **Ponte Vecchio** (p.54) sous son plus beau jour avant de vous engager dans le centre historique. Faites connaissance avec les splendeurs florentines en gagnant la **piazza della Signoria** (p.51) et son intimidant **Palazzo Vecchio** (p.52). Ne manquez pas la **Loggia dei Lanzi** (p.51) et arrêtez-vous pour déguster une glace chez **Perchè no !** (p.55). Traversez le Ponte Vecchio en direction du **Giardino di Boboli** (p.79). Laissez votre vélo à l'entrée et flânez dans ses allées verdoyantes jusqu'à l'étonnante **Grotta del Buontalenti**. En fin de journée, imprégnez-vous de l'atmosphère chaleureuse de l'**Oltrarno** (p.78) et succombez au rituel de l'*aperitivo* au **Volume** (p.85). Dînez à la bonne franquette à **La Casalinga** (p.84).

Astuce : pour explorer Florence à pied, laissez votre vélo au Bici Park de la gare Santa Maria Novella.

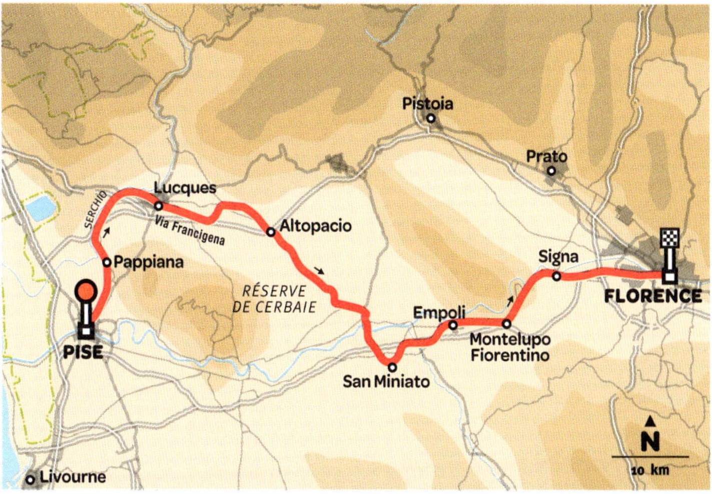

Florence, c'est le berceau de la Renaissance, l'écrin où admirer la *Naissance de Vénus* de Botticelli, le *David* de Michel-Ange, la coupole de Brunelleschi, trois symboles du Beau absolu. La cité des Médicis offre la quintessence d'une ville italienne : de sublimes lumières, des places synonymes de *dolce vita*, des restaurants entretenant la tradition et des boutiques mariant luxe et créativité.

Florence

***Portrait d'homme avec médaille de Cosme l'Ancien*, Botticelli, galerie des Offices**

Plan 1
Via della Scala
SAINT JAMES
PALAZZO VENTURI GINORI
GIARDINO DEGLI ORTI ORICELLARI
Via Bernardo Rucellai
Via degli Orti Oricellari
Via il Prato
Via Luigi Alamanni
STAZIONE DI SANTA MARIA NOVELLA
Piazza della Stazione
ALAMANNI STAZIONE SMN
VALFONDA STAZIONE SMN
Via Fiume
Via Nazionale
Largo Fratelli Alinari
31
50
54
56
SANTA MARIA NOVELLA
Via Sta Cat. da Siena
UNITA'
Via Sant'Antonino
Piazza dell' Unità Italiana
V. del Me
BASILICA DI SANTA MARIA NOVELLA
Via degli Avelli
OFFICINA PROFUMO-FARMACEUTICA DI SANTA MARIA NOVELLA
35
Via Panzani
Via Palazzuolo
Via di Santa Lucia
Via dell'Albero
12
Borgo Ognissanti
Via dei Canacci
Via Benedetta
Via Maso Finiguerra
Piazza Santa Maria Novella
Via dei Banchi
Via delle Belle Donne
17
Via del Porcellana
MUSEO NOVECENTO
Piazza San Paolino
MUSEO NAZIONALE ALINARI DELLA FOTOGRAFIA MNAF
Via del Trebbio
18
V. d. Antinori
Piazza Antinori
Lungarno Amerigo Vespucci
Via Melegnano
Via Montebello
OGNISSANTI
10
Piazza Ognissanti
41
Piazza degli Ottaviani
Via del Moro
Via del Sole
32
Ponte Amerigo Vespucci
Piazza San Pancrazio
13
MUSEO MARINO MARINI
Via della Spada
34
Via dei Tornabuoni
Via dei Fossi
Via dei Federighi
Via della Vigna Nuova
PALAZZO STROZZI
Lungarno Soderini
Via del Tiratoio
Piazza Carlo Goldoni
40
Piazza dei Rucellai
Via del Purgatorio
Via dell'Inferno
51
Via del Piaggione
Piazza di Cestello
Piazza del Tiratoio
Via del Parione
PALAZZO CORSINI
Lungarno Corsini
Via del Parioncino
CHIESA DI SAN FREDIANO IN CESTELLO
Ponte alla Carraia
BASILICA DI SANTA TRINITA
ARNO
MUSEO SALVATORE FERRAGAMO
55
Piazza Sauro Nazario
SAN FREDIANO
Via del Leone
Borgo San Frediano
Piazza degli Scarlatti
Lungarno Guicciardini
Via dei Geppi
Ponte Sta Trinita
Piazza del Carmine
Borgo Stella
Via di Santo Spirito
Piazza Piattellina
Via dei Serragli
V. dell'Ardiglione
OLTRANO
Piazza de Frescobaldi
CAPPELLA BRANCACCI
Via Maffia
V. dei Coverelli
Via dello Sprone
Borgo San Jacopo
Via dei Sapiti
BASILICA DI SANTO SPIRITO
Via Sta Monaca
0
100 m
Plan 3
1
2
3
4
A
B

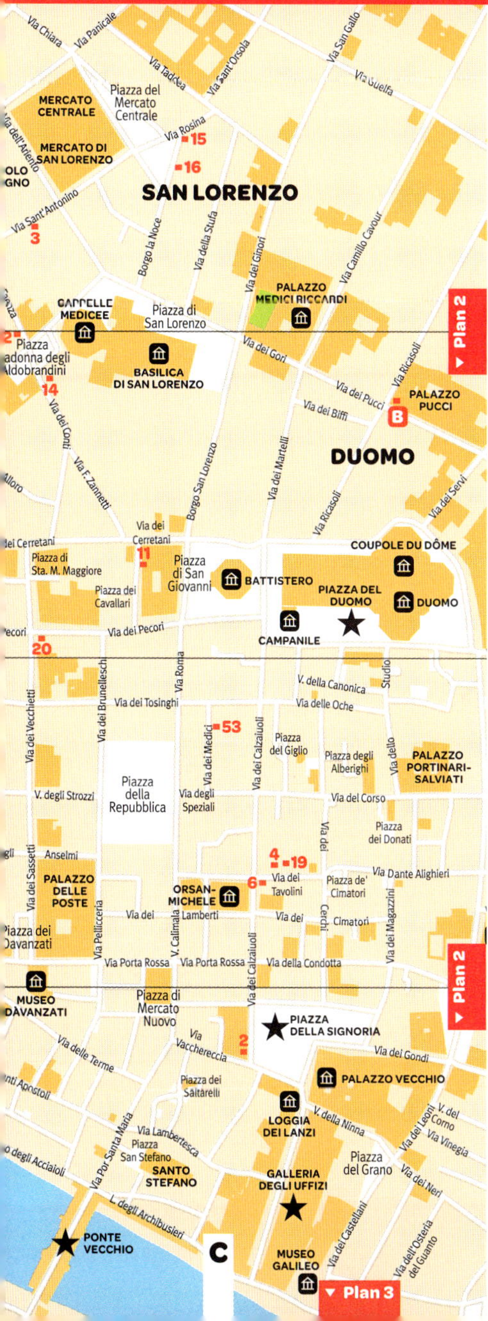

Pauses (n°1 à 7)

- *1* Bondi Focaccine - *p.69* C1
- *2* Caffè-Pasticceria Rivoire - *p.55* C4
- *4* Cantinetta dei Verrazzano - *p.56* C3
- *3* Fratelli Zanobini - *p.69* C1
- *5* I Gelati del Bondi - *p.69* B1
- *6* Perchè no ! - *p.55* C3
- *7* Procacci - *p.55* B3

Restaurants (n°10 à 20)

- *10* 13 Gobbi - *p.62* A3
- *18* Buca Lapi - *p.61* B2
- *11* Fiaschetteria Nuvoli - *p.56* ... C2
- *12* Il Contadino - *p.61* A2
- *13* Il Latini - *p.62* B3
- *14* Lo Stracotto - *p.70* C2
- *15* Mario - *p.69* C1
- *16* Nerbone - *p.69* C1
- *17* Ostaria dei Centopoveri - *p.61* B2
- *19* Ristorante Paoli - *p.56* C3
- *20* Self-Service Ristorante Leonardo - *p.56* C2

Shopping (n°30 à 35)

- *30* Alice Atelier - *p.71* B1
- *31* Fratelli Alinari - *p.63* B1
- *32* Loretta Caponi - *p.57* B3
- *35* Officina di Santa Maria Novella - *p.63* B2
- *33* Olfattorio - *p.57* B3
- *34* Otto d'Ame - *p.63* B3

Sorties (n°40 et 41)

- *40* ArtBar (Antico Caffè del Moro) - *p.63* B3
- *41* Sesto on Arno - *p.63* A3

Hébergements (n°50 à 58)

- *50* Albergo Bencidormi - *p.221* ... B1
- *57* Albergo Giappone - *p.221* B2
- *51* Albergo Scoti - *p.222* B3
- *52* Hotel Lorena - *p.221* C2
- *53* Hotel Medici - *p.221* C3
- *58* Hotel Porta Rossa - *p.224* B3
- *54* Il Ghiro - *p.222* B1
- *55* Milu Gallery Hotel - *p.224* B4
- *56* Ostello Archi Rossi - *p.221* B1

RENDEZ-VOUS AVEC...
Les adresses d'Alice Cheron

Restaurants

- **B** Regina Bistecca - *p.44* C2

Shopping

- **C** Richard Ginori - *p.44* B2

Plan 2
19
44
32
40
Via San Zanobi
Via Santa Reparata
Via degli Arazzieri
CENACOLO DI SANT'APOLLONIA
MUSEO DI SAN MARCO
Via Giorgio La Pira
Piazza San Marco
GIARDINO DI PALAZZO CAPPONI
Via San Gallo
PALAZZO FAENZI
SAN MARCO
Via Guelfa
Via Orsola
Via Gino Capponi
Via Giuseppe Giusti
1
Via Sant'
Via Cesare Battisti
BASILICA DELLA SANTISSIMA ANNUNZIATA
Via Ricasoli
GALLERIA DELL'ACCADEMIA
Via Rosina
Via Taddea
45
MUSEO ARCHEOLOGICO NAZIONALE
Piazza delle Belle Arti
PIAZZA DELLA SANTISSIMA ANNUNZIATA
Via della Stufa
Via Camillo Cavour
OPIFICIO DELLE PIETRE DURE
SPEDALE DEGLI INNOCENTI
Via della Colonna
Via Laura
Plan 1
13
15
6
PALAZZO GERINI
Via degli Alfani
14
V. dei Fibbiai
Via dei Ginori
PALAZZO MEDICI RICCARDI
Via Ricasoli
ROTONDA DI BRUNELLESCHI
Piazza di San Lorenzo
25
Via dei Servi
PALAZZO NICCOLINI
21
Via degli Alfani
BASILICA DI SAN LORENZO
Via dei Gori
Piazza Filippo Brunelleschi
Via della Pergola
2
Via dei Pucci
PALAZZO PUCCI
Via del Castellaccio
SANTA MADDA DEI
Via dei Biffi
Borgo Pinti
DUOMO
Borgo San Lorenzo
Via dei Martelli
Via Ricasoli
Via dei Servi
Via Maurizio Bufalini
OSPEDALE DI SANTA MARIA NUOVA
Via Nova de' Caccini
GIARDINO DI PALAZZO CACCINI
Via dei Pilastri
Piazza di San Giovanni
COUPOLE DU DÔME
MUSEO DELL'OPERA DEL DUOMO
Piazza di Santa Maria Nuova
31
TEATRO DELLA PERGOLA
BATTISTERO
PIAZZA DEL DUOMO
DUOMO
43
Borgo Pinti
CAMPANILE
Via Folco Portinari
BIBLIOTECA DELLA OBLATE
Via della Pergola
Via Sant'Egidio
Via Fiesolana
Via Roma
Studio
27
Via dell'Oriuolo
47
V. della Canonica
42
17
Via dei Tosinghi
Via delle Oche
Via dell'Oriuolo
Borgo Pinti
Via di M
Piazza del Giglio
Via dei Calzaiuoli
Piazza degli Alberighi
Via dello
PALAZZO PORTINARI-SALVIATI
Via del Proconsolo
PALAZZO NONFINITO
Piazza dei Pazzi
PALAZZO ALBIZI
2
Piazza Gaetano Salvemini
Via dei Pepi
3
23
41
Via del Corso
Borgo degli Albizi
Borgo degli Albizi
Via S. P. Maggiore
Via Pietr
PALAZZO PAZZI
48
Piazza San Pier Maggiore
Piazza dei Donati
Via dei Giraldi
Seggiole
Via delle Badesse
Via Martiri del pop
Via dei
11
ORSANMICHELE
Via dei Tavolini
Piazza de' Cimatori
Via Dante Alighieri
Via del Pandolfini
Via dei Pandolfini
Via dell'Ulivo
Via M. Palmieri
Lamberti
Via dei
Cerchi
Cimatori
Via dei Magazzini
Via Ghibellina
Via delle
Via dell'Agnolo
Via M. Buonarroti
MUSEO NAZIONALE DEL BARGELLO
Plan 1
Via Porta Rossa
Via della Condotta
V. della
Vigna Vecchia
16
Via d. Stinche
TEATRO VERDI
Via Giuseppe Verdi
Via della Rosa
CASA BUONARROTI
V. dell'Acqua
V. delle Burella
5
V. dei Lavatoi
Via Ghibellina
PIAZZA DELLA SIGNORIA
Piazza San Firenze
SANTI SIMONE
Via Vacchereccia
Via dei Gondi
Via dell'Anguillara
Via Torta
Via del Fico
Piazza dei Saltarelli
PALAZZO VECCHIO
Borgo de' Greci
Via Filippina
Via dei Bentaccordi
Via Giovanni da Verrazzano
46
Via dei Pepi
LOGGIA DEI LANZI
V. della Ninna
V. del Corno
Borgo de' Greci
Piazza Santa Croce
Via delle Pinzochere
Via San Cristofano
Borgo Allegri
4
Via dei Leoni
Via Vinegia
V. d. Parlagio
V. d. Magalotti
Piazza de' Peruzzi
Lgo. Bargellini
10
SANTO STEFANO
GALLERIA DEGLI UFFIZI
Piazza del Grano
Via dei Neri
Piazza San Remigio
V. dei Rustici
Via del C. Rivolto
Via delle Brache
22
BASILICA DI SANTA CROCE
Via San Giuseppe
26
1
Via dei Benci
L. degli Archibusieri
MUSEO GALILEO
Via dei Castellani
A
V. dell'Ostrina del Guanto
Via della Mosca
3
SAN REMIGIO
Via dei Neri
Borgo Santa Croce
Via A. Magliabechi
B
SANTA CROCE
Via dei Vagellai
20
Plan 3

Pauses (n°1 à 6)
- *1* All'Antico Vinaio - *p.55* A4
- *2* Antico Noé - *p.75* B3
- *3* Brac - *p.56* A4
- *4* Caffè Cibrèo - *p.74* C3
- *6* Pasticceria Robiglio - *p.69* B1
- *5* Vivoli - *p.75* B4

Restaurants (n°10 à 19)
- *10* Il Francescano - *p.75* B4
- *11* Il Pennello - *p.56* A3
- *12* Il Pizzaiuolo - *p.75* C3
- *19* Il Vegetariano - *p.70* A1
- *13* La Ménagère - *p.71* A1
- *14* La Mescita - *p.69* B2
- *15* Lo Skipper - *p.70* A1
- *16* Osteria Caffè Italiano - *p.75* . B4
- *17* Pentola dell'Oro - *p.76* B3
- *18* Trattoria Cibrèo - *p.76* C3

Shopping (n°20 à 27)
- *20* AquaFlor - *p.76* B4
- *21* Bartolini - *p.71* A2
- *22* Boutique Nadine - *p.76* B4
- *24* Enoteca de' Macci - *p.77* C3
- *25* I Consigli di Anna - *p.71* A2
- *23* Parione - *p.57* A3
- *27* Pegna dal 1860 - *p.57* A3
- *26* Scuola del Cuoio - *p.77* B4

Sorties (n°30 à 32)
- *30* Enoteca Sant'Ambrogio Caffè - *p.77* C3
- *31* Jazz Club - *p.77* B2
- *32* Kitsch Devx - *p.71* A1

Hébergements (n°40 à 48)
- *40* Antica Dimora Johlea - *p.223*. A1
- *41* Hotel Bavaria - *p.222* A3
- *42* Hotel Dalí - *p.223* B3
- *43* Hotel Monna Lisa - *p.223* B3
- *46* Le Stanze di Santa Croce - *p.224* B4
- *47* Le Tre Stanze - *p.223* A3
- *48* Locanda Orchidea - *p.222* ... B3
- *44* Loggia fiorentina - *p.223* A1
- *45* Loggiato dei Serviti - *p.224*.... B1

RENDEZ-VOUS AVEC...
Les adresses d'Alice Cheron
Shopping
- **A** Mercato Sant'Ambrogio - *p.44* C3

Pauses (n°1 et 2)

2 l' Trippaio di San Frediano - *p.83* A1

1 La Sorbettiera - *p.83* A2

Restaurants (n°10 à 17)

10 All'Antico Ristoro di Cambi - *p.83* A1

11 Carduccio - *p.83*.............. B2

12 Del Fagioli - *p.76*.............. C2

13 Enoteca Fuori Porta - *p.84* .. C3

14 La Casalinga - *p.84* B2

16 Pint of View - *p.84*........ A2-B2

15 Trattoria Al Tranvai - *p.84* A2

17 Trattoria Sant'Agostino - *p.84*.......... A2

Shopping (n°20 et 21)

20 Laudato - *p.85* A1

21 Stefano Bemer - *p.85* C2-D2

Sorties (n°30 à 33)

32 Il Rifrullo - *p.85*............... C3

30 La Cité - *p.85*.................. A1

31 Mad Souls&Spirits - *p.85*...... A1

33 Volume - *p.85*................. A2

Hébergements (n°40 à 47)

40 Albergo la Scaletta - *p.222*............ B2

41 Casa Santo Nome di Gesù - *p.222*................ A1

43 Foresteria Valdese - *p.221* ... A2
42 Hotel Annalena - *p.222*....... A3
44 Ostello Santa Monaca - *p.221*.........A1
45 Ostello Tasso - *p.221* A2
46 Palazzo Guadagni - *p.223*.... A2
47 Palazzo San Niccolò - *p.223* . C2

RENDEZ-VOUS AVEC...

Les adresses d'Alice Cheron

Pauses

D Gelateria della Passera - *p.45* B2
E Loggia du Palazzo Guadagni - *p.45* A2

CINQ BONNES RAISONS...

... de découvrir la capitale de la Toscane, ses trésors Renaissance et sa douceur de vivre.

ON MET FLORENCE À SES PIEDS De l'esplanade de San Miniato al Monte (p.82), le panorama sur la ville est absolument grandiose, surtout au crépuscule...

ON S'OCTROIE UN APRÈS-MIDI PLAGE sur la spiaggetta di San Niccolò (p.82) !

ON SE MET AU PARFUM en visitant la plus ancienne pharmacie d'Europe, l'Officina di Santa Maria Novella (p.63).

ON EMPRUNTE LES PASSAGES SECRETS du Palazzo Vecchio pour découvrir le studiolo où François Ier de Médicis s'adonnait à l'alchimie (p.52).

ON PREND UN BOL D'AIR en escaladant la colline de Fiesole (p.86) pour y visiter le couvent San Francesco, profiter du panorama et redescendre à pied vers Florence.

RENDEZ-VOUS AVEC...

Alice Cheron vit à Florence depuis 2010. Cette auteure voyageuse, spécialiste de l'Italie, explore la ville sans relâche, et sa plate-forme AlidiFirenze.fr célèbre la joie de vivre à l'italienne. Elle organise aussi des "Fugues italiennes", conviant des groupes de femmes à des ateliers créatifs chez des artisans et à des visites extraordinaires. Voici ses coups de cœur.

L'ACTUALITÉ D'ALICE

Consultez www.alidifirenze.fr et youtube.com/alidifirenze... Et ne manquez pas l'irrésistible web-série *Dolce Follia*, où Alice Cheron dévoile son quotidien florentin.

Ma matinée florentine

A Mercato Sant'Ambrogio

Il n'est nul endroit plus typiquement florentin que ce marché. J'y trouve tous les fruits et légumes de saison, notamment des cèpes frais, parfaits dans un risotto. Une fois mon cabas rempli, un petit café s'impose au Cibrèo (p.74), à quelques pas de là. J'y commande toujours un *macchiato*, un café "taché" de lait.

SANT'AMBROGIO Piazza Ghiberti
Lun.-sam. 7h-14h

Mon plat préféré

B Regina Bistecca

Installée dans une ancienne librairie, cette brasserie m'enchante, car elle change résolument des trattorias classiques où l'on sert la *bistecca*. Dans un décor ultra léché, je déguste religieusement mon filet de bœuf sauce au poivre avec de croustillantes frites maison. Tiramisu ou gâteaux secs aux amandes appelés *cantucci* : le chariot des desserts ne me déçoit jamais. Et en sortant, perspective unique, le Duomo jaillit au fond de la ruelle !

CENTRE HISTORIQUE Via Ricasoli, 14/r
055 26 93 772 Mar.-ven. 19h-23h, sam.-dim. 12h-15h et 19h-23h

SI FLORENCE ÉTAIT...

Un son. Ce serait le concert des cloches. Impossible de le manquer, car chaque église, même la plus petite, n'hésite pas à faire entendre sa voix !

Ma boutique arts de la table

C Richard Ginori

Rendez-vous tout en haut de la via Tornabuoni, l'artère du luxe à Florence. Cette manufacture de porcelaine a ouvert ses portes en 1735. Je m'y rends dès que j'ai un

Macchiato ou cappuccino ?

cadeau à faire : bougie, vide-poches peint à la main, tasse à café, tout est sublime – j'y ai même déposé ma liste de mariage ! Les emballages cadeau sont si beaux qu'on peut les conserver pour y ranger des objets.

CENTRE HISTORIQUE Via dei Rondinelli, 17/r
055 21 00 41 Lun.-sam. 10h-19h
Fermé 25-26 déc., 1er jan. et Pâques

Ma pause Oltrarno

D Gelateria della Passera

La Gelateria della Passera, sur la charmante placette du même nom (rive gauche), est tout simplement l'un des meilleurs glaciers d'Italie ! Tout est fait sur place, tôt le matin, et les sorbets sont divins ! On vient de loin déguster le *Caffè intense*, ou la pistache, dont la couleur laisse imaginer la saveur inimitable. Un incontournable, hiver comme été, pour les Florentins.

OLTRARNO Via Toscanella, 15/r
055 61 42 071 Mar.-dim. 12h-20h30 (22h30 l'été)

Ma terrasse avec vue

E Loggia du Palazzo Guadagni

La loggia de l'hôtel Palazzo Guadagni est mon spot préféré pour boire un Spritz. Au dernier étage de ce palais Renaissance, sous une toile blanche qui flotte doucement au vent, je sirote mon cocktail en admirant la vue sur la ville et, au-delà, sur les collines. À Florence, la campagne n'est jamais bien loin.

OLTRARNO Piazza Santo Spirito, 9
055 26 58 376 www.palazzoguadagni.com

MA BALADE

F À partir du piazzale Michelangelo

D'idylliques collines ponctuées de cyprès dominent Florence. Rendez-vous Oltarno, piazzale Michelangelo, empruntez le viale Galileo, puis grimpez via del Pian dei Giullari. Cette route serpentine offre une vue de rêve sur la ville comme sur les petits bourgs alentour. Les prémices du Chianti !

OLTRARNO

CENTRE HISTORIQUE

L'éblouissante coupole de Brunelleschi, l'aérien campanile de Giotto et le gracieux baptistère de Ghiberti : le Duomo vous fera tourner la tête ! De la cathédrale, des rues piétonnes vous conduiront à la piazza della Signoria, centre du pouvoir civil, séparé, rare exception en Italie, du religieux. Là, le Palazzo Vecchio et la galerie des Offices témoignent du rayonnement politique et artistique de la Florence des Médicis.

À VOIR

La riche cité-État de Florence devient au 16e s. la capitale du grand-duché de Toscane sous l'impulsion des Médicis. L'influence de ces princes de la Renaissance, grands protecteurs des arts et des sciences, se ressent dans toute la ville.

ACCÈS ET INFOS

- Les minibus C1 et C2 desservent le Duomo et les abords de la piazza della Signoria
- Uffici Informazioni Turistiche Firenze (plan 2, A2) Via Camillo Cavour, 1/r 055 29 08 32 www.feelflorence.it Lun.-ven. 9h-13h
- Pour éviter une longue attente, réservez en ligne, avant le voyage, votre entrée à la galerie des Offices et à la galerie de l'Académie (www.firenzemusei.it)
- Entrée libre aux grands musées le 1er dimanche du mois. La Firenze Card (85€, valable 72h www.firenzecard.it) donne accès à de nombreux lieux de visite (hormis le complexe du Duomo) et aux transports en commun

AUTOUR DU DUOMO

Commencez votre visite par le siège du pouvoir spirituel, la cathédrale. Grimpez au sommet de sa coupole ou du campanile pour prendre la mesure de la ville et de la campagne environnante.

Au summum de la virtuosité

Duomo ★ (plan 1, C2)

Le symbole de Florence avec le Ponte Vecchio ! De loin, la cathédrale (*Duomo* en italien) semble coiffer la ville de sa coupole, haute de 106m. De près, les courbes harmonieuses de cette dernière forcent l'admiration. Brunelleschi intervient en 1420, alors que la construction de la cathédrale Santa Maria del Fiore a commencé en 1296. L'architecte a pour mission de couronner le vide de 42m de diamètre laissé par ses prédécesseurs. Pour relever le défi, il s'inspire du Panthéon de Rome et de modèles de maçonneries orientales. En gravissant les marches de la coupole, on imagine l'ampleur de ce chantier, exécuté sans échafaudage. Il prend fin en 1436, mais la cathédrale de la cathédrale ne sera achevée qu'à la fin du 19e s. ! L'intérieur est plutôt dépouillé, à l'exception d'un beau pavement en marbre du 16e s.

Piazza del Duomo 055 23 02 885 https://duomo.firenze.it **Cathédrale** Lun.-sam. 10h-16h30 (en principe) **Coupole** (rés. obligatoire) Lun.-ven. 8h30-19, sam. 8h30-17h, dim. 13h-16h Fermé 1er jan. et 1er mar. de chaque mois Coupole 20€

À NE PAS MANQUER

- Duomo
- Campanile
- Battistero
- Museo Davanzati
- Piazza della Signoria
- Galleria degli Uffizi
- Ponte Vecchio

La cathédrale Santa Maria del Fiore

SENSATIONS FORTES

Relevez le défi que représente l'ascension de la coupole de la cathédale ! À la première étape, admirez de près les voûtes ornées de scènes du *Jugement dernier* de Vasari et jouissez d'une vue plongeante sur la nef. Les 463 marches de l'escalier qui court à l'intérieur même de la double coque du dôme vous mèneront à l'air libre, pour un panorama inoubliable.

Une vue incomparable

Campanile (plan 1, C2)

Pas plus que dans la coupole, il n'y a d'ascenseur pour gagner le sommet de ce campanile haut de 84,70m... Certes, il faut donc gravir 414 marches, mais ces efforts sont largement récompensés par une vue à 360° sur la ville. C'est Giotto qui dessina les plans de l'édifice et en réalisa le soubassement à partir de 1334. À sa mort, la relève fut assurée par Andrea Pisano pour le deuxième niveau et par Francesco Talenti pour les registres supérieurs. Les quatre étages de marbre blanc, rose et vert, de plus en plus ajourés, sont comme aspirés dans les airs par l'encorbellement final.

Piazza del Duomo 055 23 02 885 Tlj. 8h15-19h Fermé 1er jan., Pâques, 8 sept., 25 déc. € 15€

Les portes du Paradis

Battistero di San Giovanni (plan 1, C2)

La renommée du baptistère Saint Jean, consacré au 12e s. sur des vestiges paléochrétiens, tient surtout au décor sculpté de ses trois portes en bronze. La plus ancienne, au sud, exécutée par Andrea Pisano vers 1330, illustre la vie de saint Jean le Baptiste, patron de Florence. Les portes nord et est (la fameuse "porte du Paradis") sont ornées de scènes de la vie du Christ et de l'Ancien Testament dues à Lorenzo Ghiberti (15e s.). Appréciez son style narratif, "à l'antique", qui attribue des poses variées à ses personnages pour suggérer la vie et le mouvement. À l'intérieur, admirez les mosaïques d'influence byzantine de la coupole (13e-14e s.) et celles, en marbre, du sol.

Piazza di San Giovanni 055 23 02 885 duomo.firenze.it Lun.-ven. 8h15-10h15 et 11h15-19h30, sam. 8h15-18h30, dim. 8h15-13h30 Fermé 1er jan. € 10€ (avec le musée), 5€ (seul, le 1er mardi du mois)

Trésors en sûreté

Museo dell'Opera del Duomo (plan 2, A2-A3)

Sa visite permet d'approcher les originaux de chefs-d'œuvre de la cathédrale. À ne pas manquer, la célèbre *Pietà* inachevée de Michel-Ange, qui la destinait à son propre tombeau, et deux œuvres de Donatello : une poignante *Madeleine pénitente* en bois (1455) et la statue du prophète Habacuc. Les pièces maîtresses de la collection demeurent les originaux des panneaux de la porte orientale du baptistère, dite "du Paradis" (p.47).

Piazza del Duomo, 9 055 23 02 885 duomo.firenze.it Tlj. 9h-19h30 Fermé 1er mar. du mois (sauf en août), 1er et 25 déc. € 10€ (avec le baptistère)

Une divine comédie ?

Casa di Dante (plan 2, A3)

L'auteur de la *Divine Comédie* vous fascine ? Vous pourrez vous recueillir dans cette reconstitution de la maison natale de Dante (1265-1321), à son emplacement présumé. Un musée retrace la vie du poète en la replaçant dans son contexte politique, socio-économique et culturel.

Via Santa Margherita (angle via Dante Alighieri) 055 21 94 16 www.museocasadidante.it Avr.-oct. : tlj. 10h-18h ; nov.-mars : mar.-ven. 10h-17h, sam.-dim. 10h-18h € 8€

Du grain à l'hostie

Orsanmichele (plan 1, C3)

Quel destin que celui de cet oratoire du 8e s., transformé en loggia, puis en halle au grain et, enfin, en église, au 14e s. ! Le musée expose les nombreuses œuvres commandées pour celle-ci par les corporations de métiers (*arti*) qui administraient la cité médiévale. Signalons une étonnante série de saints patrons du 15e s. et le tabernacle (1359) d'Andrea Orcagna, qui sert d'écrin à une émouvante *Vierge à l'Enfant*.

Via dei Calzaiuoli 055 06 49 450 www.bargellomusei.beniculturali.it Tlj. 10h-16h50 Musée (via Arte della Lana) Lun. 10h-16h50, sam. 10h-12h30

"Maison témoin"

Museo Davanzati (plan 1, C3-C4)

Une immersion dans le quotidien de marchands du 14e s., c'est ce que vous propose cette demeure médiévale restaurée au début du 20e s., avec ses pièces d'apparat au riche décor peint, ses chambres à coucher meublées de coffres sculptés, ses communs et ses lieux d'aisances. Le commerce s'exerçait au

COULEUR LOCALE
L'élégance italienne n'est plus à démontrer. La **via Tornabuoni** (plan 1, B3), surnommée "le salon de Florence", aligne les boutiques de grandes maisons florentines, comme Gucci, Cavalli, Ferragamo ou Emilio Pucci, enfant de la ville qui a marqué la mode avec ses imprimés pop.

rez-de-chaussée (remarquez les coffres-forts de voyage), tandis que la cuisine était reléguée au dernier étage. Outre du mobilier et des ustensiles anciens, le *palazzo* abrite une belle collection de dessins du 17e s.

Via Porta Rossa, 13 📱 055 06 49 460 www.bargellomusei.beniculturali.it 🕒 Lun.-ven. 8h15-14h, sam.-dim. 13h15-19h Pour les 2e et 3e étages, visite sur rés. à 10h, 11h et 12h Fermé 1er, 3e et 5e dim., 2e et 4e lun. du mois € 6€

Expositions à suivre

Palazzo Strozzi (plan 1, B3)

C'est, avec le palais Pitti (p.78), le plus grand palais de Florence. Ce parfait exemple de la Renaissance florentine a été construit pour le riche banquier Filippo Strozzi à la fin du 15e s. Autour de la cour intérieure à portiques, notez l'impressionnante corniche de pierre sculptée qui couronne l'édifice. Les derniers descendants de la famille quittent le palais en 1937. Y sont aujourd'hui organisées d'excellentes expositions d'art, du classique au contemporain.

Piazza degli Strozzi 📱 055 26 45 155 www.palazzostrozzi.org 🕒 Ven.-mer. 10h-20h, jeu. 10h-23h € 13€

Le Palazzo Strozzi

Chapelle de Ghirlandaio

Basilica di Santa Trinita (plan 1, B3)

Quel bonheur de découvrir cette église à l'atmosphère recueillie, l'une des plus belles de Florence. La façade baroque (1593-1594), due à Buontalenti, habille une construction du 11e s. (remaniée au 13e). À droite du maître-autel, découvrez la chapelle Sassetti, ornée de fresques (1483-1486) de Ghirlandaio illustrant des scènes de la vie de saint François d'Assise. Reconnaîtrez-vous

LES MÉDICIS

Qui étaient donc ces Médicis dont le nom nous est si familier ? Ils ont, en effet, donné deux reines à la France – Catherine (1519-1588) et Marie (1575-1642) – et deux papes à Rome. Cette famille s'enrichit sous la République de Florence et étend son pouvoir sur la Toscane du 15e s. au 18e s. Arrivés dans la cité au 12e s. en tant que marchands-drapiers, les Médicis doivent leur ascension à Giovanni di Bicci (1360-1429), devenu banquier. Cosme l'Ancien (1389-1464) accroît la fortune familiale et prend le pouvoir de facto, même si Florence reste officiellement une république. Son petit-fils Laurent le Magnifique (1449-1492) soutient ardemment les arts et les artistes (comme Michel-Ange ou Botticelli) et la philosophie humaniste. Florence connaît alors son âge d'or. L'histoire de la dynastie est faite d'amour et de haine, les Florentins se rebellant contre elle et chassant ses membres à plusieurs reprises. En 1569, Cosme Ier (1519-1574) est fait grand-duc de Toscane et implante de nombreuses villas dans le paysage. Le nom s'éteint en 1743 avec Anne-Marie-Louise, qui lègue à la ville de Florence le colossal patrimoine de la famille.

Laurent le Magnifique entouré d'artistes, fresque du Palazzo Pitti

les portraits de ses contemporains, Laurent le Magnifique ou Jean de Médicis, futur pape Léon X, ou encore l'artiste lui-même ? On distingue Florence en arrière-plan (la piazza Santa Trinita et la piazza della Signoria).

Piazza Santa Trinita 055 21 69 12 Tlj. 7h-12h et 16h-19h

Chaussure à son pied

Museo Salvatore Ferragamo (plan 1, B4)

Inattendu et génial ! Au sous-sol de l'imposant palais Spini-Feroni, sous la boutique Ferragamo, le musée du célèbre chausseur présente ses étonnants prototypes, des modèles uniques de mules, de sandales en raphia, de souliers à talons compensés et autres merveilles portées par les grandes stars italiennes ou hollywoodiennes (Marilyn Monroe, Marlène Dietrich, Greta Garbo, Katharine Hepburn, Anna Magnani, Madonna, etc.). Également des expositions thématiques à partir des collections personnelles de Ferragamo. À la fin du parcours, le puits de Béatrice, où celle-ci rencontra Dante...

Piazza Santa Trinita, 5/r Via Tornabuoni, 2 055 35 62 846 www.ferragamo.com/museo/it/ita Tlj. 10h-19h30 Fermé 1er jan., 1er mai, 15 août, 25 déc. € 8€

AUTOUR DE LA PIAZZA DELLA SIGNORIA

Sur la place de la Seigneurie se dressent le Palazzo Vecchio, actuelle mairie, la Loggia dei Lanzi, véritable musée de sculptures en plein air, et la célébrissime galerie des Offices. Les ruelles alentour regroupent certains des plus beaux magasins de Florence. Quel spectacle que ce ballet de calèches, de *shopping addicts* et de photographes amateurs venus du monde entier !

Élégance médicéenne

Piazza della Signoria ★ (plan 1, C4)

Solennelle et aérienne, la place de la Seigneurie s'affirme comme le centre politique de la cité. En face du Palazzo Vecchio et de la Loggia dei Lanzi – deux incontournables – se dressent de prestigieux édifices, dont le Palazzo della Mercanzia (tribunal de commerce bâti en 1359) et le Palazzo Uguccioni (1550-1559). Vous y verrez aussi la blanche fontaine de Neptune (1560-1575) du sculpteur Ammannati et une copie du *David* de Michel-Ange. Aujourd'hui, les boutiques de luxe ont envahi les palais (Gucci a investi celui de la Mercanzia, avec un musée dédié à l'histoire de la marque florentine), et les gourmands s'offrent un chocolat chaud à la terrasse du café Rivoire (p.55) ! Cette place est aussi le berceau de la ville : on y a retrouvé des vestiges d'habitations néolithiques, et ceux d'un théâtre romain sous le Palazzo Vecchio.

Musée en plein air

Loggia dei Lanzi (plan 1, C4)

Vous y verrez quelques chefs-d'œuvre de la sculpture, abrités des intempéries par une arcade. Les grands-ducs médicéens ont voulu que l'on puisse ainsi admirer de la place le sensuel *Enlèvement des Sabines* (1583) de Giambologna, taillé dans un marbre d'un seul bloc suivant un complexe mouvement en spirale, ou encore le virtuose *Persée* en bronze de Cellini. Cette loggia accueillit des cérémonies communales avant d'héberger au 16e s. les hallebardiers de la garde de Cosme Ier, ou lansquenets (*lanzichenecchi* en italien), d'où son nom.

Palais-forteresse aux fastueux intérieurs

Palazzo Vecchio (plan 1, C4)

De loin, la flèche du Vieux Palais (1299-1314) ponctue la ligne d'horizon de Florence, rivalisant avec celle du Duomo. De près, ce palais-forteresse bâti pour abriter le gouvernement de la République florentine en impose : toutes les têtes se lèvent pour suivre le dessin de sa tour crénelée. Les Médicis s'y installèrent en 1540 et lorsqu'ils emménagèrent dans le Palazzo Pitti, sur l'autre rive, en 1565, le palais des Prieurs reçut son nom actuel. Cosme Ier commanda alors à Vasari d'importantes transformations et décorations, toutes à la gloire des Médicis. Le Vieux Palais est devenu l'hôtel de ville en 1871.

L'intérieur Le faste du palais apparaît dès la cour d'entrée, ornée de stucs et de fresques par Michelozzo (15e s.). Au 1er étage, dans le salon des Cinq-Cents (1495), le cycle de peintures célèbre l'apothéose de Cosme Ier, et de nombreuses statues entourent le *Génie de la Victoire* de Michel-Ange. Amusez-vous ensuite dans le *studiolo* (1575), où les tableaux dissimulent des armoires dédiées à la science et à l'alchimie. Au 2e étage, vous verrez les appartements privés de la Cour, dont l'exceptionnelle chapelle d'Éléonore de Tolède, épouse de Cosme Ier, un chef-d'œuvre de maniérisme. L'ancienne salle des audiences, qui remonte au 15e s., possède de somptueux plafonds à caissons or et bleu dus à Giuliano da Maiano. Dans la salle des Lys, mitoyenne, se dresse le bronze de Donatello *Judith et Holopherne*, allégorie du triomphe de la vertu et de l'humilité sur le vice. Au terme de cette visite, n'hésitez pas à monter sur la terrasse de Saturne, entièrement décorée, pour une vue magnifique.

Piazza della Signoria 📱 055 27 68 325 cultura.comune.fi.it/pagina/musei-civici-fiorentini-museo-di-palazzo-vecchio/visita-il-museo 🕒 Avr.-sept. : ven.-mer. 9h-22h, jeu. 9h-13h ; oct.-mars : ven.-mer. 9h-18h, jeu. 9h-13h Tour Avr.-sep. : tlj. 9h-19h (14h jeu.) ; oct.-mars : tlj. 10h-17h (14h jeu.) € 12,50€ (+ 5€ pour les passages secrets)

Admirable collection

Galleria degli Uffizi ★ (plan 1, C4)

Vous entrez dans l'un des plus grands musées du monde ! La galerie des Offices regroupe parmi les principaux chefs-d'œuvre de la peinture italienne et européenne des 12e-18e s. Vous pourrez admirer à loisir des œuvres de Giotto, Botticelli, Michel-Ange ou Raphaël. La visite débute au 2e étage. Il est impossible de tout voir en une fois, repérez bien ce que vous ne voulez pas rater !

2e étage / Primitifs italiens, Renaissance Cette section s'ouvre sur la *Vierge d'Ognissanti* (env. 1305) de Giotto, une œuvre "révolutionnaire" pour l'époque, tant elle est empreinte de réalisme, de douceur et de féminité. Vous verrez à l'inverse la *Vierge à l'Enfant au trône et les anges* (1300) de Cimabue, encore attachée aux modèles byzantins. Dans la suite de la visite (15e s.), ne ratez ni *Sant'Anna Metterza* de Masaccio, le premier peintre moderne, ni la *Bataille de San Romano* de Paolo Uccello et sa maîtrise de la perspective, ni la délicate

Vierge à l'Enfant et deux anges de Filippo Lippi. Autre immanquable, le *Double portrait des ducs d'Urbino* de Piero della Francesca.

Botticelli Vous ne pouvez pas passer à côté de la *Naissance de Vénus* (1485), figuration du Beau, du Bien et de l'Absolu, l'idéal humaniste. Face au *Printemps* (1478), vous serez peut-être surpris par le peu de profondeur du tableau, mais notez ses Trois Grâces et leurs voilages animés d'un souffle d'air. Faites une halte à l'angle du bâtiment : les fenêtres donnent sur l'Arno et les collines du sud. La suite réserve des œuvres de Léonard de Vinci (fin 15e s.) et la *Sainte Famille à la tribune* (1505) de Michel-Ange, qui annonce le maniérisme. Envie d'un café ? Au bout de la galerie, une terrasse ouvre sur la piazza della Signoria !

1er étage Descendez à l'étage consacré aux Hollandais et aux Flamands des 17e-18e s., où se trouvent les autoportraits de Rembrandt. Vient ensuite le maniérisme avec le Pontormo puis Raphaël, et sa *Vierge au chardonneret* (1506), point de perfection du classicisme florentin. Enfin, ne manquez pas les superbes peintures du Caravage (fin 16e s.).

Piazzale degli Uffizi, 6 055 29 48 83 www.uffizi.it Mar.-dim. 9h-18h30
Fermé 1er jan., 1er mai, 25 déc. Réserver (en ligne) pour éviter la file d'attente
16€ (nov.-fév.) ou 20€ (mars-oct.)

***Tondo Doni*, Michel-Ange, galerie des Offices**

DRÔLE D'AFFAIRE

Un passage couvert d'environ 1km, le **Corridor de Vasari** (1565), permettait aux Médicis de passer du Palazzo Vecchio au Palazzo Pitti sans se mêler au peuple florentin, parfois rebelle à leur pouvoir. L'ouvrage court au-dessus du Ponte Vecchio et abrite une galerie d'autoportraits d'artistes renommés, dont Vélasquez, Rubens, Delacroix, Chagall. Rarement ouvert : renseignez-vous sur www.uffizi.it.

Carte postale

Ponte Vecchio 👍 (plan 1, C4)

Le "pont vieux", l'autre emblème de Florence ! L'un des derniers ponts habités du Moyen Âge a survécu non seulement aux violentes crues de l'Arno, mais aussi aux bombardements de la retraite allemande de 1944. Depuis la fin du 16e s., il accueille orfèvres et bijoutiers, à la place des poissonniers et des tanneurs dont les odeurs incommodaient le duc Ferdinand Ier.

Sciences et instruments

Museo Galileo (plan 1, C4)

La Renaissance a mis les sciences à l'honneur. Mathématiques, optique, médecine, horlogerie, aucun champ n'a été délaissé. Et notre siècle s'émerveille encore de la curiosité et de la créativité dont ont fait preuve les grandes figures de ce temps. Dans une très belle muséographie, découvrez la formidable collection d'instruments scientifiques des Médicis et de Galilée – dont le télescope avec lequel ce grand savant repéra, le premier, les satellites de Jupiter.

Piazza de' Giudici, 1 📱 055 26 53 11 www.museogalileo.it 🕒 Mer.-lun. 9h30-18h, mar. 9h30-13h Fermé 1er jan. et 25 déc. € 10€

Sculptures en liberté

Museo Nazionale del Bargello (plan 2, A3)

Sculptures et céramiques Renaissance sont réunies dans cette austère bâtisse aux allures de forteresse (1255). Le Bargello, qui a servi de modèle au Palazzo Vecchio, doit son nom à un de ses derniers propriétaires, le *bargello* ou chef des sbires. Prison au 18e s., il devient en 1865 l'un des premiers musées nationaux italiens. Quelques absolus chefs-d'œuvre émaillent votre parcours : le *Bacchus* (1496) du jeune Michel-Ange et son *Brutus* (1540), plus tardif ; plusieurs bronzes de Cellini, dont le buste de Cosme Ier, et le *Mercure* de Giambologna. Dans la cour, un escalier conduit à une galerie ouverte jalonnée d'une admirable série d'animaux en bronze du même artiste.

Via del Proconsolo, 4 📱 055 06 49 440 www.bargellomusei.beniculturali.it 🕒 Mer.-lun. 8h45-13h30 Fermé 1er, 3e, 5e lun. et 2e, 4e dim. du mois, 1er jan., 1er mai, 25 déc. € 8€

À FAIRE

Naviguez sous le Ponte Vecchio

Associazione Culturale "I Renaioli"

Non, vous n'êtes pas à Venise, mais vous avez droit malgré tout à une excursion en bateau ! Les *renaioli*, ouvriers qui retiraient par le passé le sable et le gravier de l'Arno, organisent des promenades sur le fleuve : l'occasion de découvrir la ville autrement ! Ils manœuvrent leur barque à l'aide d'une perche (jamais de rames), du ponte alle Grazie au ponte alla Carraia.

Lungarno Ferrucci, 4 📱 347 798 23 56 www.renaioli.it 🕒 Mai-sept. Durée 45min € Prix abordables, variables en fonction du nombre de pers. et de la présence ou non d'un guide

NOS ADRESSES

PAUSES

La *street food* existe depuis toujours en Toscane ! Laissez-vous tenter par la spécialité locale, le sandwich au *lampredotto* (tripes) vendu sur certaines places de la ville, ou optez pour une *schiacciata* (sorte de *focaccia*) dans un *vinaio* (bar à vins).

Crème glacée
Perchè no !

"Pourquoi pas !" C'est ce qu'on se dit en apercevant la file de clients agglutinés devant cette *gelateria* qui régale les Florentins depuis 1939.

(plan 1, C3 n°6) Via dei Tavolini, 19/r
055 23 98 969 Mars-oct. : mer.-lun. 11h-23h, mar. 12h-20h ; nov.-fév. : mer.-lun. 12h-20h Fermé fin jan.-début fév.

Temple de la truffe
Procacci

Dans la rue la plus chic et huppée de la ville, le Fauchon florentin, s'est établi depuis 1885, spécialisé dans les produits de luxe et, plus spécifiquement, la truffe : goûtez la *bruschetta* truffe et foies de volaille (15€)...

(plan 1, B3 n°7) Via de' Tornabuoni, 64/r
055 21 16 56 Lun.-sam. 10h-19h, dim. 11h-20h Fermé 2 sem. autour du 15 août

L'institution
Caffè-Pasticceria Rivoire

Le célèbre café (1862) vous offre une place aux premières loges sur l'animation qui règne piazza della Signoria ! Il est réputé pour l'excellence de son chocolat chaud et de ses viennoiseries. En terrasse, les prix flambent (café 4,50€, chocolat ou thé 7€), mais au comptoir, on croise encore quelques habitués du quartier, venus avaler un café avant d'aller travailler.

(plan 1, C4 n°2) Piazza della Signoria
055 21 44 12 Mars-oct. : tlj. 7h30-0h ; nov.-fév. : mar.-dim. 7h30-21h
Fermé 2 dernières sem. de jan.

All'antico Vinaio

Plat du jour et verre de chianti
All'Antico Vinaio ♥

Quelques places le long du comptoir, un petit banc en bois dehors, où les habitués du quartier viennent savourer un sandwich à la *porchetta* ou à la *sbriciolona* (saucisson au fenouil) fait minute, déguster un *primo* du jour ou, le soir, siroter un verre de chianti accompagné de quelques *crostini*. Venez tôt ou tard, car la file à l'heure des repas atteint des sommets !

(plan 2, A4 n°1) Via dei Neri, 65/r
055 238 27 23 Tlj. 10h-22h

Vin et *focaccia* au feu de bois

Cantinetta dei Verrazzano ♥

Une des adresses les plus célèbres de Florence pour manger sur le pouce. C'est le fief d'un des plus grands producteurs de vins du Chianti, la Fattoria dei Verrazzano. Profusion de charcuteries d'excellente qualité, de délicieuses *focaccie* cuites au four à bois (3€ au comptoir). À accompagner évidemment d'un verre de vin maison.

(plan 1, C3 n°4) Via dei Tavolini, 18/r
055 26 85 90 Juil.-août : lun.-sam. 8h-16h30 ; sept.-juin : lun.-sam. 8h-16h30, dim. 10h-16h30

Culture bio

Brac

Autour d'un joli patio, idéal pour se reposer au creux d'un sofa, ce café-restaurant-librairie d'art et de photos propose d'intéressantes expositions. Vous y dégusterez de grandes assiettes végétariennes bio (7-14€) dans l'ambiance très radical-chic dont est friand le monde de la culture local.

(plan 2, A4 n°3) Via dei Vagellai, 18/r
055 09 44 877 www.libreriabrac.net
Sept.-mai : tlj. 12h-0h ; juin-juil. : tlj. 12h-14h et 19h-22h ; août : lun.-sam. 12h-14h et 19h-22h Cuisine 12-13h et 19-22h. Rés. conseillée.

RESTAURANTS

Pas m'as-tu-vu

Self-Service Ristorante Leonardo €

En compagnie des employés des banques et des boutiques voisines, sur de longues tables en bois rappelant celles d'un wagon-restaurant, restaurez-vous à prix modique, pour une qualité tout à fait acceptable dans l'archi-centre touristique. *Primi* 4,50€, *secondi* 5,50€.

(plan 1, C2 n°20) Via dei Pecori, 11
055 28 44 46 Dim.-ven. 11h45-14h45 et 18h45-21h45, sam. 11h45-14h45

Une cave au frais

Fiaschetteria Nuvoli €

Avant de descendre dans la fraîcheur de la cave de cette *enoteca* historique, jetez un coup d'œil aux nombreux *crostini* présentés en vitrine afin de mieux choisir votre entrée... En bas, des murs tapissés de bouteilles et le meilleur des saveurs toscanes donnent le sourire à tous les convives attablés au coude à coude : *ribollita*, tripes, pâtes du jour ou *porchetta* (rôti aux herbes). Comptez 10-15€ le repas.

(plan 1, C2 n°11) Piazza dell'Olio, 15/r
055 23 96 616 Sept.-juin : lun.-sam. 8h-21h, dim. 8h-17h30 ; juil.-août : lun.-sam. 7h30-21h Fermé 2 sem. autour du 15 août

Classique et fiable

Il Pennello €€

Le service se montre attentionné, les recettes traditionnelles (polenta et sanglier, daubes...) sont de bon niveau, et les prix corrects. Ici, touristes et hommes d'affaires se voient traités avec les mêmes égards. Plat 8-20€.

(plan 2, A3 n°11) Via Dante Alighieri, 4/r
055 29 48 48 Tlj. 12h-22h
Fermé 3 sem. en août

Ballet de serveurs

Ristorante Paoli €€

On vous prévient : c'est touristique, et la cuisine est correcte, sans plus. Mais quelle atmosphère fourmillante et survoltée, quel cadre ! Depuis 1824, la superbe salle à voûtes croisées et décorée de fresques sert de décor au ballet des garçons à l'ancienne, nœud-papillon et pas rapide. Repas 35-45€.

(plan 1, C3 n°19) Via dei Tavolini, 12/r
055 21 62 15 www.casatrattoria.com
Tlj. 12h-15h et 18h30-23h Rés. conseillée

SHOPPING

Nuits satinées

Loretta Caponi

Une maison adulée pour ses nuisettes en satin ou en georgette de soie, ornées de dentelle artisanale. Aussi de la layette et du linge de table.

(plan 1, B3 n°32) Via delle Belle Donne, 28/r
055 21 36 68 www.lorettacaponi.com
Lun.-ven. 9h-19h, sam. 10h-19h
Fermé la sem. du 15 août

Bar à parfums

Olfattorio

Dans l'élégante via Tornabuoni, cette parfumerie de niche se cache derrière une entrée discrète. Levez les yeux pour admirer l'incroyable lustre Spoutnik et profitez-en pour passer une tête dans le petit musée du Poudrier.

(plan 1, B3 n°33) Via de' Tornabuoni, 6
055 28 69 25 www.olfattorio.it
Tlj. 10h30-19h30 Fermé 1er jan., Pâques, 1er mai, sem. du 15 août, 25 et 26 déc.

Bouteilles d'huile d'olive

Petits papiers

Parione

Parione, adorable *legatoria* (papeterie), produit depuis 1923 du papier à lettres, des carnets, albums et accessoires de bureau reliés à la main. Vous pouvez même personnaliser votre commande d'initiales dorées et autres motifs d'impression. Un cadeau à faire ou à se faire !

(plan 2, A3 n°23) Via dello Studio, 11/r
055 21 50 30 www.parione.it
Lun.-sam. 9h30-19h

Panier gourmand

Pegna dal 1860

Cette épicerie fine n'a plus à faire ses preuves ! Du vin, de l'huile d'olive, de la charcuterie, des légumes en bocaux... On aime particulièrement son condiment *soffritto* : la base de toutes les sauces italiennes (sauté d'oignons, carottes et céleri).

(plan 2, A3 n°27) Via dello Studio, 26/r
055 28 27 01 www.pegna.it Lun.-sam. 10h-19h30, dim. 11h-19h Fermé 1er jan., Pâques, 15 août, 25 et 26 déc.

SANTA MARIA NOVELLA

Sur le quartier de la gare centrale veille la majestueuse basilique Santa Maria Novella, qui renferme autant de chefs-d'œuvre qu'un grand musée ! En descendant vers l'Arno et le quartier d'Ognissanti, faites-vous plaisir en vous attablant dans une trattoria, en choisissant un bar sympa ou en rêvant devant les vitrines de boutiques historiques. À l'ouest, vers le grand parc des Cascine, l'ambiance se fait plus populaire et plus cosmopolite.

ACCÈS ET INFOS

- Proche de la gare centrale : nombreux arrêts de bus (lignes 6, 11, 12, 13, 14, 6, 37, minibus C1, D) et terminus du tramway
- Uffici di Informazioni Turistiche Firenze (plan 1, B1) Piazza della Stazione, 4 (face à la gare, derrière l'église S. M. Novella) 055 21 22 45 www.firenzeturismo.it Lun.-sam. 9h-19h, dim. et j. fér. 9h-14h

À VOIR

De grands maîtres

Basilica di Santa Maria Novella (plan 1, B2)

La façade blanche et verte à rosaces de Santa Maria Novella clôt une des plus belles places de Florence. Dans la pénombre de cette ravissante basilique se trouvent d'absolus chefs-d'œuvre. Dans la nef, vous serez d'abord surpris par le Crucifix (env. 1290) de Giotto, suspendu, et par la *Trinité* (1427) de Masaccio, où l'auteur applique les nouvelles règles de la perspective.

Les chapelles Les plus grandes familles florentines ont commandé aux maîtres de l'époque des chapelles à la mesure de leur fortune. Dans la chapelle Tornabuoni, derrière le maître-autel, un cycle de fresques de Ghirlandaio (mi-15e s.) figure des scènes de la vie de la Vierge et de saint Jean-Baptiste. L'artiste y ajoute avec tant de réalisme ses commanditaires, leurs amis et clients qu'il livre un rare témoignage sur la Florence de son temps. Vous y chercherez par exemple Lucrezia Tornabuoni, mère de Laurent de Médicis, sur le mur de droite (elle précède une servante portant une corbeille de fruits sur la tête). Les Strozzi ont confié leur dernière demeure aux bons soins de Filippino Lippi (16e s.). Dans la chapelle Gondi (première à gauche) est exposé le seul crucifix en bois exécuté par Brunelleschi, vers 1415. Les Strozzi di Mantova, au bout du transept gauche, choisirent Nardo di Cione et son frère Andrea, dit l'Orcagna, pour illustrer un Jugement dernier inspiré par la *Divine Comédie*, le poème de Dante.

Museo di Santa Maria Novella À gauche de la nef, un escalier donne sur le Chiostro Verde, le "cloître vert", du 14e s. Admirez le cycle de fresques réalisé avec la technique monochrome *"a terra verde"* par Paolo Uccello vers 1430, inspiré de l'Ancien Testament.

Piazza Santa Maria Novella, 18 055 21 92 57 Avr.-sept. : lun.-jeu. 9h-19h, ven. 11h-19h, sam. 9h-17h30 (18h30 en juil.-août), dim. 13h-17h30 (12h-18h30 en juil.-août et 12h-17h30 en sept.) ; oct.-mars : lun.-jeu. et sam. 9h-17h30, ven. 11h-17h30, dim. 13h-17h30 7,50€

À NE PAS MANQUER

- Basilica di Santa Maria Novella
- Ognissanti

Museo Novecento

Architecture moderne

Stazione Centrale di Santa Maria Novella (plan 1, B1)

Juste derrière l'église, le 20e s. fait une apparition ! La gare centrale de Florence, aux lignes épurées, s'étire là tout en horizontalité. C'est un très bel (et rare) exemple d'architecture rationaliste, réalisé entre 1933 et 1935 par Giovanni Michelucci et revêtu de *pietra forte*, ce grès marron typique de Florence.

Piazza della Stazione

Vive le 20e s. !

Museo Novecento (plan 1, B2)

Le pouls de Florence bat encore, la preuve dans ce récent musée (2014), dédié à l'art moderne et contemporain ! Installé dans l'ancien complexe des Leopoldine (13e s.), il abrite des œuvres de Giorgio De Chirico, Giorgio Morandi, Mario Sironi, des membres de l'Archizoom Associati, etc. Peintures, sculptures, installations...

Piazza di Santa Maria Novella, 10 055 28 61 32 www.museonovecento.it
Avr.-sept. : ven.-lun. 11h-20h ; oct.-mars : ven.-mer. 11h-14h Fermé 25 déc. 9,50€

Admirez Botticelli et Ghirlandaio au calme

Ognissanti (plan 1, A2-A3)

Ouverte sur l'Arno, la piazza Ognissanti est des plus harmonieuses. Derrière une façade baroque, l'église de "tous les saints" cache une voûte à perspective en trompe l'œil (1770). Pour l'apprécier pleinement, placez-vous au milieu de la nef, entre les deux fresques représentant *Saint Jérôme* (1485, par Ghirlandaio) et *Saint Augustin* (1480, par Botticelli). Au-dessus du 2e autel sur la droite, notez la double fresque de Ghirlandaio, dont une *Vierge de Miséricorde* couvrant de son manteau les membres de la famille Vespucci. À gauche est représenté le jeune Amerigo Vespucci, avant qu'il ne parte explorer le Nouveau Monde. Le peintre Botticelli est inhumé dans cette église, comme le rappelle une modeste plaque au sol, dans une chapelle du transept droit.

Borgo Ognissanti, 42 ☎ 055 23 98 700 https://chiesaognissanti.it
🕒 Tlj. 9h30-12h30 et 16h-19h30

Cenacolo di Ognissanti

La fresque de la *Cène* (1480) de Domenico Ghirlandaio décore comme il se doit les murs de l'ancien réfectoire du couvent. Notez son sens du détail émouvant et les références christiques à la Passion et à la Rédemption (des cailles virevoltantes, un paon, symbole de résurrection, et une colombe, image du Saint-Esprit).

Borgo Ognissanti, 42 ☎ 055 23 88 720 www.polomuseale.firenze.it 🕒 Sam. 9h-13h

***La Cène* de Domenico Ghirlandaio dans le Cenacolo di Ognissanti**

Sculpteur Novecento

Museo Marino Marini (plan 1, B3)

Inattendue pause contemporaine, entre un palais et une église Renaissance ! Marino Marini (1901-1980), peintre à ses débuts et surtout immense sculpteur italien, fréquenta Picasso, Giacometti, Calder... exposant de New York à Tokyo. L'église San Pancrazio, restructurée dans les années 1980 selon les indications de l'artiste, accueille ses œuvres dans une douce lumière naturelle. De là, vous pourrez accéder à la Cappella Rucellai, qui renferme le *Tempietto del Santo Sepolcro*, un magnifique monument funéraire réalisé vers 1465 par Leon Battista Alberti.

Piazza San Pancrazio (à l'angle de la via della Spada) ☎ 055 21 94 32 www.museomarinomarini.it 🕒 Mar. et jeu. 10h-13h, dim. 10h-19h Fermé j. fér. et août € Chapelle 6€

À FAIRE

Allez au parc

Parco delle Cascine (hors plan 1 par A2)

Un poumon vert de 130ha dans l'ouest de la ville, accolé à l'Arno. Vous pourrez venir dans ce grand parc faire votre jogging comme les Florentins, louer un vélo ou des patins à roulettes (l'été, au pavillon "La Pavoniera"), organiser un pique-nique sur une pelouse, prendre un sandwich à un kiosque…

Piazzale Vittorio Veneto parcodellecascine.comune.fi.it

IL ÉTAIT UNE FOIS

Le **Maggio fiorentino** est l'un des principaux festivals d'opéra au monde. Fondé en 1933, dirigé par Karajan, Muti, Mehta…, il a osé de nouvelles formes de mises en scène, invitant des artistes à créer ses décors. Il a emménagé en 2011 dans une salle dessinée par Paolo Desideri, à l'orée du parc des Cascine. Festival mai-juil., événements toute l'année.

www.maggiofiorentino.com

NOS ADRESSES

RESTAURANTS

"Le paysan"

Il Contadino €

Il vous faudra patienter à l'heure du déjeuner car les travailleurs florentins sont nombreux à s'y presser… Et pour cause ! Le menu coûte alors 8-10€ (13-15€ le soir et 10-12€ le w.-e.). Un bon rapport qualité-prix à défaut d'un sommet gastronomique !

(plan 1, A2 n°12) Via Palazzuolo, 69
055 238 26 73 www.trattoriailcontadino.com Tlj. 12h-15h et 18h30-22h30

Photos et tradition

Trattoria Guelfa €

Prenez le parti des Guelfes (celui du pape…) et choisissez l'une des deux salles, séparées par la caisse, pour goûter la *bistecca alla fiorentina* (38€/kg). Décoration chaleureuse : murs ornés de dessins et d'outils ancestraux, bouteilles de vin alignées sur une étagère. Menu midi 13€, comptez 25€ à la carte.

(hors plan 2 par B1) Via Guelfa, 103/r
055 21 33 06 Tlj. 12h-15h et 19h-22h

Imbattable au déjeuner

Ostaria dei Centopoveri ♥€€

La cuisine met à l'honneur les recettes locales comme les *pappardelle alla chiantigiana*, la *bistecca alla fiorentina*, ou la friture de poissons de Porto Santo Stefano. Menus 28-35€, *primi* 7-15€, *secondi* 10-29€.

(plan 1, B2 n°17) Via Palazzuolo, 31/r
055 21 88 46 www.centopoveri.it Tlj. 12h-15h et 19h-23h Fermé 5 j. autour du 25 déc.

Tout simplement bon

Buca Lapi €€

Tapi en sous-sol, dans une ruelle discrète, ce restaurant est l'un des plus vieux de la ville. L'entrée ne paie pas

Il Latini

de mine, mais la belle salle voûtée est toujours pleine à craquer, car on y déguste de succulentes spécialités toscanes préparées dans les règles de l'art. Plat 16-25€.

(plan 1, B2 n°18) Via del Trebbio, 1/r
055 21 37 68 www.bucalapi.com
Lun.-sam. 19h-22h30
Fermé 2 sem. autour du 15 août et 25-26 déc.

Typique *osteria* florentine

13 Gobbi €€

Sa jolie salle rustique ne manque pas de cachet avec ses poutres et jambons suspendus. Optez pour une spécialité de la maison : l'ossobuco de veau, le bifteck à la florentine (pièce de 500g) ou l'œuf à la truffe noire. Réservez le soir. Minuscule cour verdoyante. Repas 35-40€.

(plan 1, A3 n°10) Via del Porcellana, 9/r
055 28 40 15 Tlj. 12h30-15h et 19h30-23h

La tradition à son sommet

Il Latini €€

Cette adresse, aux murs décorés de gravures anciennes et aux jambons accrochés comme des lustres au-dessus des tables, a pour spécialité l'*arrosto misto* (grillades d'agneau,

LA RECETTE

LE *NEGRONI*

Le comte Camillo Negroni commanda un jour de 1919-1920 au Caffè Casoni (alors à l'angle des rues della Spada et Tornabuoni), un americano *bien dosé. Le barman pensa bien faire en y ajoutant du gin. Le Negroni, cocktail florentin par excellence, était né !*

Pour 1 pers.

1/3 de gin
1/3 de Bitter Campari
1/3 de Vermouth Rosso (Martini)
1 tranche d'orange
5 glaçons

Le cocktail se prépare directement dans le verre, de préférence bas à fond large. Refroidissez le verre, puis égouttez-le. Versez tous les ingrédients sur les glaçons et mélangez. Ajoutez la rondelle d'orange. Pour ceux qui préféreraient une variante plus légère, il existe le *Negroni sbagliato* ("faux Negroni") : remplacez le gin par du Spumante brut (mousseux).

de lapin et de poulet pour 2 pers.). Armez-vous de patience, le lieu est victime de son succès ! Belle carte des vins. Repas 35-45€.

(plan 1, B3 n°13) Via dei Palchetti, 6/r 055 21 09 16 www.illatini.com Mar.-ven. 19h30-22h30, sam.-dim. 12h30-14h30 et 19h30-22h30 Fermé fin déc.-début jan.

SHOPPING

Parfums de reines

Officina di Santa Maria Novella

Cette pharmacie fondée en 1612 est devenue une somptueuse parfumerie. Les trois immenses salles, consacrées aux parfums, savons, crèmes et autres cosmétiques naturels, se visitent comme un musée !

(plan 1, B2 n°35) Via della Scala, 16 055 21 62 76 www.smnovella.it Tlj. 10h-19h

Vieux clichés

Fratelli Alinari

Photos magiques d'une Florence oubliée à choisir dans le fonds d'une vénérable famille.

(plan 1, B1 n°31) Largo Alinari, 15 (via Nazionale) 055 23 951 www.alinari.it Lun.-ven. 9h-13h et 14h-18h

Mode éthique

Otto d'Ame

Une mode casual chic créée par la Florentine Silvia Mazzoni. Son adorable boutique fourmille de vêtements et d'accessoires fabriqués pour la plupart en Toscane ou ailleurs en Italie. Chaque année, les profits d'une collection sont reversés à une association.

(plan 1, B3 n°34) Via della Spada, 19 055 26 54 100 www.ottodame.it Lun.-sam. 10h-19h30, dim. 12h-19h30 Fermé 1er jan., 15 août et 25-26 déc.

SORTIES

Gare réhabilitée

Stazione Leopolda

En été, des événements autour de la musique, de l'art, du vin, etc., ont lieu régulièrement dans cette ancienne gare. Un rendez-vous à ne pas manquer !

(hors plan 1 par A2) Viale Fratelli Rosselli, 5 055 21 26 22 www.stazione-leopolda.com

Cocktails de fruits frais

ArtBar (Antico Caffè del Moro) ♥

Une très petite salle et un joli bar en bois sombre. De superbes cocktails, réalisés uniquement à partir de fruits frais pressés (avec ou sans alcool) et coiffés de morceaux de pommes, kiwis, fraises (9-10€)... *Happy hours* de 18h30 à 21h.

(plan 1, B3 n°40) Via del Moro, 4/r 055 28 76 61 Dim.-jeu. 19h-1h, ven.-sam. 19h-2h

Rooftop au top

Sesto on Arno

La vue sur la ville et sur le fleuve est spectaculaire, l'ambiance très internationale et les cocktails s'avèrent exquis... Voici le dernier rendez-vous à la mode des Florentins !

(plan 1, A3 n°41) Westin Excelsior 6e ét. Piazza Ognissanti, 3 055 271 52 783 www.sestoonarno.com Tlj. 12h-0h Aperitivo Tlj. 19h-21h

SAN LORENZO ET SAN MARCO

San Lorenzo, un quartier né sous l'impulsion des Médicis, rassemble leur palais, leur bibliothèque et leur paroisse. À deux pas de là, les allées du marché central bruissent toute la semaine. Plus au nord, le toujours médicéen couvent San Marco, ainsi que l'Académie et son sublime *David* de Michel-Ange vous éblouiront. Au hasard des ruelles, l'animation des bars et des bonnes petites tables se mêle à celle du Chinatown naissant.

ACCÈS ET INFOS

- Arrêts Cappelle Medicee ou Piazza di San Lorenzo (Minibus C1) pour San Lorenzo
- Arrêt Cavour pour la galerie de l'Académie
- Arrêts Arazzieri (Minibus C1) ou Museo di San Marco (ligne 14) pour le musée de San Marco

À VOIR

SAN LORENZO

La paroisse des Médicis

Basilica di San Lorenzo (plan 1, C2)

Derrière une façade inachevée, on découvre une vaste basilique commencée en 1420 par Brunelleschi. L'architecte des Médicis respecte scrupuleusement les proportions mathématiques des volumes en jouant sur le contraste entre la *pietra serena*, le grès sombre de Florence, et la blancheur des murs. La nef recèle plusieurs trésors, dont les *Épousailles de la Vierge* (1523) de Rosso Fiorentino (2e chapelle de droite) et une *Annonciation* (1440) de Filippo Lippi dans la Cappella Martelli (à gauche). Dans la sobre et harmonieuse Sagrestia Vecchia (Ancienne Sacristie, transept gauche), les sculptures sont dues à Donatello et le monument funéraire (v. 1472) est signé Verrocchio.

Piazza San Lorenzo 055 21 40 42 www.operamedicealaurenziana.org
Lun.-sam. 10h-17h30 7€

Éclatant mausolée

Cappelle Medicee (plan 1, C1-C2)

Par une entrée séparée, derrière l'église San Lorenzo, on pénètre dans les chapelles funéraires des Médicis. La chapelle des Princes d'abord, tout en marbre polychrome, date du début du 17e s. Les artisans de l'Opificio delle Pietre Dure (p.68), spécialisés dans la marqueterie de pierres dures, participèrent à l'ouvrage. L'intérieur somptueux n'a, à dire vrai, pas grand-chose d'une chapelle : le lieu fut d'ailleurs rapidement utilisé à des fins festives, pour impressionner les invités ! Découvrez ensuite la Nouvelle Sacristie,conçue et décorée (1530-1534) par Michel-Ange. Sur les tombeaux de Julien et de Laurent II de Médicis, en un point d'orgue mélancolique, se tiennent les figures tourmentées des *Quatre Heures du jour*. L'illustre Laurent le Magnifique repose à droite de l'entrée sous un sarcophage que domine une belle *Vierge à l'Enfant*.

Piazza Madonna degli Aldobrandini, 6 055 06 49 430 www.bargellomusei.beniculturali.it
Tlj. 8h15-14h (dernière entrée 13h20) Fermé 1er, 3e, 5e lun. et 2e, 4e dim. du mois 9€

À NE PAS MANQUER

- Basilica di San Lorenzo
- Cappelle Medicee
- Museo di San Marco
- Galleria dell'Accademia
- Piazza della Santissima Annunziata

Palazzo Medici Riccardi

Forteresse marchande

Palazzo Medici Riccardi (plan 1, C1)

Cosme l'Ancien commande ce palais, parfait prototype Renaissance, à l'architecte Michelozzo (préférant son projet à celui, trop somptueux, de Brunelleschi). L'édifice devient en 1460 la demeure des Médicis, qui le cèdent en 1659 à la famille Riccardi. À voir, une superbe *Vierge à l'Enfant* de Filippo Lippi dans la Sala Sennino, l'étonnante galerie des Glaces et son plafond décoré d'une très colorée *Allégorie de la Divine Sagesse* (1685) par Luca Giordano ainsi que la fameuse chapelle des Mages aux incroyables fresques (1459) de Benozzo Gozzoli, élève de Fra Angelico.

Via Cavour, 3 ☎ 055 27 60 340 🕒 Jeu.-mar. 10h30-18h30 € 7€

IL ÉTAIT UNE FOIS

On doit à Benozzo Gozzoli (1420-1497) le fabuleux décor de la **chapelle des Mages**. Tout autour de la pièce, les fresques censées représenter le cortège des Rois mages déroulent une magnifique galerie de portraits d'amis et de membres de la famille Médicis ! Remarquez l'artiste parmi les toques rouges : il vous fixe du regard.

Dans le réfectoire du Convento di San Onoficio

Cenacolo del Fuligno (plan 1, C1)

Cette *Cène*, représentation biblique par excellence, est probablement du Pérugin et de ses élèves (1493-1496). Admirez le traitement des pieds et des mains des personnages.

Via Faenza, 42 ☎ 055 28 69 82 www.polomusealetoscana.beniculturali.it
🕒 Mar. 8h30-13h30 et 1er dim. du mois Fermé 14-15 août

SAN MARCO

Pour Fra Angelico

Museo di San Marco (plan 2, A1)

Après le ballet des bus et des scooters sur la place, ce qui frappe lorsqu'on pénètre dans l'ancien couvent dominicain de San Marco, c'est le dépouillement des lieux et leur sérénité. En 1436, Cosme l'Ancien confie la reconstruction de l'édifice à Michelozzo. Fra Angelico (v. 1400-1455), moine de cette communauté tardivement venu à l'art, se charge de peindre l'intérieur des cellules. Ne manquez pas les 3, 7, 9 et 38-39, ni l'escalier qui abrite l'*Ange de l'Annonciation*. Dans le réfectoire du rez-de-chaussée vous attend sa première commande, le monumental *Triptyque des Linaioli*, dont les anges semblent en relief.

Piazza San Marco, 3 055 23 88 608 www.florence-museum.com
Mar.-sam. 8h15-13h50 Fermé 2e, 4e lun. et 1er, 3e et 5e dim. du mois € 6€

Cène bénédictine

Cenacolo di Sant'Apollonia (plan 2, A1)

Relief, force dramatique et rigueur bénédictine imprègnent la *Cène* (1456) d'Andrea del Castagno. Loin de celle de Ghirlandaio, visible au Cenacolo d'Ognissanti (p.59), celle-ci, peinte à fresque sur des plaques de marbre, traite ce sujet privilégié des réfectoires de couvent avec gravité, sans fantaisie ni fioriture. Observez notamment le traitement pictural réservé à la vaisselle de verre sur la table.

Via XXVII Aprile, 1 055 29 06 56 www.polomusealetoscana.beniculturali.it
Tlj. 8h30-13h30 Fermé 1er, 3e, 5e w.-e. du mois, 1er jan. et 25 déc.

Cloître intimiste

Chiostro dello Scalzo (hors plan 2 par A1)

Les murs de la galerie ont été parés au début du 16e s. de fresques en grisaille réalisées par Andrea del Sarto : 16 scènes de la vie de saint Jean Baptiste, auxquelles le peintre a su donner un volume quasi sculptural.

Via Cavour, 69 055 23 88 604 www.polomusealetoscana.beniculturali.it
Tlj. 8h15-13h50 Fermé 2e, 4e sam., 1er, 3e et 5e dim. du mois, 1er jan., 1er mai et 25 déc.

Le Beau absolu

Galleria dell'Accademia (plan 2, A1)

Voici le temple de Michel-Ange. Vous serez accueilli par ses *Esclaves*, qui tentent de se libérer de la matière, avant de vous confronter au *David*, réalisé quarante ans plus tôt (1501-1504). Haute de 4,34 m, tout en marbre blanc, la statue a trouvé refuge en ces murs en 1873, après avoir passé plusieurs siècles devant le Palazzo Vecchio. Tournez autour pour en apprécier le modelé et l'intensité. Le héros biblique, saisi juste avant son combat contre Goliath, porte une fronde et se concentre. La tête et les mains sont légèrement surdimensionnées pour augmenter l'expressivité de la posture. Considéré comme l'idéal masculin absolu dans l'art, cet emblème de Florence a pour pendant féminin la *Vénus* de Botticelli (p.52). L'académie possède aussi une intéressante collection de peintures du 14e s., dont une *Déposition de croix* de Filippino Lippi achevée par le Pérugin et une *Assomption* (1500) du même artiste.

Via Ricasoli, 60 ☎ 055 09 87 100 ou 055 29 48 83 (rés.) galleriaaccademiafirenze.beniculturali.it ⏲ Mar.-dim. 8h15-18h50 (et juin-sept. : mar. et jeu. 19h-22h) Fermé 1er jan., 1er mai, 25 déc. € 8€ (+ 4€ pour la rés. coupe-file, vivement conseillée)

Symétrie signée Brunelleschi

Piazza della Santissima Annunziata 👍 (plan 2, B1)

Des portiques aux fines colonnes unifient la place Renaissance dessinée par Brunelleschi. En son centre se dresse une statue équestre (1608) du grand-duc Ferdinand Ier de Médicis, par Giambologna. Au nord, la basilique Santissima Annunziata (15e s.), de Michelozzo, présente un foisonnant décor baroque, inhabituel à Florence. De délicates fresques d'Andrea del Sarto et du Pontormo ornent le cloître.

Basilica della Santissima Annunziata
Piazza Santissima Annunziata
☎ 055 23 98 034 ⏲ Tlj. 7h30-12h30 et 16h-18h30

Spedale degli Innocenti

L'enfance de l'art

Spedale degli Innocenti (plan 2, B1)

Sur le côté est de la place, Brunelleschi signe un nouveau chef-d'œuvre de l'architecture Renaissance. S'étant vu confier la réalisation du premier orphelinat d'Europe (1419), il le pare de deux somptueux cloîtres. Transformé en musée (rénové en 2016), l'*ospedale* abrite l'éclatante *Adoration des Mages* de Ghirlandaio, de tendres Vierges à l'Enfant, dont une de Botticelli, et les médaillons des Della Robbia. Grande exposition sur l'histoire de l'accueil des enfants. Très agréable café dans la loggia du dernier étage, ouvert à tous.

Piazza della Santissima Annunziata, 12 ☎ 055 20 37 308 www.museodeglinnocenti.it ⏲ Avr.-oct. : mer.-lun. 10h-19h ; nov.-mars : mer.-lun. 11h-18h Fermé 1er jan. et 25 déc. € 10€

DRÔLE D'AFFAIRE

Une chimère n'est pas forcément un rêve inaccessible… Ce peut aussi être un animal fabuleux mi-lion, mi-chèvre, avec une queue de serpent… Telle la ***Chimère d'Arezzo*** exposée aux Musée archéologique (p.68) – un bronze du 4e s. av. J.-C. découvert en 1553 et ayant appartenu à Cosme Ier.

Racines étrusques

Museo Archeologico Nazionale (plan 2, B1)

La Toscane fut étrusque avant d'être romaine. En témoigne l'impressionnante collection de sarcophages, d'urnes cinéraires et de bronzes votifs – dont la *Chimère* d'Arezzo (p.67) – ici présentée ; admirez aussi le cratère à volutes dit vase François (6e s. av. J.-C.), témoin d'une influence grecque. Riche collection égyptienne.

Piazza della Santissima Annunziata, 9/b 055 23 575 www.polomusealetoscana.beniculturali.it Mar.-ven. 8h30-19h, sam.-lun. 8h30-14h Fermé 2e, 4e et 5e dim. du mois € 8€

Dessins de pierre

Opificio delle Pietre Dure (plan 2, A1)

La “mosaïque florentine” est l'art de la marqueterie de pierres fines, dont s'éprirent les Médicis. Vous verrez là quelque 600 panneaux et reliefs aux motifs végétaux et animaliers d'une infinie délicatesse, ainsi que la reconstitution d'un atelier.

Via degli Alfani, 78 055 26 511 www.opificiodellepietredure.it Lun.-sam. 8h15-14h € 4€

Mercato Centrale

À FAIRE

Allez au marché central

Mercato Centrale (plan 1, C1)

Cette belle halle 19e s. abrite le ventre de Florence, une explosion de couleurs, de parfums et de saveurs. Faites le plein de légumes gorgés de soleil ou de charcuterie pour vous concocter un pique-nique ou allez vous attabler chez Nerbone, au rez-de-chaussée (p.69), ou sur la mezzanine réaménagée en *food court* branché avec ses pizzas, sandwichs et grillades.

Piazza del Mercato Centrale www.mercatocentrale.it Sept.-juin : lun.-ven. 7h-15h, sam. 7h-17h ; juil.-août : lun.-sam. 7h-15h Mezzanine Tlj. 8h-0h

COULEUR LOCALE

L'Italie produit des fruits et légumes savoureux, méconnus en France pour certains. Ne résistez pas aux haricots verts longs et au chou noir en hiver, typiques de Florence, ni aux artichauts romains au printemps, pas plus qu'à l'*uva fragola* (un raisin au goût de fraise) à la fin de l'été !

NOS ADRESSES

PAUSES

Petit déjeuner à l'italienne

Pasticceria Robiglio

Un café-pâtisserie à l'ancienne, que les gourmands fréquentent depuis 1928 pour son cappuccino, sa *torta campagnola* (sablé aux pignons et aux amandes) et ses gâteaux à la farine de châtaigne. Petite terrasse.

(plan 2, B1 n°6) Via dei Servi, 112/r
055 21 27 84 Tlj. 7h30-21h et même un peu plus tard en cas d'affluence

Sublimes *gelati*

I Gelati del Bondi

Il faut absolument tester ses glaces maison, telle la *Venusiana* à la liqueur Sambuca ou la *Fior di latte* au lait des montagnes toscanes.

(plan 1, B1 n°5) Via Nazionale, 61/r (à l'angle de la via Faenza) 055 28 74 90
www.igelatidelbondi.com Mars-oct. : tlj. 11h-0h ; nov.-fév. : mer.-lun. 11h-0h

Pizza au carré

Bondi Focaccine ♥

Entre des murs lambrissés d'un autre âge, sur des bancs en bois, on dévore une *focaccia* (épaisse pizza à la coupe) aux aubergines et *prosciutto*, ou au poulpe et chicorée piquante. À partir de 2,50€.

(plan 1, C1 n°1) Via dell'Ariento, 85/r
055 28 73 90 Tlj. 11h30-0h

Un verre au comptoir

Fratelli Zanobini

Ce caviste commercialise les meilleurs crus du Chianti, du vernaccia au brunello. Forcément, son zinc compte de nombreux habitués. Et ce, depuis 1944 !

(plan 1, C1 n°3) Via Sant'Antonino, 47/r
055 23 96 850 Lun.-sam. 8h30-14h et 15h30-20h

RESTAURANTS

Totalement populaire

Mario €

Ici, on ne choisit pas ses voisins ! Les plats du jour sont servis à peine commandés, et pourtant la file d'attente s'allonge devant la porte. Banquiers et journalistes s'y retrouvent régulièrement. Arrivez tôt. Repas 10-20€.

(plan 1, C1 n°15) Via Rosina, 2/r 055 21 85 50
Sept.-juil. : lun.-sam. 12h-15h30

Ancien "débit de boissons"

La Mescita ♥€

Adresse favorite des étudiants, des professeurs et des employés des environs, ce tout petit bar à vins propose quelques plats du jour changeant au fil des saisons. Allez-y pour ses pâtes maison, tripes, assiettes de charcuterie et fromages italiens. Également des sandwichs. Plat 5-8€.

(plan 2, B2 n°14) Via degli Alfani, 70/r
338 99 22 640 Tlj. 11h-15h

L'incontournable du marché

Nerbone €

Un bel étal à charpente métallique, surmonté de la fameuse enseigne verte de cette institution. Après avoir payé et reçu votre pitance,

La Ménagère

installez-vous sur une des tables en marbre dressées de l'autre côté de la gargote. L'occasion de goûter aux tripes à la florentine. *Primi* 4€, *secondi* 5-6,50€.

(plan 1, C1 n°16) Mercato Centrale Piazza del Mercato Centrale,12 055 21 99 49 Lun.-sam. 12h-14h (8h-12h pour des paninis)

Une adresse à part

Il Vegetariano €

Un lieu d'une quiétude inhabituelle pour Florence. Sitôt franchi le seuil, on se dirige vers le menu pour choisir entre 5 à 7 plats végétariens, on paie à la caisse, on prend son plateau, son verre et ses couverts dans une vieille armoire en bois, et on s'installe à une table collective. *Primi* 5-7€, salades 5-6,50€, *secondi* 8-10€.

(plan 2, A1 n°19) Via delle Ruote, 30/r 055 47 50 30 Mar.-ven. 12h30-14h30 et 19h30-22h30, w.-e. et j. fér. 19h30-22h30, lun. 12h30-14h30

Menu de la mer

Lo Skipper €€

Le chef sicilien concocte avec talent des recettes inventives qu'il renouvelle tous les mois. Par exemple, des crevettes en chemise de falafels sur crème de citrouille au sésame noir ; des petites seiches grillées et farcies au pesto sur lit d'oranges de Sicile... *Primi* 9-13€, *secondi* 15€.

(plan 2, A1 n°15) Via degli Alfani, 78/r 055 28 40 19 ristoranteskipper.firenze.it Sept.-juil. : lun.-ven. 12h-14h30 et 20h-22h30, sam. 20h-22h30

Spécial habitués

Lo Stracotto €€

Une trattoria de quartier avec terrasse, dont les familiers passent en coup de vent à midi. Excellentes pâtes du jour. Parfait entre deux visites. Repas 20-30€.

(plan 1, C2 n°14) Piazza Madonna degli Aldobrandini, 17 055 23 02 062

www.trattorialostracotto.it
Tlj. 12h-15h et 18h-22h30

Avec le commissaire

Da Tito €€

Depuis 1913, Da Tito officie juste en face de la préfecture de police. Dans une salle tout en longueur, vous aurez le choix, selon les saisons, entre une *ribollita*, soupe au chou, aux fèves et aux lardons, un *ossobuco alla fiorentina* ou un carré d'agneau gargantuesque... Poisson le vendredi. Menu midi 12€, repas 25-30€.

(hors plan 2 par A1) Via San Gallo, 112/r
055 47 24 75 www.trattoriadatito.it
Lun.-sam. 12h-15h et 19h-23h Rés. conseillée

La Florence bobo

La Ménagère ♥€€

La Ménagère, qui fut la première boutique d'articles ménagers florentine (1896), a rouvert ses portes sous forme de "concept-restaurant". Dans un espace au design soigné : cuisine haut de gamme, "bistrot", bar à cocktails et tapas, torréfacteur, corner proposant plantes et accessoires déco ! Repas 40€. Menu dégustation (végétarien 42€, viande 55€, poisson 65€).

(plan 2, A1 n°13) Via de' Ginori, 8/r
055 075 06 00 www.lamenagere.it
Tlj. 12h-23h Bistrot tlj. 7h-2h

SHOPPING

Masques de carnaval

Alice Atelier

Le carnaval n'est plus, mais ici, la technique du papier mâché se transmet de père en fille... et de professionnel en amateur sous forme de cours. Créations inspirées de la commedia dell'arte.

(plan 1, B1 n°30) Via Faenza, 72/r
347 48 29 303 alicemasks.weebly.com
Lun.-sam. 9h30-13h et 15h30-19h30

Inspiration médicéenne

I Consigli di Anna

Dans sa minuscule boutique-atelier, Anna associe perles et pierres semi-précieuses selon des dessins tout droit sortis des trésors des Médicis. Boucles d'oreilles, bagues, etc. Le style florentin... à des prix défiant toute concurrence !

(plan 2, A2 n°25) Via dei Servi, 73/r
055 21 56 83 Lun.-sam. 9h30-13h et 14h-18h

Casseroles et compagnie

Bartolini ♥

Une belle adresse pour craquer sur la dernière cafetière Bialetti, un ustensile Alessi, des porcelaines Ginori... ou carrément sur une machine à pâtes Imperia !

(plan 2, A2 n°21) Via dei Servi, 72/r
055 29 14 97 www.bartolinifirenze.it
Lun.-sam. 10h-13h et 14h-19h
(juil.-août : sam 10h-13h ; déc : ouvert tlj.)

SORTIES

Aperitivo géant

Kitsch Devx

Cette taverne psychédélique fait le plein à l'*aperitivo*, grâce à son buffet surabondant. L'étroite terrasse peine à contenir la foule affamée !

(plan 2, A1 n°32) Via San Gallo, 22/r 328 90 39 289 www.kitschfirenze.com Tlj. 17h-3h

SANTA CROCE

De la majestueuse place Santa Croce, dominée par la façade étincelante de la basilique, part un dédale de ruelles vouées à l'artisanat et au commerce. Vous y trouverez certains des meilleurs restaurants de la ville, des bars animés, des boutiques de créateurs, des galeries d'art... et un marché très fréquenté.

ACCÈS ET INFOS

- Arrêts Benci ou Verdi (Minibus C3, ligne 23)

À VOIR

Panthéon florentin

Basilica di Santa Croce (plan 2, B4)

Véritable *Who's Who* de la ville, la basilique Santa Croce accueille les chapelles personnelles des plus riches familles de Florence. Érigée à partir de 1294 par les Franciscains, elle devait éclipser la splendeur de Santa Maria Novella, dominicaine. Achevée en 1442, la basilique conserva pourtant une façade nue jusqu'au 19e s. Une nef d'une largeur impressionnante abrite le cénotaphe de Dante Alighieri (enterré à Ravenne) et les tombeaux des plus grands : Machiavel, Michel-Ange (mort à Rome et dont la dépouille fut subrepticement dérobée au pape !), Galilée, Rossini... La chapelle des Bardi, dans le chœur à droite, a été décorée en 1325 de six scènes de la vie de saint François. Giotto s'y distingue par la sobriété, la monumentalité et le réalisme. Agnolo Gaddi couvre la Cappella Maggiore, chapelle du chœur, de fresques (1380) illustrant la légende de la Vraie Croix. Admirez le *Crucifix* de Cimabue dans la sacristie, et le grand cloître dessiné par Brunelleschi, à deux niveaux. Dans le Museo dell'Opera di Santa Croce, sur le flanc gauche du cloître, *Cène* de Vasari (1546).

Piazza Santa Croce, 16 Entrée Largo Bargellini 055 24 66 105 www.santacroceopera.it
Lun. et mer.-sam. 11h-17h, dim. et j. fér. 13h-17h 8€

COULEUR LOCALE

Des parties de *calcio storico*, jeu très proche du football américain, étaient disputées sur les places de la ville lors des mariages princiers et autres réjouissances publiques. Cette tradition s'est perpétuée piazza Santa Croce, le 24 juin. Remarquez, sur la façade du n°7 et celle, peinte, du n°21 – le palais de l'Antella –, le disque indiquant le milieu du terrain !

La demeure de Michel-Ange

Casa Buonarroti (plan 2, B4)

Si Michel-Ange y habita quelques années, l'intérieur a été totalement remanié depuis. Vous y découvrirez toutefois un chef-d'œuvre de 1490, la *Madonna della Scala*, et d'autres réalisations du maître : des dessins préparatoires, des études en terre cuite, des bas-reliefs exécutés alors qu'il n'avait que 17 ans,

À NE PAS MANQUER

- Basilica di Santa Croce

Basilica di Santa Croce

une intéressante maquette montrant la façon dont le *David* fut transporté à l'Accademia en 1873, ainsi que de belles portes marquetées.

Via Ghibellina, 70 055 24 17 52 www.casabuonarroti.it Mars-oct. : mer.-lun. 10h-17h ; nov.-fév. : mer.-lun. 10h-16h30 Entrée 8€

DRÔLE D'AFFAIRE

En sortant de Santa Croce, en 1817, Stendhal a un malaise. Son cœur bat la chamade, il souffre d'une overdose de sublime. Ces troubles suscités par la profusion d'œuvres d'art et de beauté des musées florentins ont été diagnostiqués chez de nombreux visiteurs depuis. On les appelle "syndrome de Florence" ou "**syndrome de Stendhal**" !

Néo-mauresque

Sinagoga (plan 2, C3)

Un joyau oriental assez surprenant, posé dans des rues calmes et populaires ! Si la présence d'une communauté juive est attestée à Florence depuis 1304, c'est en 1874 qu'est édifiée cette nouvelle synagogue dans un remarquable style byzantino-mauresque. La coupole en cuivre se remarque à des lieues à la ronde. À l'étage, un modeste musée.

Via L. C. Farini, 6 055 23 46 654 www.firenzebraica.it Mi-avr.-mi-oct. : dim.-jeu. 9h30-18h30, ven. 9h30-17h ; mi-oct.-mi-avr. : dim.-jeu. 10h-17h30, ven. 10h-15h Fermé fêtes juives Entrée 6,50€

Trésor caché

Santa Maria Maddalena dei Pazzi (plan 2, B2)

Il faut pénétrer dans le lycée Michelangelo pour accéder à la salle capitulaire de l'ancien monastère, qui recèle un chef-d'œuvre : la *Crucifixion* peinte par le Pérugin entre 1493 et 1496. Une composition d'une grande pureté, où s'impose une vision sereine et méditative du calvaire. Parmi les protagonistes de la scène figurent, outre la Vierge et saint Jean-Baptiste (debout), saint Benoît à genoux, bras croisés, sainte Madeleine en prière près de la Croix et, tout de blanc vêtu, Bernard de Clairvaux (le fondateur de l'ordre cistercien). En arrière-plan, le lac Trasimène et les verdoyants paysages de l'Ombrie, région natale du Pérugin. Les trois arbres frêles et graciles seraient un symbole de la Trinité.

Borgo Pinti, 58 Via della Colonna, 9
055 247 84 20
Salle du Pérugin tlj. 7h30-16h30

Loin des foules
Museo Horne (plan 3, C2)

Un palais Renaissance décoré avec goût par le collectionneur anglais Herbert P. Horne, esthète du 19e s. Voici une occasion de découvrir mobilier d'époque et peintures remarquables de Giotto, Beccafumi, Lippi. Une visite hors des sentiers battus.

Via dei Benci, 6 055 24 46 61
www.museohorne.it Jeu.-mar. 10h-14h
7€

***Santo Stefano*, Giotto dans le Museo Horne**

À FAIRE

Allez au marché
Mercato Sant'Ambrogio (plan 2, C3)

Sous une vaste halle de 1873, primeurs, charcutiers, bouchers et, tout autour, de grands étals aux fruits et légumes de saison. Populaire et animé.

Piazza Ghiberti www.mercatosantambrogio.it Lun.-sam. 7h-14h

NOS ADRESSES

PAUSES

Populaire chic
Caffè Cibrèo

Pour une pause sous un superbe plafond à caissons de bois Renaissance, entouré de belles boiseries, à deux pas de l'agréable marché Sant'Ambrogio (p.44).

(plan 2, C3 n°4) Via A. del Verrocchio, 5/r
055 23 45 853 www.cibreo.com/caffe
Tlj. 9h-1h

Sandwich et brin de causette

Antico Noé

Vieux comme Mathusalem, un bar à vins dont le tenancier, particulièrement affable, vous confectionnera toutes sortes de sandwichs et d'en-cas : viandes froides, charcuteries, fromages et pickles (de 3 à 6€) à emporter ou à déguster sur place avec un verre de vin. Juste à côté, un restaurant à la même enseigne, dont les prix démarrent à 10€ (ouvert 12h 15h et 19h30-22h30).

(plan 2, B3 n°2) Volta di San Piero, 6/r (au milieu d'un passage couvert reliant la via dell'Oriuolo et le borgo degli Albizi) 055 23 40 838 Lun.-sam. 12h30-0h, dim. 12h30-15h (fermé dim. en août)

La médaille d'or des glaciers

Vivoli

Face à une petite église, le temple sans égal de l'excellentissime glace florentine. Pour beaucoup, le meilleur glacier du monde, établi depuis 1930. À peine parti, vous serez prêt à revenir sur vos pas pour tester de nouveaux parfums.

(plan 2, B4 n°5) Via Isola delle Stinche, 7/r 055 29 23 34 www.vivoli.it Avr.-oct. : mar.-sam. 8h30-0h, dim. 9h-0h ; nov.-mars : mar.-sam. 8h30-21h, dim. 9h-21h Fermé 1 sem. mi-août et 3 sem. en jan.

I TRIPPAI

Les "tripiers" figurent parmi les institutions culinaires de Florence ! Ces stands fixes ou ambulants, tel celui de la via dei Macci à côté du mercato Sant'Ambrogio (p.74), sont fréquentés à midi aussi bien par les étudiants et les artisans que par les banquiers pressés. Commandez un sandwich au *lampredotto* (caillette) ou aux tripes.

RESTAURANTS

Pizza napoletana

Il Pizzaiuolo €

Une décoration des plus banales (quelques photos de Naples plaquées sur des murs de carreaux blancs), un service sans manières, mais peu importe : l'adresse est connue de tous les Florentins et réputée pour cuire au feu de bois les meilleures pizzas napolitaines de la ville ! Pizzas de 5 à 11€.

(plan 2, C3 n°12) Via dei Macci, 113/r 055 24 11 71 www.ilpizzaiuolo.it Lun.-sam. 12h30-15h et 17h-0h Fermé 1 sem. en août

Le Franciscain

Il Francescano €€

Allez découvrir ses murs de marbre, ses poutres apparentes, ses tables en bois et sa large terrasse longeant les murs de l'église Santa Croce. Vous y goûterez une cuisine bien maîtrisée, des *crostini* généreux, du risotto à la truffe et aux crevettes crues, des pièces de bœuf à la *burrata*, du tartare de thon aux agrumes... *Primi* 14-24€, *secondi* 16-25€.

(plan 2, B4 n°10) Largo Bargellini, 16 055 24 16 05 www.trattoriailfrancescano.com Mar.-sam. 12h-14h30 et 18h30-23h

Trois en un

Osteria Caffè Italiano €€

Au rez-de-chaussée d'un puissant palais, dans des salles à l'ancienne ornées de jolies boiseries, plusieurs ambiances s'articulent autour de la cuisine centrale : un restaurant plutôt guindé, une *taverna-enoteca*, et une pizzeria le soir. *Primi* 8-14€, *secondi* 16-24€. Menu dégustation 39€.

(plan 2, B4 n°16) Via Isola delle Stinche, 11-13/r
055 28 90 80 www.caffeitaliano.it
Mar.-dim. 19h-23h

Bistronomique

Trattoria Cibrèo ♥€€

Aussi appelé “il Cibrèino” (le petit Cibrèo) en référence au Cibrèo, son illustre aîné gastronomique de la porte voisine. Très exigeante sur la qualité des produits, la trattoria propose des menus qui varient selon le marché. Le lieu idéal pour découvrir le meilleur de la cuisine toscane. Menus 25-30€. *Primi* 8€, *secondi* 15€. Pas de réservation, arrivez tôt.

(plan 2, C3 n°18) Via dei Macci, 122/r
055 234 11 00 Mar.-sam. 12h50-14h30 et 18h50-23h15 Fermé en août et une sem. en fév.

Comme dans un film

Del Fagioli €€

Une trattoria animée, dont les murs lambrissés sont couverts de photos. Passant devant la cuisine, vous pourrez admirer les viandes saisies sur la braise et les plats en terre cuite où mijotent légumes et haricots... Avant de choisir, à la carte, un assortiment d'*antipasti*, des pâtes fraîches *al ragù*, et une délicieuse tarte à la ricotta, chocolat et poires en dessert. Repas 25-30€.

(plan 3, C2 n°12) Corso dei Tintori, 47/r
055 24 42 85 Lun.-ven. 12h30-14h30 et 19h30-22h30

L'histoire dans une marmite

Pentola dell'Oro ♥€€

Une adresse qui se mérite : si les cuisines ont pignon sur rue, la salle se cache au sous-sol. Le patron se lancera sûrement dans un discours bien rodé sur l'originalité de sa cuisine – son *porco cignale*, du sanglier au chocolat et aux fruits secs, est un délice absolu. Au déjeuner, recettes plus simples d'*osteria*. *Primi* 12-14€, *secondi* 15-22€.

(plan 2, B3 n°17) Via di Mezzo, 24/r
055 045 75 27 Lun.-sam. 12h-14h30 et 19h-22h30, dim. 12h-14h30

SHOPPING

Concept-store vintage

Boutique Nadine

Ses malles et ses boîtes anciennes, ses tables en bois, ses chaises et ses bancs rétro font de ce concept-store un incontournable de la bohème chic florentine. Irene et Matteo, les stylistes-propriétaires, proposent également une séduisante sélection de vêtements de jeunes créateurs italiens, d'accessoires vintage et de bijoux...

(plan 2, B4 n°22) Lungarno Acciaiuoli, 22/r
055 28 78 51 www.boutiquenadine.it
Lun.-sam. 10h-20h, dim. 12h-19h30

Tout pour les sens

AquaFlor ♥

Installé dans les vastes pièces du palais Antinori, Sileno Cheloni crée des parfums, des savons et des bougies et propose, sur rendez-vous, la composition de “jus” sur mesure. Fauteuils club, comptoirs en bois massif et vitrines patinées remplies de flacons : une atmosphère unique, hors du temps, et un voyage sensoriel inédit !

(plan 2, B4 n°20) Borgo Santa Croce, 6
055 23 43 471 www.aquaflor.it
Tlj. 10h-13h et 14h-18h

Scuola del Cuoio

L'école du cuir

Scuola del Cuoio

Cette école du cuir, située au sein du monastère de Santa Croce, est née après la Seconde Guerre mondiale afin d'offrir un métier aux orphelins. Également boutique, ornée de fresques de l'école de Ghirlandaio, elle ressemble à un atelier de la Renaissance, où les artisans travaillent sous le regard des clients. Sacs, portefeuilles, ceintures... Pour la visite, réservez.

(plan 2, B4 n°26) Via San Giuseppe, 5/r 055 24 45 33 leatherschool.biz Hiver : lun.-sam. 10h-18h ; été : tlj. 10h-18h (artisans présents lun.-ven. 11h-16h30 toute l'année)

SORTIES

Jeunesse florentine

Enoteca Sant'Ambrogio Caffè

L'endroit n'a de remarquable, et pourtant, c'est le rendez-vous incontournable de la jeunesse florentine alternative. À la carte, une longue liste de vins et de cocktails. À l'heure de l'*aperitivo*, l'abondant buffet et la terrasse vous tendent les bras.

(plan 2, C3 n°30) Piazza Sant'Ambrogio, 7/r 055 24 77 277 Tlj. 17h-3h

Cocktails et tapas

Enoteca de' Macci

Près du marché Sant'Ambrogio et de la faculté d'architecture, le maître mot de ce bar est la convivialité ! Dès que le soleil se couche, le lieu se peuple de futurs architectes et d'habitants du quartier. Délicieux cocktails accompagnés de tapas.

(plan 2, C3 n°24) Via dei Macci, 98/r 055 05 10 527 Lun.-sam. 10h-2h

À l'ancienne

Jazz Club

Il accueille quotidiennement des concerts de jazz, le plus souvent donnés par des musiciens italiens, ou des soirées hommages. Le mardi, c'est jam-session ! Il faut s'acquitter de la carte de membre pour entrer (7€ avec une boisson).

(plan 2, B2 n°31) Via Nuova de Caccini, 3 055 52 71 815 Page Facebook Mar.-ven. et dim. 23h-3h, sam. 23h-4h

L'OLTRARNO

Au-delà du Palazzo Pitti et des jardins de Boboli, la rive gauche de l'Arno, ou Oltrarno, mérite qu'on lui accorde du temps. C'est là que les Florentins vivent, travaillent, font du shopping et la fête... De Santo Spirito à San Frediano et à San Nicolò, antiquaires, artisans et restaurateurs façonnent l'âme de cette rive encore piquetée de champs d'oliviers et où affleurent, çà et là, les anciens remparts.

ACCÈS ET INFOS

- De nombreuses lignes de bus (C1, D, 6, notamment) desservent la rive droite de l'Arno. Les n°12 et 13 montent sur les collines

À VOIR

AUTOUR DU PALAZZO PITTI

L'immense palais des Médicis recèle une formidable pinacothèque, et le quartier alentour, quelques perles florentines bien gardées.

Vie de cour

Palazzo Pitti (plan 3, B2)

Une façade en bossage de 205m de long, sur trois étages de pierres dorées... Voici le palais Pitti, le plus colossal de la ville. Construit selon un projet de Brunelleschi, il est agrandi par Ammannati en 1560, quand Éléonore de Tolède, l'épouse de Cosme Ier, l'achète pour en faire la résidence officielle des Médicis. L'intérieur conserve sa décoration 17e s. et abrite une très importante pinacothèque, l'incontournable Galleria Palatina (ci-après). On visite aussi le Tesoro dei Granduchi, qui occupe les appartements d'été des grands-ducs, décorés de fresques, et présente les plus beaux effets personnels des Médicis et des Habsbourg-Lorraine ; la Galleria d'Arte Moderna où découvrir les *macchiaoli* ("tachistes"), proches des impressionnistes ; et le Museo della Moda e del Costume, qui revient sur l'histoire de l'habit de cour du 18e s. au 20e s.

Piazza Pitti, 1 055 29 48 83 www.uffizi.it Mar.-dim. 8h30-18h30 Fermé 1er jan., 1er mai et 25 déc. 10€ (nov.-fév.), 16€ (mars-oct.) Billet unique pour Galleria Palatina, Tesoro dei Granduchi, Galleria d'Arte Moderna, Museo della Moda e del Costume

Collection royale

Galleria Palatina (plan 3, B2)

L'impressionnante collection des grands-ducs, soit 25 salles tapissées de peintures de maîtres italiens et d'écoles étrangères (Rubens, Van Dyck, Vélasquez ou Murillo). À ne pas manquer, dans la salle de Jupiter, un somptueux Raphaël, la *Donna velata*, la *Lamentation sur le Christ mort* de Fra Bartolomeo ainsi que l'admirable *Madonna del Sacco* (*Vierge au sac*) du Pérugin. Dans la salle de Saturne, de nombreux portraits de Raphaël. Dans les salles Vénus et Apollon, plusieurs œuvres de Titien, dont *Le Concert*, *Marie-Madeleine* et le *Portrait de l'Anglais* ("l'homme aux yeux gris"). Dans la salle de l'Éducation de Jupiter,

À NE PAS MANQUER

- Palazzo Pitti
- Galleria Palatina
- Giardino di Boboli
- Basilica di Santo Spirito
- Cappella Brancacci
- Basilica di San Miniato al Monte
- Piazzale Michelangelo

Vue sur l'Oltrarno jusqu'au Forte di Belvedere

un détonnant *Amour dormant* du Caravage et, salle Prométhée, une suave *Vierge à l'Enfant* de Filippo Lippi. Au passage, vous apercevrez la salle de bains construite en 1813 pour Napoléon, qui pourtant ne se rendit jamais à Florence. Terminez par l'aile nord, qui abrite les appartements royaux, à la décoration somptueuse, parfois extravagante.

Jardin à l'italienne

Giardino di Boboli (plan 3, B3)

Un havre de verdure, où foisonnent statues, haies, bosquets et fontaines. C'est un vrai délice que de s'y accorder un instant de détente... Ces immenses jardins à l'italienne recouvrent, à l'arrière du Palazzo Pitti, les carrières qui servirent à extraire les pierres pour sa construction. À voir : la Grotta del Buontalenti, grotte artificielle qui abrita autrefois quantité de statues, dont les célèbres *Esclaves* de Michel-Ange ; le Kaffeehaus, une folie rococo convertie en café pendant l'été ; l'amphithéâtre, le bassin de Neptune et la Viattolone, longue allée bordée de cyprès. Rendez-vous aussi au jardin du Chevalier, une terrasse-belvédère plantée d'un jardin de buis.

Accès Piazza de' Pitti ou Porta Romana 🕒 Avr.-mai, sept. : tlj. 8h15-18h30 ; juin-août : tlj. 8h15-19h30 ; mars, oct. : tlj. 8h15-17h30 ; nov.-fév. : tlj. 8h15-16h30 Fermé 1er et 4e lun. du mois, 1er jan., 1er mai et 25 déc. € 9€ (nov.-fév.) ou 13€ (mars-oct.) Billet valable pour le Giardino Bardini Entrée libre 1er dim. du mois

Messe incognito

Santa Felicita (plan 3, B2)

Les Médicis pouvaient venir assister à la messe ici en toute discrétion. En effet, le corridor de Vasari (p.53), ce passage qui mène d'une rive à l'autre de l'Arno, traverse cette église située juste à la sortie du Ponte Vecchio ! Ne manquez pas, dans la chapelle de droite, l'une des plus belles œuvres du Pontormo, la *Déposition de Croix* (1525-1528).

Piazza Santa Felicita, 3 055 21 30 18 www.santafelicitafirenze.it Lun.-sam. 9h30-12h30 et 15h30-17h

DE SANTO SPIRITO À SAN FREDIANO

Aussi populaires que festifs, ces deux quartiers riverains de l'Arno s'étirent vers l'ouest en direction des anciens remparts. Leurs esplanades et leurs églises sont placées sous le signe de l'art.

Solennelle perspective

Basilica di Santo Spirito (plan 3, B2)

La façade inachevée de cette basilique (1444), dessinée par Brunelleschi, participe beaucoup au charme de la vaste place arborée. À l'intérieur, vous serez frappé par la solennité des volumes et par les perspectives que soulignent des colonnades en *pietra serena*. Ne manquez pas la *Vierge à l'Enfant* de Filippino Lippi (5e chapelle du transept droit) et, dans la sacristie, le crucifix en bois (1492) réalisé par Michel-Ange à l'âge de 18 ans, alors qu'il étudiait l'anatomie à l'hôpital voisin. Un corps au modelé et au rendu si réaliste que Vasari vanta “cette chair souple et pleine...”.

Piazza Santo Spirito, 30 055 21 00 30 www.basilicasantospirito.it Lun.-mar. et jeu.-sam. 10h-13h et 15h-18h, dim. 11h30-13h30 et 15h-18h

Cène au réfectoire

Fondazione Salvatore Romano (plan 3, A2)

À gauche de l'église Santo Spirito s'ouvre l'ancien réfectoire du monastère des Augustins. Au mur, une grande fresque très endommagée figure en haut une *Crucifixion*, en bas une *Cène*, peinte par Andrea Orcagna au milieu du 14e s. Collection de sculptures gothiques dont on retiendra, à l'emplacement de l'autel, une Vierge sculptée en bas-relief, attribuée à Jacopo della Quercia.

Piazza Santo Spirito, 29 055 28 70 43 www.museicivicifiorentini.comune.fi.it Lun. et sam. 10h-17h, dim. 13h-17h 11€ en vente à la chapelle Brancacci uniquement (billet combiné)

C'EST DANS L'AIR

Faites comme les jeunes Florentins : rendez-vous à l'heure de l'*aperitivo* sur la magnifique piazza Santo Spirito, cernée de bars et de restaurants. Les uns sont assis en terrasse, les autres sur les marches de l'église ou debout sur l'esplanade.

Choc esthétique

Cappella Brancacci (plan 3, A1)

Il ne faut à aucun prix manquer la visite de la fabuleuse chapelle Brancacci, ornée des fresques de Masolino et Masaccio (1427), complétées par Lippi (1485). Celles de Masaccio marquent les esprits par leur intensité. Les visages de ses apôtres sont puissants et rudes, et le traitement d'*Adam et Ève chassés du Paradis* se montre novateur par sa densité émotionnelle. Dans *Le Baptème des néophytes*, un des personnages tremble de froid ; sur un autre, agenouillé, l'eau ruisselle, transparente. Dans *Saint Pierre et saint Paul se disputant avec Simon le Magicien*, cherchez l'autoportrait du peintre Filippino Lippi, regardant le visiteur.

Piazza del Carmine, 14 ☎ 055 27 68 224 www.museicivicifiorentini.comune.fi.it ⓘ Lun. et mer.-sam. 10h-17h, dim. et j. fér. 13h15-17h Rés. conseillée € 8€

***La Résurrection du fils de Théophile,* Masaccio, Capella Brancacci**

VERS LES COLLINES

Aux portes de Florence, villas entourées de jardins et champs d'oliviers grimpent à l'assaut des collines. Du piazzale Michelangelo, hauteur gardée par l'une des plus belles églises de la cité, le panorama sur la ville vous charmera à coup sûr.

Bain de verdure

Giardino Bardini (plan 3, C3)

Tout en terrasses et escaliers baroques, ce jardin offre de superbes panoramas et compte, outre ses parterres de roses, d'azalées et de glycines, plus de 60 espèces d'hortensias. Au sommet, la villa Bardini abrite un singulier musée dédié au styliste de mode Roberto Capucci (né en 1930). Gardez du temps pour une pause au café niché sous une belle loggia !

Via de' Bardi, 1/r et Costa San Giorgio, 2 ☎ 055 23 46 988 www.villabardini.it ⓘ Sept.-fév. : mar.-dim. 10h-16h ; avr.-mai : mar.-dim. 10h-18h30 ; juin-août : mar.-sam. 10h-19h30 ; mars : mar.-dim. 10h-17h30 € 10€ Billet valable aussi pour le Gardino di Boboli

Quelle scénographie !

Museo Stefano Bardini (plan 3, C2)

Au 19e s., l'antiquaire Stefano Bardini, à la tête d'une impressionnante collection, transforme un couvent du 14e s. en palais néo-Renaissance. Fidèle à son époque, il préfère la mise en scène et l'esthétique à la rigueur scientifique. Ainsi, des chaires d'église servent de décor à l'une des pièces, les plafonds à caisson sont issus de différents palais Renaissance, et un escalier en pierre d'origine inconnue mène au premier étage ! À voir : la *Charité*, groupe en marbre de Tino di Camaino (1285-1337), la *Madone des cordiers* et la *Vierge à la pomme* de Donatello (1386-1466) et le *Saint Michel archange* d'Antonio del Pollaiolo (1432-1498).

Via dei Renai, 37 ☎ 055 23 42 427 museicivicifiorentini.comune.fi.it/en/bardini ⓘ Ven.-lun. 11h-17h € Entrée 8€

San Miniato al Monte

Au milieu des oliviers

Basilica di San Miniato al Monte (plan 3, D4)

Une délicate façade de marbre blanc serti de serpentine vert foncé s'élève avec éclat au-dessus de Florence. C'est celle de l'abbaye bénédictine San Miniato al Monte, fondée en 1018 et toujours active. Sur la vaste terrasse se déploie un cimetière romantique, où repose Carlo Lorenzini, alias Collodi, l'auteur de *Pinocchio*. À l'intérieur, appréciez le chœur surélevé au fin décor de mosaïques de marbre. Ne ratez pas la chapelle du Crucifix (1448) de Michelozzo, l'architecte du palais Médicis, ses peintures d'Agnolo Gaddi et ses rosaces de majolique de l'atelier de Luca della Robbia. En descendant dans la crypte, vous pénétrez dans la partie la plus ancienne de l'église (11e s.), dont les 38 colonnettes portent un plafond en voûtes croisées.

Via delle Porte Sante, 34 055 23 42 731 www.sanminiatoalmonte.it
Tlj. 9h30-13h et 15h-19h (vêpres en grégorien 18h30)

SUR LES TRACES DE...

La légende de Minias (Miniato), vénéré comme le premier saint florentin, tient ce martyr du 3e s. pour un roi d'Arménie devenu ermite. Décapité, il traverse l'Arno et gravit la colline en portant sa tête. La basilique qui lui est dédiée s'élève à l'endroit où il serait mort.

À FAIRE

Prélassez-vous au bord de l'eau

La "spiaggetta" di San Niccolò (plan 3, D2)

Cette *spiaggetta* ("petite plage") est l'un des lieux tendance où, à la belle saison, les Florentins aiment prendre un bain de soleil, suivre des cours de yoga, boire un verre ou danser. faites comme eux !

Piazza Poggi www.easylivingfirenze.it Juin-sept. : tlj. 10h-1h30

Pagayez sur l'Arno

Toscana Sup

Si vous êtes sportif, vous vous régalerez : d'un *paddle*, on voit la ville sous un jour tout à fait insolite. En compagnie d'un moniteur, vous glisserez sur l'Arno, avec passage sous les Offices et le Ponte Vecchio – de jour ou de nuit !

Lungarno Pecori Giraldi 333 446 86 48 www.toscanasup.org Avr.-oct. 50-60€, carte de l'association et assurance comprises

Arpentez les collines jusqu'au piazzale Michelangelo

La colline de San Miniato offre des vues sublimes sur Florence ! Partez du Ponte Vecchio (plan 3, B1) et montez la Costa di San Giorgio (maison de Galilée aux n°s 17-19) jusqu'à l'entrée du Forte di Belvedere (16e s.). Passez sous la Porta San Giorgio (1224) et descendez la via di Belvedere. Elle longe, au milieu des oliveraies, le rempart du 13e s. Parvenu à la Porta San Miniato, prenez à droite la via del Monte alle Croci qui se transforme en escalier. Arrivé au piazzale Michelangelo (plan 3, D3), vous n'en reviendrez pas !

piazzale Michelangelo

NOS ADRESSES

PAUSES

Fort en goût
I' Trippaio di San Frediano

Un de ces iconiques tripiers ambulants, bien cramponné à la piazza dei Nerli, dans le quartier populaire de San Frediano. On s'y presse pour un sandwich au *lampredotto* ou un *piatto freddo* (assiette froide). On peut s'asseoir sur la micro-terrasse ou manger sur une planchette disposée en bordure de la boutique-fourgonnette.

(plan 3, A1 n°2) Piazza dei Nerli
Lun.-ven. 10h-18h30

Un peu de fraîcheur
La Sorbettiera

Dans le quartier de San Frediano, d'excellentes glaces artisanales. Goûtez le parfum *Catrame*, un chocolat intense et crémeux, ou la *Thai*, lait de coco et citronnelle. Attention, il faut patienter pour être servi hiver comme été !

(plan 3, A2 n°1) Piazza Torquato Tasso, 11 055 51 20 336 www.lasorbettiera.com
Mai-sept. : lun.-sam. 12h30-0h, dim. 11h-13h et 15h-0h ; oct.-avr. : lun.-sam. 12h30-22h30, dim. 11h-13h et 15h-21h

RESTAURANTS

Loin de la foule
All'Antico Ristoro di Cambi €

Un restaurant sympathique, installé à San Frediano depuis 1950. Selon le temps, réfugiez-vous dans la plaisante salle rustique aux voûtes de brique rouge, ou profitez tranquillement de la terrasse, côté piazza del Tiratoio. Toutes les spécialités locales. Plat 12-18€.

(plan 3, A1 n°10) Via Sant'Onofrio, 1/r
055 21 71 34 www.anticoristorodicambi.it
Tlj. 12h-14h30 et 18h-22h30

Salon veggie
Carduccio €

L'adorable Miranda propose des boissons et des plats aux ingrédients issus de l'agriculture biologique : smoothie énergisant, cappuccino au lait végétal ou tagliatelles de courgettes du marché. Plat 10-15€. Copieux et gourmand.

(plan 3, B2 n°11) Sdrucciolo de' Pitti, 10/r
055 23 82 070 www.carduccio.com
Lun.-sam. 8h-19h, dim. 10h-17h
Fermé 1 sem. autour du 15 août

Hors les murs

Enoteca Fuori Porta €

Au milieu de la côte de San Miniato, une œnothèque très courue pour sa cave et ses *crostini* déclinant une dizaine de fromages et de charcuteries : le choix est cornélien ! Terrasse face aux remparts. Plat 8-13€.

(plan 3, C3 n°13) Via del Monte alle Croci, 10/r
055 23 42 483 www.fuoriporta.it
Fin mars-oct. : tlj. 12h-23h30 ; nov.-fin mars : 12h-15h30 et 19h-23h30

Comme à la maison

La Casalinga ♥€

Une ambiance chahuteuse, si typiquement italienne ! Les Florentins s'y pressent pour sa cuisine ménagère, *casalinga* signifie "maison". Plats simples et savoureux comme le *minestrone* au riz et au chou, la *braciola* (escalope milanaise), les tripes, les rôtis... *Primi* 7-8€, *secondi* 10-18€.

(plan 3, B2 n°14) Via dei Michelozzi, 9/r
055 21 86 24 Lun.-sam. 12h-14h30 et 19h-22h Fermé 10 jours à Noël et 3 sem. en août

Banquettes en bois

Trattoria Al Tranvai €

Au "Tramway", on déjeune à touche-touche dans un climat animé. Commandez une spécialité toscane, comme un plat d'abats, une *pappa al pomodoro* (bouillie au pain et à la tomate), des *penne alla chiantigiana* (penne à la saucisse et au fenouil revenues au vin)... Repas 20-25€.

(plan 3, A2 n°15) Piazza Torquato Tasso, 14/r
055 22 51 97 www.altranvai.it
Lun. 19h-22h30, mar.-sam. 12h-14h30 et 19h-22h30 Fermé 3j. à Noël

Fusion

Pint of View €

Ce restaurant joue avec les codes de la cuisine toscane, en les relevant de notes coréennes – comme la cheffe. En découle une carte originale :

Ribollita

algues frites, *mandus* (raviolis coréens) au *lampredotto*, burger veggie, bibimbap, poisson frais à la coréenne... En prime, une excellente sélection de bières artisanales. On aime y manger au comptoir ! Plat 6-17€.

(plan 3, A2-B2 n°16) Borgo Tegolaio, 17/r
055 28 89 44 www.pintofview.it
Nov.-mars : mar.-ven. 16h-0h, w.-e. 16h-1h ; avr.-oct. : lun.-ven. 16h-0h, w.-e. 16h-1h Fermé le 25 déc.

Tout en couleurs

Trattoria Sant'Agostino €

Dans le cadre bohème d'une salle parquetée aux tables et chaises en bois peint, savourez des antipasti toscans – oignons farcis au pecorino (7€), assiette de jambon cru toscan (14€) ou *ribollita*, une soupe de légumes au pain grillé (uniquement hors saison). Puis, place aux *secondi* : *bistecca alla fiorentina* (46€/kg), côtelettes frites à la sauce tomate (12€).

(plan 3, A2 n°17) Via Sant'Agostino, 23/r
055 28 19 95 Tlj. 12h-23h

SHOPPING

Souliers sur mesure

Stefano Bemer

Si Florence s'est taillé une belle réputation dans la chaussure sur mesure, la maison de Stefano Bemer en est une illustre représentante. Après la mort du maître en 2012, le siège de la célèbre marque a été transféré dans cette église désacralisée. Admirez-y les modèles "prêts à commander" et les artisans au travail.

(plan 3, C2-D2 n°21) Via San Niccolò, 2
055 046 04 76 stefanobemer.com
Lun.-ven. 10h-19h

Sandales en cuir

Laudato

Après une visite à la Cappella Brancacci, restez dans l'ambiance monastique et faites un saut à cet atelier, où quatre frères et sœurs fabriquent à la main des sandales en cuir aux dessins immuables depuis l'époque de leur grand-père. Prix raisonnables.

(plan 3, A1 n°20) Via S. Monaca, 17/r
055 29 22 29 Mars-sept. : lun.-sam. 10h30-13h et 16h30-19h30 ; oct.-fév. : lun.-ven. 10h30-13h et 16h30-19h, sam. 10h30-13h

SORTIES

Concerts et livres

La Cité ♥

Un bar de San Frediano où vous pourrez assister à des concerts de jazz, des soirées tango, des spectacles de cirque, participer à un bœuf, danser le swing ou feuilleter un livre... Seul regret, l'absence d'espace en plein air pour l'été.

(plan 3, A1 n°30) Borgo San Frediano, 20/r
055 21 03 87 Lun.-jeu. 10h-0h, ven.-sam. 10h-2h, dim. 15h-21h

Pour changer du Spritz

Mad Souls&Spirits

Trois maestros du shaker ont ouvert cet antre dédié à l'art du cocktail, à mi-chemin entre le zinc décontracté et le bar d'hôtel chic. Oubliez la vodka-coca : ici règnent les "Losco Mule", "Cuba was libre" et autres noms aussi recherchés que leurs compositions. Ambiance survoltée en semaine comme le week-end.

(plan 3, A1 n°31) Borgo San Frediano, 36-38/r
055 62 71 621 Tlj. 18h-2h

Entre chalet et pub

Il Rifrullo ♥

Une cheminée pour s'installer au chaud l'hiver, une terrasse et un très agréable jardin suspendu pour l'été : voici un bel endroit, toujours très animé, surtout à l'heure de l'apéritif, lorsque son long comptoir se couvre d'amuse-gueules.

(plan 3, C3 n°32) Via di San Niccolò, 55/r
055 23 42 621 www.ilrifrullo.com
Lun.-ven. 7h30-2h, sam.-dim. 8h-2h

La terrasse du week-end

Volume ♥

Une menuiserie reconvertie en librairie, café, bar et salle de concerts ! Ce lieu éclectique à l'atmosphère magique attire un public très hétéroclite. Le week-end, du café du matin jusqu'à tard dans la nuit en passant par l'*aperitivo* en terrasse.

(plan 3, A2 n°33) Piazza Santo Spirito, 5/r
055 23 81 460 www.volumefirenze.com
Lun.-ven. 8h-1h, sam. 8h30-2h, dim. 8h30-1h

LES ENVIRONS DE FLORENCE

Dès que l'on sort de Florence s'offrent au regard des paysages bucoliques typiquement toscans : une campagne vallonnée, plantée de cyprès et d'oliviers, semée de villages fortifiés et de riches villégiatures Renaissance ou baroques. Profitez-en le temps d'une escapade, simple à organiser même en transports en commun.

ACCÈS ET INFOS

• Ufficio Informazioni Turistiche Via Portigiani, 3/5 Fiesole 055 59 61 311 www.comune.fiesole.fi.it
Juil.-sept. : ven.-lun. 10h-13h et 16h-18h ; hors saison : horaires variables (voir le site Internet)

À VOIR

Quels points de vue !

Fiesole

La montée à Fiesole fut longtemps l'excursion dominicale par excellence des Florentins ! On l'entreprend pour les vues mémorables qu'elle dévoile sur l'Arno et sur une nature typiquement toscane avec ses figuiers, ses oliviers, ses cyprès... et ses villas Renaissance ! L'adorable petit couvent franciscain posé sur les hauteurs de Fiesole est un belvédère de choix sur la région. La zone archéologique qui couvre la colline séparant la vallée de l'Arno de celle de la Mugnone témoigne quant à elle des origines anciennes de la localité. Vous y découvrirez les vestiges d'un temple étrusque dédié à Minerve (4e s. av. J.-C.), d'un théâtre romain (fin du 1er s. av. J.-C.) et de thermes du début de notre ère. Le Musée archéologique possède une importante collection de céramiques grecques, étrusques et italiques.

8km au nord-est de Florence Bus 7 de la piazza San Marco 055 59 61 323 (OT)
Musées fermés mar. en hiver Marché sam. matin Area Archeologica et Museo Civico Via Portigiani, 1 **055 59 61 293 www.museidifiesole.it**
Nov.-fév. : mer.-lun. 10h-15h ; mars, oct. : tlj. 10h-18h ; avr.-sept. : tlj. 9h-19h 10€

Adorable village

Settignano

Ce petit bourg perché sur une colline plantée d'oliviers domine Florence. Michel-Ange y passa sa jeunesse, tandis que Gabriele D'Annunzio et Mark Twain y séjournèrent... Allez-y pour un grand bol d'air : de la grand-place, descendez vers la terrasse piquée de cyprès, la vue est à couper le souffle. Ne manquez pas les jardins à l'italienne de la villa Gamberaia, succession de parterres de fleurs, d'arbres taillés et de panoramas sur la vallée de l'Arno.

7km au nord-est de Florence Bus 10 de la gare S. M. Novella ou de la piazza San Marco
Villa Gamberaia Via del Rossellino, 72 **055 69 72 05 www.villagamberaia.com**
Lun.-sam. 9h-19h, dim. 9h-18h Jardins 20€, villa sur rdv 20€

Jardins étagés et panorama sur l'Arno

Villa della Petraia

Villégiature de Ferdinand Ier de Médicis (1549-1609) puis résidence du roi Victor-Emmanuel II (1820-1878), la villa regorge de trésors : façade de

À NE PAS MANQUER

- Fiesole
- Certosa del Galluzzo
- Villa di Poggio a Caiano
- Pistoia

Jardins de la villa Gamberaia, Settignano

Buontalenti (1576), sublime cour couverte décorée de fresques (*Fastes des Médicis*, 1646), une Vénus (1570) sculptée par Giambologna, mobilier luxueux.

Via della Petraia, 40 Castello (10km au nord de Florence) Bus 2 et 28 de la gare de Florence 055 45 26 91 Avr.-sept. : tlj. 8h30-18h30 ; mars, oct. : tlj. 8h30-17h30 ; nov.-fév. : tlj. 8h30-16h30

COULEUR LOCALE

On appelle villas médicéennes les domaines ruraux acquis par les Médicis et les luxueuses villégiatures qu'ils s'aménagèrent autour de Florence du 15e au 17e s. Douze d'entre elles ont été classées au patrimoine mondial de l'Unesco, mais rares sont celles qui se visitent.

www.polomusealetoscana.beniculturali.it

Expérience monacale

Certosa del Galluzzo

Une impressionnante chartreuse aux allures de forteresse domine le village. Elle est organisée autour d'un majestueux cloître (1516) entouré de cellules de moines dont le fonctionnalisme inspira Le Corbusier ! Fondé au 14e s. par le grand bourgeois Niccolò Acciaiuoli, le couvent pouvait accueillir, loin de tous et dans le silence, 18 moines. Admirez la façade de l'église San Lorenzo (16e s.) et le Palazzo degli Studi (14e s.), ancien centre d'études qui abrite des peintures de Dürer et de Ghirlandaio ainsi que des fresques du Pontormo (1525). Dans la salle capitulaire, notez la *Crucifixion* (1506) d'Albertinelli.

Via della Certosa, 1 Galluzzo (6km au sud de Florence) Bus 37 de la gare S. M. Novella 055 20 49 226 www.certosadifirenze.it Visites guidées mar.-sam. 10h, 11h, 15h, 16h (17h été) ; dim. 15h, 16h (17h été) Messe dim. 11h

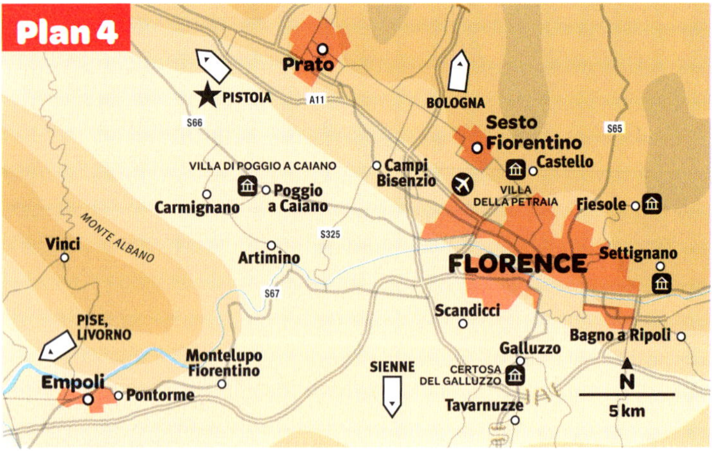

Villégiature modèle

Villa di Poggio a Caiano

Cette villa conçue par Giuliano da Sangallo pour Laurent de Médicis fut la première du genre (1485). Le portique fut ajouté au 16e s., le fronton à horloge au 18e, et l'escalier à double révolution modifié au 19e. À l'intérieur, outre le petit théâtre où Paganini donna des concerts, vous pourrez admirer les fresques (16e s.) réalisées par Andrea del Sarto et le Pontormo pour le magnifique salon de Léon X. Au deuxième étage, le charmant musée de la Nature morte et ses quelque 200 peintures tirées des collections des Médicis révèlent la diversité des productions agricoles de jadis !

Piazza dei Medici, 14 Poggio a Caiano (22km à l'ouest de Florence) Car Copit et CAP au départ de Florence (largo Alinari) 055 87 70 12 www.polomusealetoscana.beniculturali.it
Mars : tlj. 8h30-16h30 ; avr.-mai, sept.-oct. : tlj. 8h30-17h30 ; juin-août : tlj. 8h30-18h30 ; nov.-fév. : tlj. 8h30-15h30 Fermé 2e et 3e lun. du mois

PISTOIA ★

Célèbre pour ses guerres de clans et ses vendettas médiévales, Pistoia réunit dans un agréable centre fortifié pas moins de 25 monuments civils ou religieux et de jolies boutiques. Le 25 juillet, cette ville rend hommage à son saint patron, Jacques le Majeur, avec une fastueuse Giostra dell'Orsa (joutes à cheval opposant les quatre quartiers historiques de Pistoia, précédées d'un défilé costumé). La grand-place qui prête son cadre à ces réjouissances d'inspiration médiévale concentre les principaux monuments.

39km au nord-ouest de Florence par l'autoroute A11

Pour son autel en argent

Duomo di San Zeno

Relevée aux 12e-13e s. et remaniée jusqu'au 17e s., la cathédrale possède une façade en marbre précédée d'un élégant portique Renaissance. Avisez la

Vierge à l'Enfant entre deux anges, terre cuite vernissée (1505) d'Andrea Della Robbia qui orne le tympan du portail central. En entrant, dans le bas-côté droit, remarquez le tombeau de Cino da Pistoia (v. 1270-1336), juriste et poète ami de Dante. Derrière la grille de la Capella San Jacopo, vous apercevrez le trésor de la cathédrale, le **Dossale di San Jacopo** (1287-1456). Sur ce prodigieux autel en argent ciselé sont représentés, en dessous d'un Christ en gloire, 628 personnages bibliques, dont saint Jacques, reconnaissable à son chapeau et à son bâton de pèlerin. La chapelle qui s'ouvre à gauche du chœur baroque recèle une splendide *Vierge en majesté* entre saint Jean Baptiste et saint Donat, de Lorenzo di Credi (1485). Le campanile, qui a remplacé au 13e s. une tour de guet lombarde, offre un beau panorama du haut de ses 66m.

Piazza del Duomo 0573 250 95 www.diocesipistoia.it Tlj. 8h30-12h30 et 15h-19h (en été, horaire continu)

Battistero di San Giovanni in Corte

Ce baptistère octogonal de style gothique fut érigé au 14e s. sur des plans d'Andrea Pisano, en lieu et place d'une église à plan circulaire. En témoignent ses superbes fonts baptismaux (1226) et ses deux chapelles romanes. La façade, qui fait alterner des bandes de marbre vert et blanc, est l'œuvre de Cellino di Nese.

Avr.-mi-sept. : tlj. 10h-18h ; mi-sept.-mars : 9h-12h et 15h-17h (horaires variables) Entrée libre

Duomo di San Zeno, Pistoia

Pour son banc de justice

Palazzo del Podestà

Le long du baptistère, l'ancien palais du podestat (magistrat suprême), ou Pretorio, accueille un tribunal. Entrez dans la cour pour admirer son vieux banc de justice en pierre – celui des accusés – et les voûtes peintes du portique (restaurées au 19e s.).

Piazza del Duomo, 10 Tlj. 8h30-14h

Il en impose !

Palazzo Comunale

Soulignée par un portique et percée d'élégantes baies gothiques (1284-1385), la façade en *pietra serena* qui fait face au Pretorio est celle de l'hôtel de ville. Remarquez la curieuse tête de marbre noir et, sortant du mur, un bras prêt à lui asséner un terrible coup de gourdin. Une évocation du traître Filippo Tedici, qui vendit la ville aux Lucquois en 1325 et fut décapité trois ans plus tard. Le Palazzo Comunale héberge le Museo Civico, consacré à l'évolution de la peinture et de la sculpture locales du 13e s. à nos jours. Sa cour abrite une grande sculpture de Mario Marini (1953), un enfant du pays.

Piazza del Duomo, 1 ☎ 05 73 37 12 96 ⌚ Jeu.-dim. et j. fér. 10h-18h
Museo Civico ⌚ Mar.-ven. 10h-14h, w.-e. et j. fér. 10h-18h (25 déc. et 1er jan. 16h-19h)
€ Entrée libre

Ne perdez pas le nord !

San Giovanni Fuorcivitas

Comme son nom l'indique, cette église de style roman pisan (12e-14e s.) fut édifiée "hors les murs". Particularité notable, c'est son flanc nord, strié de vert et de blanc , qui lui sert de façade. À l'intérieur vous attendent une chaire conçue par Fra Guglielmo (1270), une magistrale *Visitation* en terre cuite de Luca Della Robbia (1445), un bénitier attribué à Giovanni Pisano et un polyptyque de Taddeo Gaddi (1355).

Via Francesco Crispi, 2 ⌚ Tlj. 9h-12h et 17h30-19h (en principe)

L'une des fiertés de Pistoia

Ospedale del Ceppo

Cet hôpital, fondé en 1277 et agrandi après la terrible peste noire de 1348, vaut le détour pour sa façade. Au-dessus du portique (1514), court une frise exécutée vers 1530 par Benedetto Buglioni et Giovanni Della Robbia, dernier représentant d'une famille florentine spécialisée dans la confection des terres cuites vernissées. Les sept panneaux, remarquables d'expressivité, figurent les sept œuvres de Miséricorde, séparées par des allégories des vertus théologales. L'hôpital doit son nom à la souche d'arbre (*ceppo*) qui servait jadis à recueillir les aumônes. Il abrite le petit musée de la Médecine et un parcours souterrain de 650m.

Piazza Giovanni XXIII, 13 ☎ 0573 36 80 23 www.irsapt.it ⌚ Musée fermé pour travaux, mais visite des souterrains à 10h30, 11h30, 12h30, 14h, 15h, 16h et 17h € 11€

Pour sa chaire gothique

Sant'Andrea

Cette église fut édifiée au 12e s. dans le plus pur style roman pisan, avec son arcature aveugle et ses bandes de marbre blanc et vert. Elle recèle un chef-d'œuvre de la sculpture gothique : une chaire exécutée par Giovanni Pisano vers 1300. Voyez le foisonnement des détails et l'étonnante expressivité du *Massacre des innocents* ou encore de la *Crucifixion*. L'aigle qui surmonte la chaire, symbole de saint Jean l'Évangéliste, est une copie (l'original est conservé au Metropolitan Museum de New York). Presque en face, une vitrine protège un puissant et émouvant crucifix en bois doré dû au même artiste, encastré dans un tabernacle en marbre du 15e s.

Via Sant'Andrea, 21 ☎ www.santandreapostolo-pistoia.it ⌚ Tlj. 9h-17h30

À FAIRE

Assistez à un spectacle dans un théâtre romain

Estate Fiesolana

Si vous vous rendez à Fiesole l'été, pourquoi ne pas profiter de l'Estate Fiesolana, festival qui propose concerts, opéras, danse dans le théâtre romain ?

055 66 75 66 bitconcerti.it Mi-juin-juil.

NOS ADRESSES

RESTAURANTS

Historique

Bibe €€

À 45min à pied de la chartreuse du Galluzzo, ce restaurant familial attire depuis 150 ans des poètes (Montale) et des peintres (Annigoni) avec ses spécialités : soupe à l'oignon et fritures de poulet, de lapin, de grenouilles... Plat 10-18€.

GALLUZZO Via delle Bagnese, 1/r Ponte dell'Asse 055 20 49 085 www.trattoriabibe.com Lun.-mar. et jeu.-ven. 19h30-21h30, sam.-dim. 12h30-14h et 19h30-21h30

Septième génération

Il Falcone €

Dans cet ancien relais, on prépare depuis 1862 *baccalà alla livornese* (bouchées de morue frites à la sauce tomate) et spécialités de viandes grillées. Repas 15-20€.

POGGIO A CAIANO Piazza XX Settembre, 34 Poggio a Caiano 055 87 70 65 Sept.-juil. : jeu.-mar. 12h-14h et 19h30-21h30

Près des villas médicéennes

Su pe' i' canto €€

Sur une placette du village de Carmignano (à 15min en voiture de Poggio a Caiano), un excellent restaurant tenu en famille (père et mère aux fourneaux, fils au service) où déguster terrine de lièvre à l'huile d'olive,

Baccalà alla livornese

pigeon en cocotte, cerises au sirop et au vin... Terrasse. Repas env. 30€.

CARMIGNANO Piazza Matteotti, 25 055 871 24 90 Mar.-dim. 12h-15h et 19h-23h Fermé août

Fiesole à table

Vinandro €€

Cette *osteria* propose des plats typiques de la tradition toscane, dont le fameux *peposo*, ragoût de bœuf très poivré. Comptoir en marbre, tables de menuisier, gros tonneaux. Et petite terrasse sur la place principale. Plat 4,50-17,50€.

FIESOLE Piazza Mino 33 055 59 121 vinandro.it Avr.-oct. : tlj. 12h-0h ; nov.-mars : mar.-dim. 12h-0h (nov.-mars fermé lun.)

Proches de la côte et de ses longues plages de sable, Pise et Lucques sont deux agréables villes universitaires à taille humaine. Avec leurs trésors gothiques, elles présentent un autre visage de la Toscane. Aventurez-vous au-delà de la fameuse tour penchée, et enfourchez un vélo pour découvrir Lucques du haut de ses remparts plantés d'arbres !

Pise, Lucques et la côte

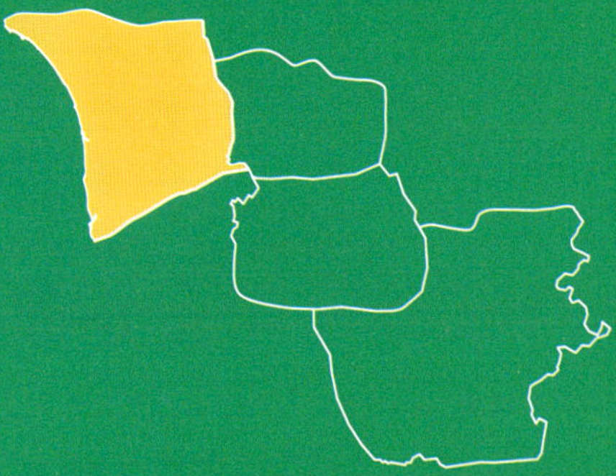

La tour de Pise

Plan 5
Massa
Marina di Massa
Forte dei Marmi
Marina di Pietrasanta
PIETRASANTA
CAVE DELL'ALTISSIMO
Pontestazzemese
ALPI APUANE
GROTTA DEL VENTO
Fornovolasco
CASTELNUOVO DI GARFAGNANA
Pescaglia
Diecimo
Camaiore
RIVIERA DELLA VERSILIA
CITTADELLA DEL CARNEVALE
Viareggio
MUSEI CIVICI DI VILLA PAOLINA
VILLA MUSEO GIACOMO PUCCINI
LAGO DI MASSACIUCCOLI
Torre del Lago Puccini
Marina di Torre del Lago Puccini
MER LIGURIENNE
LUCQUES
SERCHIO
Vicopelago
San Giuliano Terme
PARCO NATURALE MIGLIARINO S. ROSSORE E MASSACIUCCOLI
PISE
CAMPO DEI MIRACOLI
Calci
ARNO
San Piero a Grado
Marina di Pisa
Tirrenia
SGC FI-PI-LI
LIVORNO
A12
S1
S439
A11-12
A11
S12
S67
S206
S67b
N
10 km

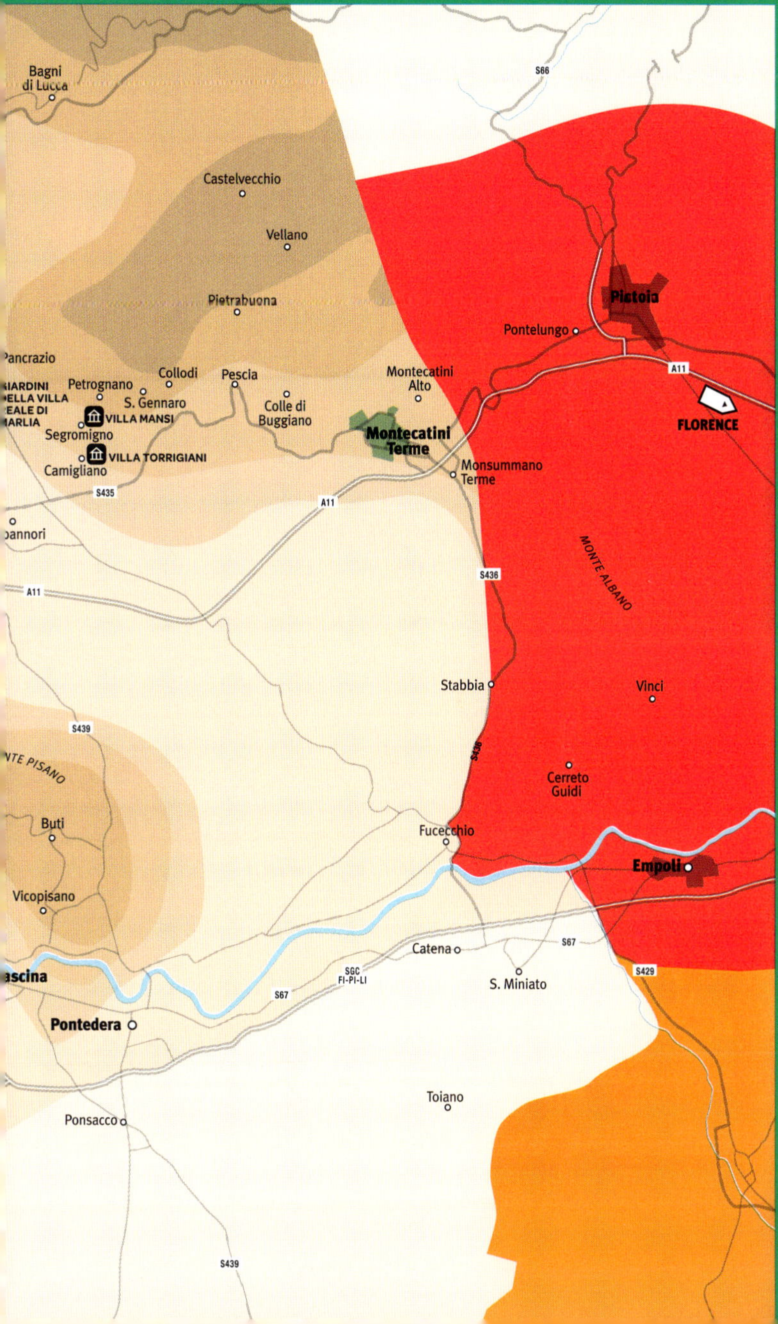

Bagni di Lucca
S66
Castelvecchio
Vellano
Pietrabuona
Pistoia
Pontelungo
Pancrazio
Collodi
Pescia
Montecatini Alto
A11
FLORENCE
GIARDINI DELLA VILLA REALE DI MARLIA
Petrognano
S. Gennaro
Colle di Buggiano
VILLA MANSI
Segromigno
Montecatini Terme
VILLA TORRIGIANI
Camigliano
Monsummano Terme
S435
A11
Capannori
S436
MONTE ALBANO
A11
Stabbia
Vinci
S439
S436
MONTE PISANO
Cerreto Guidi
Buti
Fucecchio
Empoli
Vicopisano
S67
Catena
S429
Cascina
SGC FI-PI-LI
S. Miniato
S67
Pontedera
Toiano
Ponsacco
S439

QUATRE BONNES RAISONS...

... d'explorer le nord-ouest de la Toscane, ses stations balnéaires comme ses villes d'eaux, et de goûter l'art de vivre de ses petites cités millénaires.

ON REVENDIQUE LA COURONNE Chez Taddeucci (p.118), on se régale des *buccellati di Lucca*, des pains à l'anis et aux raisins en forme de couronne.

ON SE COSTUME POUR FAIRE LA FÊTE En Italie, le carnaval de Viareggio (p.121) est aussi célèbre que celui de Venise... et son programme fourni : défilés de chars, feux d'artifice, bals et banquets.

ON SE MET AU VERRE en s'offrant une cure hydrominérale aux Terme Tettuccio (p.118) de Montecatini Terme !

ON PREND DE LA HAUTEUR à Lucques, au sommet de la Torre del Palazzo Guinigi (p.114), pour embrasser toute la ville du regard, à l'ombre de chênes verts haut perchés.

RENDEZ-VOUS AVEC...

Natif de Pietrasanta, 35km au nord-ouest de Lucques, **Filippo di Bartola** y a ouvert un restaurant mi-loft, mi-bistrot, qui propose une cuisine résolument contemporaine, tournée vers la mer. Après le dîner, une balade s'impose dans les ruelles de ce village où se sont installés de nombreux sculpteurs et autres artistes italiens ou étrangers.

Voyage au cœur de la création

A Laboratorio Bottega Versiliese

J'aime beaucoup l'ambiance magique des ateliers de sculpture, qui sont nombreux à Pietrasanta. Dans cette coopérative rattachée au musée dei Bozzetti ("des esquisses"), j'admire le sculpteur Girolamo Ciulla à l'œuvre, mais aussi d'autres artistes qui travaillent le marbre, la mosaïque, le métal (il y a une fonderie sur place !) et autres matériaux.

PIETRASANTA Via Martiri di San Anna, 14
Lun.-sam. 10h30-17h

Mon apéritif sur mer

B Principe Forte dei Marmi

Pour profiter d'un *aperitivo* à Forte dei Marmi, je réserve une table sur le rooftop de l'hôtel Principe. J'aime y siroter un Martini sur fond de musique lounge en admirant le panorama. Celui-ci s'étend de la chiquissime station balnéaire coincée entre le littoral et les Alpes apuanes jusqu'aux carrières de marbre qui entaillent les montagnes. Un spectacle sublime !

FORTE DEI MARMI Viale Ammiraglio Morin, 67 0584 78 36 36 www.principefortedeimarmi.com 18h-23h30 pour le 67 Sky Lounge Bar

Mon café débat

C Caffè della Versiliana

Je me rends souvent dans le magnifique parc de la Versiliana, face à la mer. L'été, son Caffè della Versiliana devient le salon culturel le plus important d'Italie ! Tous les soirs vers 18h, écrivains, journalistes, hommes politiques ou stars de la TV participent à des débats animés et très suivis.

MARINA DI PIETRASANTA Viale Enrico Morin, 16 versilianafestival.it/incontri-al-caffe

SI PIETRASANTA ÉTAIT...

Une couleur. Ce serait le blanc pur qui rappelle le marbre et l'emporte ici sur toutes les autres teintes.

Atelier de sculpture sur marbre, Pietrasanta

Mon but de balade

D Cave dell'Altissimo

Impossible de passer dans la région sans visiter une carrière de marbre. Je conseille celle où le grand Michel-Ange allait se fournir, Cave dell'Altissimo, gérée aujourd'hui par la société Henraux. Quelle leçon d'humilité nous donnent ces gigantesques blocs d'or blanc ! Et des hauteurs du site, la vue sur la côte est à couper le souffle.

PONTESTAZZEMESE Monte Alto, Stazzema Via di Arni (11km au nord-est de Pietrasanta) 0584 76 12 17 www.fondazionehenraux.it Sur rdv

Ma trattoria

E Da Deme

Je vais toutes les semaines, souvent en compagnie de mes parents, déjeuner ou dîner dans le bar-pizzeria Da Deme. C'est vraiment la trattoria italienne typique, celle qui propose des plats réconfortants comme les *tordelli* (une sorte de raviolis) ou les tripes. En dessert, je suis fan de la Versilia, une génoise au rhum maison.

PIETRASANTA Via Provinciale Vallecchia, 183 0584 75 70 11 Tlj. 12h-15h et 19h30-23h

L'ACTUALITÉ DE FILIPPO

L'été, Filippo anime régulièrement un pop-up restaurant à Forte dei Marmi. Suivez l'évolution de ses projets à Pietrasanta et dans la région sur filippopietrasanta.it

F Filippo

PIETRASANTA Via Padre Eugenio Barsanti, 45 0584 700 10 Mar.-dim. 18h-23h

PISE ★

Ancienne république maritime, à l'instar de Gênes ou de Venise, Pise (Pisa) est surtout célèbre pour sa tour penchée. Cette dernière mérite absolument une visite, mais n'hésitez pas à vous attarder, comme les voyageurs du 19e s., sur les rives de l'Arno et dans les ruelles du centre historique : vous découvrirez une ville étudiante fort attachante.

ACCÈS ET INFOS

- Pise est située 85km à l'ouest de Florence
- Elle bénéficie de liaisons ferroviaires directes avec Florence et Lucques
- Pise dispose de trois gares : Pisa Aeroporto (aéroport), Pisa-San Rossore (campo dei Miracoli) et Pisa Centrale
- Ufficio di Informazione Turistica (plan 6, A1) Piazza Duomo, 7 ☎ 050 550 100 www.turismo.pisa.it ⏲ Mars-oct. : tlj. 9h30-17h30 ; nov.-fév. : tlj. 9h-17h

À VOIR

CAMPO DEI MIRACOLI

Vous voulez savoir où vous placer pour vous faire photographier en ayant l'air de soutenir la tour de Pise ? Dirigez-vous donc vers la Porta Nuova, près du baptistère. Sur cette “place des Miracles”, point névralgique de Pise, vous allez découvrir trois trésors de l'art roman. Au centre, le Duomo (la cathédrale) ; en face, le baptistère ; derrière la cathédrale, la célèbre tour penchée. Au nord du Duomo s'étend l'ancien Camposanto (cimetière). Le complexe fut édifié du 11e s. au 13e s., période de grand rayonnement pour la république maritime de Pise. Il est situé, fait rarissime, en dehors du centre historique. Cela lui donne un petit air irréel encore amplifié par la présence de cohortes de touristes.

Emblème de Pise

Torre Pendente 👍 (plan 6, A1)

On a beau être averti de son inclinaison naturelle, on est tout de même surpris en la voyant. Après l'étonnement, place à l'action. L'ascension du campanile iconique de Pise est excessivement chère, mais le jeu en vaut la chandelle ! Au sommet des 251 marches d'un escalier en colimaçon, vous sortirez au niveau de l'ultime loggia et de là, dominerez le gazon de 55,20m d'altitude côté nord et 54,52m côté sud ! Ouvrez les yeux sur le panorama : très belle vue sur la ville et la campagne pisane, jusqu'à la mer.

Piazza del Duomo ☎ 050 83 50 11/12 www.opapisa.it ⏲ Mars : tlj. 9h-19h ; avr.-mi-juin, sept. : tlj. 8h-20h ; mi-juin-août : tlj. 8h30-22h ; oct.-fév. : tlj. 10h-17h Visite toutes les 20min (interdite aux moins de 8 ans) Réservez plusieurs semaines avant et n'arrivez pas en retard, vous perdriez votre tour ! € 18€

Puissance pisane

Duomo 👍 (plan 6, A1)

D'une luminosité impressionnante, la façade de la cathédrale part à la conquête du ciel avec ses quatre étages d'arcades aux fines colonnettes, couronnés d'une

À NE PAS MANQUER

- Torre Pendente
- Duomo
- Battistero
- Piazza dei Cavalieri
- Santa Maria della Spina
- Museo Nazionale di San Matteo

Campo dei Miracoli

DRÔLE D'AFFAIRE
Mais pourquoi la **tour de Pise** penche-t-elle donc ? Parce qu'elle s'élève sur un terrain spongieux. Son chantier, lancé en 1173, est stoppé dès 1178 car elle gîte vers le sud. Repris en 1273, les travaux ont beau renforcer les fondations, l'inclinaison s'accentue… De lourdes interventions, opérées de 1990 à 2001, ont permis de stabiliser (durablement ?) le monument.

Vierge à l'Enfant. La partie inférieure est revêtue de marbres polychromes typiques du style romano-pisan. C'est le butin rapporté de Sicile qui permit de lancer le chantier de la cathédrale, en 1063. Et l'édifice matérialise la domination que Pise exerça sur la Méditerranée orientale entre le 11e et le 13e s., en partage avec Gênes. Ses cinq nefs sont comme envahies par une forêt de colonnes à chapiteaux corinthiens. Chef-d'œuvre de Giovanni Pisano, la chaire (1302-1311) illustre douze scènes du Nouveau Testament avec une verve exubérante. Au bout du transept droit, la chapelle San Ranieri abrite une urne contenant les restes du saint patron de la cité. Dans l'abside scintille une mosaïque (début du 14e s.) de tradition byzantine, figurant un Christ en majesté. Enfin, découvrez, sur le pilier à droite du chœur, une élégante *Sainte Agnès* aux délicats drapés d'Andrea del Sarto.

Piazza del Duomo ⏲ Mars : tlj. 10h-19h ; avr.-sept. : tlj. 10h-20h ; oct.-fév. : tlj. 10h-17h
€ Entrée libre, mais il faut retirer à la caisse un ticket valable pour 2 pers. max. et patienter

Les maîtres de la sculpture pisane

Battistero di San Giovanni (plan 6, A1)

De grande envergure, le baptistère de Pise surprend à plus d'un titre. Sa base, percées de quatre portes aux points cardinaux, est circulaire, romane, alors

Plan 6
MONTECATINI
TORRE SANTA MARIA
CIMITERIO EBRAICO
CAMPOSANTO
DUOMO
TORRE PENDENTE
MUSEO DELL'OPERA DEL DUOMO
BATTISTERO
CAMPO DEI MIRACOLI
PALAZZO ARCIVESCOVILE
Piazza Arcivescovado
Via Card. Pietro Maffi
Via Card. Capponi
Via C. S. Cammeo
Piazza Daniele Manin
MUSEO DELLE SINOPIE
SAN TORPÉ
SANTA CATERINA
Piazza Santa Caterina
SAN FRANCESC
Piazza Martiri della Libertà
Via G. Carducci
Via S. Lorenzo
Via S. Cecilia
Via Galli
Via Roma
Via Santa Maria
V. Uguccione della Faggiola
Via Martiri
ORTO
Via Bonanno Pisano
SANTO STEFANO DEI CAVALIERI
Piazza Cavallotti
Via dei Mille
SAN SISTO
PIAZZA DEI CAVALIERI
SANTA CECILIA
OSPEDALE SANTA CHIARA
Via P. Paoli
V. S. Frediano
10
Borgo Stretto
Via Paolo Salvi
BOTANICO
SAN FREDIANO
12
2
Via Nicola Pisano
Via Derna
Via A. Volta
Piazza Dante Alighieri
Via Curtatone e Montanara
Piazza S. Omobono
Piazza Vettovaglie
20
30
1
31
3
Piazza Garibaldi
SANTA MARIA
Via Risorgimento
V. Magenta
SAN NICOLA
Piazza F. Carrara
Lungarno Pacinotti
Ponte di Mezzo
MOSTRA, LE NAVI, ANTICHE DI PISA
Via Trento
MUSEO NAZIONALE DI PALAZZO REALE
Lungarno Gambacorti
Via P. Toselli
Piazza XX Settembre
PALAZZO BLU
V. San Ma
Via Rustichello da Pisa
Via Trieste
Via Enrico Fermi
Piazza Solferino
SANTA MARIA DELLA SPINA
V. Giuseppe Mazzini
Corso Italia
Via Volturno
Ponte Solferino
Lungarno Gambacorti
Via Maddalena
V. A. Mario
Via del Car
SANTA MARIA DEL CARMINE
Lungarno R. Simonelli
FIUME ARNO
Lungarno Sonnino Sidney
Via San Paolo
Via S. Antonio
Via Francesco Crispi
Via A. Manzoni
Via G. Pascoli
Via d'Azeglio
TORRE GUELFA DELLA CITTADELLA VECCHIA
IL NAVICELLO
SAN PAOLO A RIPA D'ARNO
Via Francesco Niosi
Via V. Nisi
V. Lavagna
SANT' ANTONIO
Piazza Vittorio Emanuele II
Ponte della Cittadella
Via E. Zerboglio
Via Nino Bixio
Lungarno Cosimo I
Via Bonaccorso de Palude
V. Stampace
LIVORNO, MARINA DI PISA
Via Cesare Battisti
Via Conte Fazio
V. S. Giovanni al Gatano
Via di Porta a Mare
Via Mascagni
Viale Gramsci
32
Pza della Stazione
1
2
3
4
A
B

Pauses (n°1 à 3)

- **3** Caffè dell'Ussero - *p.108*..... B2
- **1** La Bottega del Gelato *p.107*............. B2
- **2** Pasticceria Caffè Ristorante Federico Salza - *p.107*........ B2

Restaurants (n°10 et 12)

- **10** Osteria dei Cavalieri - *p.109*........... B2
- **12** Trattoria Sant'Omobono (La Cantinetta) - *p.108*....... B2

Sortie (n°20)

- **20** Deviribè - *p.109*............... B2

Hébergements (n°30 à 33)

- **30** B&B Le Donzelle - *p.225*..... B2
- **32** Hotel Milano - *p.225*.......... B4
- **33** Hotel Minerva - *p.225* C3
- **31** Royal Victoria Hotel - *p.225*.. B2

que la partie supérieure est purement gothique, avec une galerie aux pinacles richement décorés ! Cette hétérogénéité s'explique par le temps qu'a pris la construction. Commencée en 1152, elle fut interrompue, pendant plus d'un siècle avant d'être reprise par Nicola Pisano, puis par son fils Giovanni, architectes-sculpteurs majeurs de Pise. Son dôme, achevé à la fin du 14e s., est rehaussé en pointe, et coiffé d'une statue en bronze de saint Jean-Baptiste (15e s.), à qui l'édifice est dédié.

Piazza del Duomo ◷ Mars : tlj. 9h-19h ; avr.-sept. : tlj. 8h-20h ; oct.-fév. : tlj. 10h-17h € 5€ (billet combiné deux monuments 7€, trois monuments 8€)

SUR LES TRACES DE...
Le souvenir de **Galilée** (1564-1642) plane sur le campo dei Miracoli ! C'est de la tour penchée qu'il aurait expérimenté sa théorie sur la chute des corps. Et le Duomo détient une copie de la lampe qui lui aurait permis, en suivant ses oscillations, de découvrir les lois régissant le mouvement des pendules (l'original est au Camposanto, chapelle Aulla).

Pour la postérité

Museo dell'Opera del Duomo (plan 6, A1)

Derrière la tour, à l'angle qui ferme la place des Miracles, l'ancienne maison des chanoines recèle de véritables trésors provenant de différents édifices de la place. Notamment des chefs-d'œuvre de la sculpture pisane dus à Fra Guglielmo, Giovanni et Nicola Pisano, Tino di Camaino, Nino Pisano, Andrea Guardi et Matteo Civitali. Très émouvante série de statues de Giovanni Pisano, rongées par le temps. À voir aussi, deux *Christ en croix* en bois polychrome (dont l'un, hirsute, est fort expressif) et une *Madone à l'Enfant entre plusieurs saints* (1470) de Benozzo Gozzoli.

Piazza del Duomo ◷ Mars : tlj. 9h-18h ; avr.-sept. : tlj. 8h-20h ; oct.-fév. : tlj. 10h-17h € 5€ (billets combinés deux monuments 7€, trois monuments 8€)

Exquises esquisses

Museo delle Sinopie (plan 6, A1)

Un conseil : visitez ce musée avant de vous rendre au Camposanto (cimetière). Vous y verrez les vestiges des *sinopie*, les dessins préparatoires des fresques qui le décorent. Ces croquis vifs et spontanés révèlent les dons de dessinateur des maîtres, qui les réalisaient eux-mêmes, contrairement aux fresques. Arrêtez-vous devant celles du *Triomphe de la Mort* d'un artiste inconnu. Il se dégage de ces dessins d'une grande finesse, réalisés quelques années après la terrible peste noire de 1348, une remarquable puissance dramatique. Observez les détails : dans un coin, deux anges semblent désigner à la Mort deux jeunes insouciants qui s'adonnent à la musique ; dans les cieux, un ange dispute un trépassé à un démon. Admirables aussi, mais moins bien conservées, une *Ascension* et une *Vie des anachorètes en Thébaïde*, du même auteur.

Piazza del Duomo ◷ Mars : tlj. 9h-19h ; avr.-sept. : tlj. 8h-20h ; oct.-fév. : tlj. 10h-17h € 5€ (billet combiné deux monuments 7€, trois monuments 8€)

Terre promise

Camposanto (plan 6, A1)

Est-ce un cloître ? Non, un cimetière monumental aménagé en 1278 pour accueillir les dépouilles d'illustres citoyens pisans. La terre de ce "champ consacré", rapportée de Terre sainte par les croisés, proviendrait du mont Golgotha ! Ne manquez pas les sarcophages romains réutilisés au Moyen Âge ni la salle des fresques et son impressionnant *Triomphe de la Mort* (14e s.)

Piazza del Duomo ⌚ Mars : tlj. 9h-19h ; avr.-mi-juin, sept. : tlj. 8h-20h ; mi-juin-août : tlj. 8h-22h ; oct.-fév. : tlj. 10h-17h € 5€ (billet combiné deux monuments 7€, trois monuments 8€)

CENTRE HISTORIQUE

Pise s'est développée autour d'un méandre de l'Arno, le long duquel s'égrènent de magnifiques palais à l'alignement parfait. C'est entre la Piazza dei Cavalieri et la Piazza delle Vettovaglie que vous sentirez battre le pouls de cette ville universitaire.

Vie étudiante

Piazza dei Cavalieri (plan 6, B2)

Jadis le centre politique de la république maritime de Pise, la place des Chevaliers est devenue l'épicentre du quartier étudiant. L'École normale supérieure de Pise, fondée par Napoléon Ier, occupe d'ailleurs l'ancien hôtel de ville, attribué à Nicola Pisano. C'est à Cosme Ier que l'édifice doit sa façade incurvée, décorée de *graffiti* et d'une série de bustes de Médicis illustres. Le duc voulait y accueillir l'ordre des chevaliers de Saint-Étienne (1561) qu'il venait de fonder, à l'imitation de l'ordre des chevaliers de Malte, pour défendre en Méditerranée la chrétienté des incursions turques. Sa statue de marbre (1596) trône au centre de la place, remaniée à sa demande par Vasari.

Santa Maria della Spina

Sainte épine

Santa Maria della Spina (plan 6, B3)

Vous remarquerez certainement cette façade tout en dentelle de marbre sur les quais de l'Arno. À la suite d'infiltrations d'eau la menaçant, l'église Santa Maria al Ponte Novo (1230), véritable perle gothique, est démontée pierre par pierre et rebâtie ici, seule exception au bel alignement de palais. Cette sollicitude est certainement due à l'importante relique qu'elle protégeait depuis 1333 :

une épine de la couronne de Jésus (conservée aujourd'hui dans l'église Santa Chiara, via Roma), qui lui valut son nouveau nom de Sainte-Marie-de-l'Épine. Déconsacrée, elle n'est ouverte que lors d'expositions temporaires.

Lungarno Gambacorti 050 550 100 Horaires variables

Précis d'art toscan

Museo Nazionale di San Matteo (plan 6, C2)

Dans un ancien couvent bénédictin, ce musée expose des œuvres d'art sacré provenant de différentes églises de la ville. Outre la *Bible de Calci* (1168), des céramiques médiévales, des bas-reliefs et crucifix peints et sculptés, signalons le *polyptyque de la Vierge à l'Enfant avec saints* (1319-1321) du Pisan Simone Martini, *un Saint Paul* (1426) de Masaccio, une *Madone* de Fra Angelico, et le fameux buste-reliquaire en bronze de *San Lussorio* (1424-1427), chef-d'œuvre de Donatello. Sur une peinture de 1437 figurent un *Christ en croix* avec, au fond, la ville de Pise (vous constaterez que la tour penchait déjà). En sortant, jetez un coup d'œil à l'église baroque contiguë, au large plafond peint et aux surprenantes fenêtres latérales en trompe l'œil.

Piazza San Matteo in Soarta, lungarno Mediceo 050 54 18 65 Mar.-sam. 8h30-19h30, dim. et j. fér. 8h30-13h30 (dernière entrée 30min avant) Fermé 1er jan., 1er mai et 25 déc. 5€

Tout bleu !

Palazzo Blu (plan 6, B3)

La façade de ce musée se reconnaît aisément, tant son bleu tranche sur le liseré de la berge, aux façades blanches ou ocre ! Ce palais du 14e s. doit son aspect et ses somptueux intérieurs actuels aux Del Testa, famille de commerçants et de notaires du 16e s., et au comte Giuli, gentilhomme du 19e s. La collection permanente est constituée de peintures, de sculptures et de dessins d'artistes pour la plupart toscans, du 14e au 20e s. Également des expositions temporaires.

Lungarno Gambacorti, 9 050 22 04 650 www.palazzoblu.it Mar.-ven. 10h-19h, sam.-dim. 10h-20h 3€ (12€ lors des expositions)

AU SUD DE PISE

Pour sa Petite Venise

Livourne

Principal port et deuxième ville de Toscane, avec 160 000 habitants, Livourne (Livorno) est tournée vers le commerce plutôt que vers le tourisme. Certes, elle n'a pas le pouvoir d'attraction de ses voisines plus modestes, et nombre de ses édifices anciens ont été détruits dans les bombardements alliés de 1943 – notamment la synagogue, deuxième d'Europe par la taille et chef-d'œuvre du baroque. Toutefois, le "plan idéal" tracé à la Renaissance demeure lisible dans le centre : ses larges avenues et sa ceinture de canaux possèdent une rigueur géométrique qui évoque les villes du Nouveau Monde. Dominé par la silhouette acérée de la Fortezza Nuova (16e s.), le quartier de la **Venezia Nuova** est éminemment pittoresque, avec ses canaux encombrés, ses ponts et les palais de la via Borra. C'est là que les jeunes Livournais se retrouvent le soir. Le **Lungomare** a conservé, quant à lui, ses villas Liberty et ses grandes esplanades à pergolas Belle Époque. Livourne est réputée pour ses restaurants de fruits de mer.

À 25km au sud de Pise **Ufficio informazioni turistiche** Via Pieroni, 18-20 ☎ 0586 89 42 36 www.destinationlivorno.com

Fortezza Vecchia, Livourne

À FAIRE

Allez à la plage !

En 30min de car (CPT, gare centrale de Pise), vous rejoindrez les grandes plages de sable ou de galets de Marina di Pisa, où les Pisans se rendent le week-end pour profiter de la grande bleue. Pour celles de Tirrenia, comptez 45min. Pour une escapade d'une journée, pourquoi ne pas procéder “à l'italienne” ? Les avantages sont nombreux : la location de transats et d'un parasol (*lettini e ombrellone*) donne accès à des cabines, des douches, et, en général, à un petit bar ou à un restaurant... Il faut compter environ 20-25€ la journée.

☎ 050 52 05 100 (billets) www.pisa.cttnord.it

NOS ADRESSES

PAUSES

Le choix des Pisans

La Bottega del Gelato ♥

Du matin jusqu'au soir, un défilé incessant de becs sucrés vient s'approvisionner là en boules glacées et parfumées, à déguster avec gourmandise dans la rue.

PISE (plan 6, B2 n°1) Piazza Garibaldi, 11 ☎ 050 57 54 67 🕒 Nov.-fév. : tlj. 11h-20h ; mars-oct. : tlj. 11h-1h

Péché mignon

Pasticceria Caffè Ristorante Federico Salza

Un glacier-pâtissier à la déco années quarante, référence des gourmands depuis 1898 ! Douceurs à consommer sur place, en terrasse, voire à rapporter dans ses bagages.

PISE (plan 6, B2 n°2) Borgo Stretto, 46 ☎ 050 58 01 44 🕒 Tlj. 8h-20h

Le café historique de Pise

Caffè dell'Ussero

Vous vous attarderez volontiers, comme autrefois les grandes figures du Risorgimento, sur de moelleuses banquettes de velours rouge ou dans la tranquille salle du fond aux murs tapissés de souvenirs.

PISE (plan 6, B2 n°3) Lungarno Pacinotti, 27 050 58 11 00 Dim.-ven. 8h-20h30 Fermé 15 j. en août

RESTAURANTS

Simple comme *Buongiorno*

Numeroundici €

Ici, il faut tout faire soi-même : commander au comptoir après avoir lu le menu inscrit sur une ardoise, s'installer à l'une des tablées, dresser son couvert et, le repas terminé, desservir. Entre-temps, on aura peut-être lié connaissance avec ses voisins de table. Dans une petite salle *arty* au joli carrelage multicolore, ouverte sur la rue et éclairée de lampions.

PISE (plan 6, C3 n°11) Via San Martino, 47 050 272 82 www.numeroundici.it Sept.-juin : lun.-ven. 12h-22h30, sam. 19h-22h30 ; juil.-août : lun.-ven. 12h-22h30

Authentique régal

Trattoria Sant'Omobono (La Cantinetta) €

Sur la piazza Sant'Omobono (où se tient un marché quotidien), une trattoria populaire, qui connaît ses classiques. Anchois marinés ou *prosciutto* et melon en entrée, risotto à l'encre de seiche et au poulpe, petits gnocchis à la viande, *baccalà* aux poireaux... *Primi* 7-9€, *secondi* 9-12€.

PISE (plan 6, B2 n°12) Piazza Sant'Omobono, 6-7 050 54 08 47 Lun.-sam. 12h30-14h30 et 19h30-22h, dim. 12h30-14h30

LA RECETTE

PAPPARDELLE SUL CINGHIALE

Le sanglier, cuisiné de mille façons en Toscane, accompagne fort bien les pappardelle*, de grosses tagliatelles.*

Pour 4 pers.

- 500g de *pappardelle*
- 500g de sanglier haché
- 1 côte de céleri
- 1 carotte
- 1 oignon
- 1 gousse d'ail
- Quelques baies de genièvre, thym, romarin
- 1 verre de vin rouge
- 400g de tomates concassées
- 2 c. à s. d'huile d'olive

Coupez menu le céleri, la carotte, l'oignon, l'ail, le thym et le romarin et faites-les blondir dans l'huile d'olive. Ajoutez la viande et faites revenir à feu vif. Déglacez au vin, ajoutez les tomates et le sel. Laissez mijoter 3h à couvert et à feu doux. Faites cuire les pâtes, égouttez-les et nappez-les de la sauce.

Chez les chevaliers

Osteria dei Cavalieri €€

Dans une salle fraîche aux hautes voûtes Renaissance, vous pourrez opter pour des plats à la carte ou du jour, avec, en antipasti, de petites boules de pain frites accompagnées de jambon, et, en *primo*, une soupe de *cozze e vongole* (moules et palourdes) ou des *tagliolini con cannolicchi* (pâtes aux couteaux de mer). *Primi* 10-13€, *secondi* 12-18€. Menu *di terra* 32€, *di mare* 33€, végétarien 28€.

PISE (plan 6, B2 n°10) Via San Frediano, 16 050 58 08 58 www.osteriacavalieri.pisa.it Lun.-ven. 12h30-14h et 19h45-22h, sam. 19h45-22h

Historique

Trattoria da Galileo €€

La carte l'annonce sans ambages : "Une des plus belles histoires de la restauration livournaise du 20e s."... Tout du moins depuis le 25 avril 1959. S'il propose toutes sortes de pâtes aux fruits de mer, le lieu est réputé pour son *cacciucco alla livornese* (28€), une sorte de bouillabaisse de poissons et de crustacés sur tranche de pain aillée. Les murs tapissés de photos dédicacées témoignent qu'un grand nombre de personnalités italiennes sont venues en faire l'éloge. Comptez 25-40€ le repas.

LIVOURNE Via della Campana, 18-22 (près de la piazza Garibaldi) 0586 88 90 09 www.dagalileo.com Jeu.-mar. 12h-14h30 et 20h-22h

Fraîcheur garantie

L'Ancora €€

Entre la Venezia Nuova et le port, voilà l'une des meilleures adresses de fruits de mer de Livourne. Dans un cadre évocateur – un ancien entrepôt voûté de briques –, vous dégusterez une cuisine souvent originale et d'une fraîcheur irréprochable. Les antipasti *misti* comprennent six préparations plus délicieuses les unes que les autres, servies en succession rapide. Légèrement relevé, le *cacciucco alla livornese* (soupe de poisson, 15€) est particulièrement goûteux.

LIVOURNE Scali delle Ancore, 10 0586 88 14 01 Lun. et mer. 12h30-14h30, jeu.-ven. 19h30-22h30, sam.-dim. 12h30-14h30 et 19h30-22h30

SORTIES

Apéro animé

Deviribè

L'endroit préféré de la jeunesse à l'heure de l'apéritif. Une des raisons de ce succès : la présence, sur le comptoir, d'assiettes remplies de tapas que l'on vient rafler pour les savourer en terrasse.

PISE (plan 6, B2 n°20) Piazza delle Vettovaglie, 6 392 967 6640 Dim.-jeu. 18h30-1h, ven.-sam. 18h30-2h

Punch et *atmosfera*

Bar Civili

Ce bistrot centenaire sert l'incontournable *ponce alla livornese* (café, rhum, zeste de citron, piment et quelques autres ingrédients secrets). Les *ponciaioli* (amateurs de punch) font du raffut au zinc, tandis que les joueurs de cartes du quartier accaparent les tables en Formica.

LIVOURNE Via del Vigna, 55 0586 40 13 32 Lun.-sam. 8h-1h

LUCQUES

Lucques (Lucca) est sans doute l'une des mieux dotées et des plus attachantes cités de Toscane. Ce petit bijou médiéval ceinturé de remparts en brique rouge s'explore à pied ou à vélo. À proximité se visitent d'opulentes villas Renaissance et baroques... et l'une des villes d'eaux les plus élégantes d'Europe.

ACCÈS ET INFOS

- Lucques se trouve 20km au nord-est de Pise et 80km à l'ouest de Florence
- Liaisons ferroviaires directes avec Florence, Pise et son aéroport
- Punto Informazione Turistica (plan 7, A2) Piazzale Verdi 0583 58 31 50 www.turismo.lucca.it Avr.-oct. : tlj. 9h30-18h30 ; nov.-mars : tlj. 9h30-16h30

À VOIR

LUCQUES ★

L'essor de Lucques s'amorça au 12e s. grâce au tissage et au négoce de la soie. La commune libre profita aussi de sa position sur la via Francigena menant les pèlerins à Rome. Lucques connut son âge d'or aux 14e et 15e s. et demeura une république indépendante jusqu'à la conquête française, en 1799. Érigée en principauté (et gouvernée par Élisa Bonaparte, sœur de Napoléon), puis en duché, Lucques a traversé les siècles sans beaucoup changer et détient un remarquable patrimoine architectural.

Entre-soi

Piazza dell'Anfiteatro (plan 7, C2)

Cette placette close, de forme elliptique, est assurément le clou de la visite. Elle a remplacé un amphithéâtre romain du 2e s., quand, au Moyen Âge, des maisons vinrent d'adosser aux ruines de l'arène. La majeure partie des matériaux antiques servirent alors à l'édification des églises de Lucques. La place actuelle, avec ses quatre accès, a été aménagée en 1830.

Dentelles de marbre

Duomo di San Martino (plan 7, B3)

Quelle façade éblouissante, avec ses trois étages de fines colonnettes ! La cathédrale, aménagée en 1204 dans un style romano-pisan, est flanquée d'un original campanile bicolore. À l'extérieur, approchez-vous des beaux reliefs sculptés romans narrant l'histoire de saint Martin, les travaux des mois, la décapitation de saint Régulus, et, sur le portail de gauche, regardez l'émouvante *Déposition* (1260 env.) attribuée à Nicola Pisano. L'intérieur est de style gothique, il a été modifié aux 14e et 15e s. Au-dessus du troisième autel à droite, l'immanquable *Cène* (1594) du Tintoret arbore la même composition que celle de la basilique San Giorgio Maggiore à Venise.

Piazza San Martino 0583 95 70 68 www.museocattedralelucca.it Lun.-sam. 9h30-18h30, dim. 12h-18h30 3€

À NE PAS MANQUER

- Lucques
- Giardini della Villa Reale di Marlia
- Montecatini Terme

Piazza San Michele, Lucques

Sacristie

Ilaria del Carretto repose pour toujours dans la fleur de ses 26 ans. Son gisant en marbre, réalisé par le Siennois Jacopo della Quercia, demeure l'un des chefs-d'œuvre de la sculpture funéraire italienne. Morte en 1406, la seconde épouse de Paolo Guinigi, seigneur de Lucques de 1400 à 1430, est représentée allongée, vêtue d'une longue robe au drapé délicat et les pieds appuyés sur un chien, symbole de fidélité. Juste en face, vous pourrez admirer une magistrale *Vierge à l'Enfant*, entourée des saints Pierre, Clément, Sébastien et Paul, peinte par Ghirlandaio.

IL ÉTAIT UNE FOIS

La cathédrale recèle le fameux ***Volto Santo*** ("saint Visage"), un grand crucifix en bois de cèdre que protège un petit temple octogonal en marbre (1484). La statue aurait été sculptée par Nicomède, disciple de Jésus, après la mise au tombeau. On lui attribue de nombreux miracles, et Lucques en a fait son emblème. Le 13 septembre au soir, elle traverse la ville en tête d'une immense procession.

La plus belle de toutes

San Michele in Foro (plan 7, B2)

Plus éclatante que la cathédrale, l'église dédiée à saint Michel est plantée au cœur de la cité, sur l'ancien forum romain. Dans ce cadre parfait, vous pourrez admirer l'élégante façade romane (13e s.) et ses cinq étages de colonnes d'une fabuleuse légèreté. La statue qui la coiffe est celle de l'archange saint Michel entouré de deux anges claironnant sa victoire sur le dragon. En entrant, ne manquez pas, sur le premier autel à droite, la *Vierge à l'Enfant*, terre cuite

Pauses (n°1 à 3)

2 Caffè del Mercato - Il Barino - *p.118* B2

1 Gelateria Santini - *p.118* B2

3 Taddeucci - *p.118*............. B2

Restaurants (n°10 à 13)

10 Buca di Sant'Antonio - *p.119*........ B2

11 Gli Orti di Via Elisa - *p.119* C3

13 L'Imbuto - *p.116*............... C2

12 Vecchia Trattoria Buralli - *p.119* B1

Shopping (n°20 et 21)

20 La Cacioteca - *p.119* C1

21 La Grotta - *p.119* C1

Hébergements (n°30 à 37)

30 Al Tuscany Antica Residenza - *p.226* B2

31 Albergo San Martino - *p.226* . B3

32 La Bohème - *p.226*........... B2

33 La Colonna - *p.225* C2

34 La Gemma di Elena - *p.225*...C1

36 Palazzo Dipinto - *p.226* B2

37 Piccolo Hotel Puccini - *p.226* B2

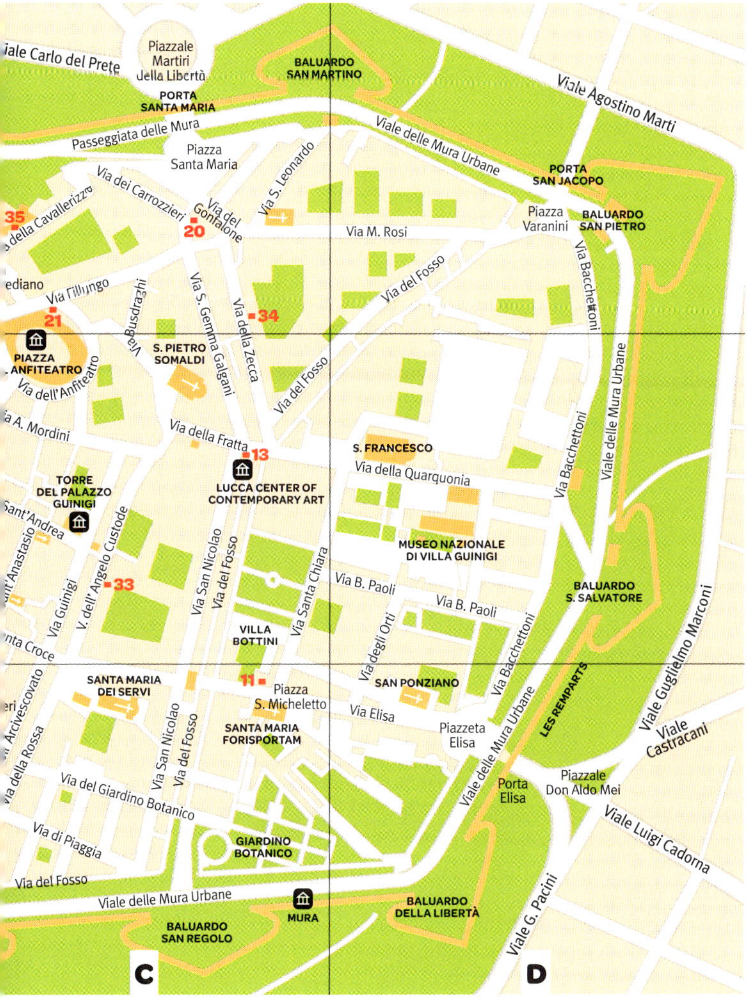
Viale Carlo del Prete
Piazzale Martiri della Libertà
BALUARDO SAN MARTINO
PORTA SANTA MARIA
Passeggiata delle Mura
Piazza Santa Maria
Viale delle Mura Urbane
Viale Agostino Marti
PORTA SAN JACOPO
Piazza Varanini
BALUARDO SAN PIETRO
Via dei Carrozzieri
Via del Gonfalone
Via S. Leonardo
Via M. Rosi
35
della Cavallerizza
20
Via del Fosso
Via Bacchettoni
Via Fillungo
21
Via Busdraghi
Via S. Gemma Galgani
Via della Zecca
34
PIAZZA ANFITEATRO
S. PIETRO SOMALDI
Via dell'Anfiteatro
Via del Fosso
Viale delle Mura Urbane
Via A. Mordini
Via della Fratta
13
S. FRANCESCO
Via della Quarquonia
Via Bacchettoni
TORRE DEL PALAZZO GUINIGI
LUCCA CENTER OF CONTEMPORARY ART
Sant'Andrea
Via dell'Angelo Custode
Via San Nicolao
Via del Fosso
Via Santa Chiara
MUSEO NAZIONALE DI VILLA GUINIGI
33
Via Guinigi
V. dell'Angelo Custode
Via B. Paoli
Via B. Paoli
BALUARDO S. SALVATORE
VILLA BOTTINI
Via degli Orti
Via Bacchettoni
Viale Guglielmo Marconi
Santa Croce
SANTA MARIA DEI SERVI
11
Piazza S. Micheletto
SAN PONZIANO
LES REMPARTS
Arcivescovato
Via San Nicolao
Via del Fosso
SANTA MARIA FORISPORTAM
Via Elisa
Piazzeta Elisa
Viale delle Mura Urbane
Viale Castracani
Via della Rossa
Porta Elisa
Piazzale Don Aldo Mei
Via del Giardino Botanico
Viale Luigi Cadorna
Via di Piaggia
GIARDINO BOTANICO
Via del Fosso
Viale delle Mura Urbane
MURA
BALUARDO DELLA LIBERTÀ
Viale G. Pacini
BALUARDO SAN REGOLO
C
D

blanche d'Andrea della Robbia. Remarquez aussi la peinture de Filippino Lippi, *Saints Roch, Sébastien et Jérôme avec sainte Hélène*. Enfin, les amateurs de curiosités iront jeter un coup d'œil aux *graffiti* médiévaux gravés sur les colonnes séparant la nef du collatéral gauche (un soldat, des chimères, un griffon, un éléphant et un poisson).

Piazza San Michele ☎ 0583 58 31 50 ⏲ Tlj. 9h-12h et 15h-17h30 (17h en hiver) Horaires variables

"C'est un beau roman..."

San Frediano (plan 7, B1)

Consacrée au 12e s. sur les vestiges d'un sanctuaire paléochrétien, cette église romane est dédiée à l'Irlandais saint Fridianus. Selon la légende, cet évêque de Lucques parvint, au 6e s., à endiguer les flots du Serchio qui menaçaient la localité. L'original fronton est décoré d'une édifiante mosaïque d'inspiration byzantine figurant l'Ascension du Christ (13e s.). Sur la droite en entrant, remarquez la belle cuve baptismale du 12e s. et, sur le mur juste derrière, l'*Annonciation* en terre cuite d'Andrea Della Robbia. Dans le bas-côté gauche, admirez les fresques (1508-1509) de la Cappella Sant'Agostino, dues au Bolonais Amico Aspertini, et le retable en marbre (1422) sculpté par Jacopo della Quercia pour la Cappella dei Trenta.

Piazza San Frediano ☎ 349 844 02 90 www.sanfredianolucca.com ⏲ Avr.-oct. : tlj. 9h-18h30 ; nov.-mars : dim.-ven. 9h30-17h € 3€

SUR LES TRACES DE...

Giacomo Puccini (1858-1924), le compositeur de *Tosca*, de *La Bohème* et de *Madame Butterfly*, est issu d'une longue lignée de musiciens. La **Casa Natale di Giacomo Puccini**, un immeuble relativement modeste à l'angle de la piazza Cittadella, se visite... en musique !

(plan 7, B2) Corte San Lorenzo, 9 ☎ 0583 58 40 28 www.puccinimuseum.org ⏲ Mars, oct. : mer.-lun. 10h-18h ; avr.-sept. : tlj. 10h-19h ; nov.-déc. : lun. et mer.-ven. 10h-13h et 15h-17h, sam.-dim. 10h-17h ; jan.-fév. : mer.-lun. 10h-17h Fermé 25 déc. € 9€

Tour chevelue

Torre del Palazzo Guinigi (plan 7, C2)

Son chapeau de verdure ne manque pas d'étonner ! Sept chênes verts poussent au sommet de la maison-tour de la famille Guinigi. Grimpez ses 230 marches pour profiter d'une vue splendide sur Lucques et sa couronne de remparts – de préférence tôt le matin ou en début d'après-midi.

Via Sant'Andrea, 14 ☎ 0583 48 090 ⏲ Juin-sept. : tlj. 9h45-19h15 ; oct., mars-mai : tlj. 9h30-16h30 ; nov.-fév. : tlj. 9h30-15h45 Visite toutes les 45min Fermé 25 déc. € 5€ (rés. par tél. ou sur www.vivaticket.com)

Thématiques à suivre

Lucca Center of Contemporary Art (plan 7, C2)

Petite ville de province, Lucques n'en possède pas moins un musée d'art contemporain. Les expositions temporaires organisées dans les sous-sols

FOCUS

RIVALITÉS TOSCANES

Florentins, Pisans, Lucquois, Livournais et Siennois se doivent de se détester cordialement. Et attention à ne pas les mettre dans le même sac, au risque de vous faire des ennemis ! Goethe remarquait déjà, lors de son voyage en Italie, à quel point l'esprit de clocher était développé en Toscane. Nul ne sait précisément à quand remontent ces haines mais, pour certains, elles s'enracinent dans leur passé de communes libres au 12e s. Les Pisans dénigreraient Livourne parce que les Médicis la choisirent comme port au détriment de Pise. Florence et Sienne se regarderaient en chiens de faïence depuis la bataille de Montaperti (1260) entre guelfes et gibelins ! Difficile de savoir si ces rivalités sont restées tenaces ou si elles ne sont plus que des sujets de plaisanteries réservées aux initiés, mais nombreux sont les dictons et locutions qui font état de ces inimitiés campanilistes. Et ces dernières trouvent de nos jours leur plus vive expression dans les stades de football !

La Bataille de San Romano **opposant Florentins et Siennois en 1432, peinte par Uccello**

médiévaux et dans les étages nobles du palais (16e s.) sont tantôt audacieuses (Fontana, Castellani), tantôt grand public (Warhol, Magnum, Cartier-Bresson). Son restaurant design, L'Imbuto, propose des plats gastronomiques inventifs, accompagnés de vins bio.

Via della Fratta, 36 0583 49 21 80 www.luccamuseum.com Mar.-dim. 10h-19h Horaires variable en hiver 10€ L'Imbuto (plan 7, C2 n°13) Piazza del Collegio, 7 331 930 89 31 www.limbuto.it Mar.-dim. midi et soir

LES ENVIRONS DE LUCQUES

L'art de la villégiature

Les villas lucquoises

Du 15e au 18e s., les grandes familles lucquoises se firent construire d'élégantes résidences de campagne. Seules six d'entre elles se visitent – et parfois seulement leurs jardins. Hormis la villa Bernardini (à 4km au sud de Lucques), elles sont toutes situées au nord-est de la ville, à moins de 15km. Les villas sont regroupées au sein de l'Associazione delle Ville e dei Palazzi Lucchesi (AVPL).

AVPL Villa Torrigiani Via del Gomberaio, 3 Camigliano www.villeepalazzilucchesi.it

Giardini della Villa Reale di Marlia

Érigée au 16e s. pour la famille Orsetti, cette demeure appartint successivement à plusieurs têtes couronnées, d'où son nom. Son immense parc abrite un jardin baroque du 17e s. avec jeux d'eaux, statues et théâtre de verdure (où Toscanini joua pour Élisa Baciocchi, sœur de Napoléon et princesse de Lucques) ainsi qu'un jardin à l'anglaise.

Via Fraga Alta, 2 Marlia (à 8km au nord-est de Lucques) Ligne de bus 59 depuis Lucques 0583 301 08 www.parcovillareale.it Mars-oct. : tlj. 10h-18h ; nov.-fév. : sur rdv Parc 9€

Villa Mansi

L'une des plus représentatives, avec sa façade ornée de statues et ses magnifiques jardins. Bâtie par une riche famille de soyeux lucquois dans la seconde moitié du 16e s., la villa fut transformée dans les années 1634-1635, et son parc remodelé au 18e s., avec allée de statues et jeux d'eaux. De nombreuses fresques néoclassiques dues à Stefano Tofanelli ornent l'intérieur.

Via Selvette, 242 Segromigno in Monte Capannori (à 11km au nord-est de Lucques) 0583 92 02 34 www.villeepalazzilucchesi.it Avr.-oct. : lun.-ven. 14h-18h ; nov.-mars : lun.-ven. 11h30-15h30 et le 3e sam. du mois. 7€

Villa Torrigiani, Camigliano

Villa Torrigiani

Le fleuron baroque de la région se dresse au bout d'une interminable allée bordée de cyprès. Détenue au 16e s. par les Buonvisi – banquiers et riches propriétaires terriens –, cette villégiature fut rachetée au 17e s. par Nicolao Santini, ambassadeur de la république de Lucques à Rome et à la cour de Louis XIV. C'est ainsi qu'elle acquit sa façade rococco et ses jardins à la française dessinés par Le Nôtre : il en subsiste le jardin-théâtre, dit de Flore, et sa grotte des Vents. Au rez-de-chaussée de la villa, on peut admirer des plafonds peints en trompe l'œil par Pietro Scorzini (1689) et un *Dernier repas à Emmaüs* attribué au Pontormo.

Via del Gomberaio, 3 Camigliano (à 12km au nord-est de Lucques) 0583 92 80 41 Mi-mars-début nov. : lun.-ven. 10h-13h et 14h30-18h, sam.-dim. 10h-18h Visites guidées de la villa 12€

Cure en Liberty

Montecatini Terme

Au cœur du Val di Nievole (déformation possible de Valle delle Nuvole, "vallée des Nuages"), Montecatini Terme est l'une des villes d'eaux les plus élégantes d'Europe. Les vertus thérapeutiques de ses sources minérales sont exploitées depuis la Renaissance, mais c'est au 18e s. que la station thermale prit son essor. Au début du 20e s., elle renouvela ses installations dans un attrayant style moderniste, en témoignent les édifices Liberty (Art nouveau italien) de la piazza del Popolo et du viale Giuseppe Verdi, piéton. Depuis 1898, un funiculaire romantique hisse les curistes de cette ville Belle Époque jusqu'à Montecatini Alto (ou Montecatini Valdinievole), le bourg médiéval perché sur une colline.

À 27km à l'est de Lucques **Ufficio Informazioni Montecatini Terme** Viale Giuseppe Verdi, 66-68 0572 77 22 44 Tlj. 9h-13h et 15h-18h Horaires réduits en hiver. **Funicolare** Viale Armando Diaz, 22 0572 76 68 62 www.funicolare-montecatini.it Fin mars-fin oct. : tlj. 9h30-13h et 14h30-0h Départ toutes les 30min Aller-retour 7€

À FAIRE

Flânez sur les remparts de Lucques

Accordez-vous une promenade sur les remparts (1544-1645), aménagés en jardin public au tout début du 19e s. Cette ceinture de verdure longue de 4,2km, jalonnée de six portes et de onze bastions offre des vues imprenables sur la cité. Une merveilleuse flânerie urbaine à 12m du sol, que l'on peut même effectuer à vélo !

Louez un vélo

Faites comme les Lucquois et sillonnez la ville sur deux roues !

Cicli Bizzarri (plan 7, C1) Piazza Santa Maria, 32 0583 49 66 82 www.ciclibizzarri.net Avr.-oct. : tlj. 8h30-19h30 ; nov.-mars : lun.-sam. 8h30-12h30 et 14h-19h30 Fermé parfois en jan. Tarifs 4€/h, 16€/j. **Cicli Poli** (plan 7, C1) Piazza Santa Maria, 42 0583 49 37 87 www.biciclettepoli.com Tlj. 8h30-20h (9h-19h hors saison) Tarifs 4€/h, 16€/j.

Chinez !

Le 3e week-end du mois, Lucques accueille le deuxième plus grand marché aux antiquités de Toscane. Les stands des brocanteurs envahissent alors le centre-ville et les ruelles autour du Dôme ! C'est l'occasion de rapporter de beaux objets vintage vraiment *made in Italy*.

Prenez les eaux

Terme Tettuccio

Le plus spectaculaire des établissements thermaux de Montecatini a des allures de villa romaine. Si vous êtes matinal, vous pourrez y suivre une cure hydrominérale, autrement dit boire un verre d'eau – une chope graduée pour respecter au millilitre près les prescriptions médicales. Vous aurez le choix entre quatre eaux thermales plus ou moins chargées en minéraux. N'en abusez pas... à moins de vouloir éprouver leurs propriétés laxatives ! Les termes s'inscrivent dans un parc un peu désuet, mais charmant avec son kiosque à musique. Si vous souhaitez effectuer une cure en hiver, rendez-vous à l'Excelsior, via Verdi, 61.

Viale Giuseppe Verdi, 71 Montecatini Terme 0572 77 85 11 www.termemontecatini.it Mai-oct. : tlj. 8h-19h 15€ (6€ de 11h à 19h, mais on ne sert plus de verres d'eau)

NOS ADRESSES

PAUSES

Vitrine à l'ancienne

Taddeucci

On y vient depuis 1881 pour goûter aux fameux *buccellati* (4,50€ les 300g), de délicieux pains en forme de couronne parfumés à l'anis et fourrés de raisins secs, confectionnés sans œufs ni beurre. La maison prépare également d'excellentes tourtes sucrées-salées aux légumes, autre spécialité gourmande de Lucques.

Taddeucci

LUCQUES (plan 7, B2 n°3) Piazza San Michele, 34 0583 49 49 33 www.buccellatotaddeucci.com Tlj. 8h-20h

Glacier depuis 1916

Gelateria Santini

Un grand choix de parfums divins, à déguster sous l'œil envieux de la statue en bronze de Puccini.

LUCQUES (plan 7, B2 n°1) Piazza Cittadella, 1 0583 55 295 Été : tlj. 9h-0h ; hiver : mar.-dim. 9h-20h

Le petit bar

Caffè del Mercato - Il Barino

"Le" rendez-vous de la jeunesse locale. La musique résonne sur toute la place tandis que la foule déborde dans la rue, un verre de *Peschino* (liqueur maison à la pêche) dans une main, une petite assiette remplie à ras bord dans l'autre.

LUCQUES (plan 7, B2 n°2) Piazza San Michele, 17 0583 49 41 27 Lun.-jeu. 6h30-1h30, ven.-sam. 6h30-2h (hors saison, ferme à minuit en semaine)

RESTAURANTS

Lucques est établie au pied de la Garfagnana, massif couvert de châtaigneraies. La gastronomie locale fait ainsi honneur à la châtaigne avec le *castagnaccio* – une galette moelleuse –, certaines recettes de pâtes et des bières !

Cuisine familiale

Vecchia Trattoria Buralli €

Venez profiter d'un attrayant menu au déjeuner (16€), comprenant *antipasti*, plat et dessert ou café. Une longue terrasse borde le restaurant côté rue. Cuisine plus élaborée le soir. Menu 20, 25 ou 30€.

LUCQUES (plan 7, B1 n°12)
Piazza Sant'Agostino, 10 0583 95 06 11
vecchiatrattoriaburallilucca.it
Jeu.-mar. 12h-14h30 et 19h-23h
Fermé fin jan.-début fév.

La Toscane à table

Gli Orti di Via Elisa ♥€

Passé le canal de la via del Fosso, cette délicieuse trattoria aux allures de bistrot Art déco vous régalera d'une polenta aux cèpes (quand la saison s'y prête) et d'un jarret rôti aux herbes. Également d'énormes pizzas (7-12€), de copieuses salades et une excellente *panna cotta*. Plat 8-14€.

LUCQUES (plan 7, C3 n°11) Via Elisa, 17
0583 49 12 41 www.ristorantegliorti.it
Lun.-mar. et jeu.-sam. 12h-15h et 19h-23h, dim. 19h-23h

L'institution

Buca di Sant'Antonio €€

Un établissement qui remonte à 1782 ! On vous y accueille au rez-de-chaussée ou dans des caves voûtées et chaulées décorées d'anciens ustensiles. La cuisine est une affaire sérieuse : goûtez aux pâtes maison à la truffe ou au jus de lapin, et régalez-vous, en dessert, d'un délicieux fruit caramélisé au four accompagné de glace à la crème. Réservez impérativement ven. et sam. soir. *Primi* 12€, *secondi* 16-20€.

LUCQUES (plan 7, B2 n°10) Via della Cervia, 3
0583 558 81 www.bucadisantantonio.it
Mar.-sam. 12h30-15h30 et 19h30-22h30, dim. 12h30-15h

SHOPPING

Pour remplir sa valise

La Grotta ♥

L'adresse des gastronomes et des gourmands : *buccellato*, charcuteries, fromages de la Garfagnana voisine, huile d'olive des collines lucquoises, *ricotta* de brebis, bières de châtaigne ou d'épeautre. Une réputation assise depuis 150 ans. Et aussi un restaurant sur place avec terrasse.

LUCQUES (plan 7, C1 n°21) Via Anfiteatro, 2
0583 46 75 95 www.pizzicherialagrotta.it
Lun. et mer.-sam. 9h-19h30, dim. 10h-19h30

Maîtres fromagers

La Cacioteca

Lucques peut se vanter d'être une ville de bons vivants ! La cité compte même une fromagerie où sont affinés depuis 50 ans des fromages, confectionnés avec le lait des brebis des montagnes de la Garfagnana, ou de toute l'Italie : *caciocavallo* des Pouilles, *pecorino di fossa*.

LUCQUES (plan 7, C1 n°20) Via Fillungo, 242
0583 49 63 46 Lun.-sam. 7h30-13h et 15h30-19h30

VIAREGGIO ET LA VERSILIA

Ses nombreux édifices de style Liberty et Art déco témoignent du passé mondain de Viareggio, fréquentée au début du 20e s. par Gabriele D'Annunzio, Thomas Mann, Rainer Maria Rilke... La station balnéaire est encore la plus courue de celles de la Versilia, cette étroite bande de terre séparant les Alpes apuanes de la Méditerranée.

ACCÈS ET INFOS

- Viareggio se trouve 25km à l'ouest de Lucques, 25km au nord de Pise
- Liaisons ferroviaires directes avec Florence et Pise
- Attention, les parkings coûtent cher et on y circule mal l'été
- Ufficio Informazioni Turistiche Viale Carducci, 10 0584 96 22 33 Lun. et ven.-sam. 9h-13h, mar. et jeu. 9h-13h et 15h-18h

À VOIR

VIAREGGIO

Venez passer une journée à flâner, déguster une glace et, évidemment, vous rendre à la plage, un spectacle en soi en Italie. Mais surtout, sur le coup de 18h, sacrifiez au rituel de la *passeggiata*, une promenade qui se prolonge, le soir venu, jusqu'au bout du môle.

Amours romantiques

Musei Civici di Villa Paolina

L'ancien palais d'été (1822) de Pauline Bonaparte Borghese (1780-1825) se dresse non loin de la plage où l'on retrouva le corps sans vie, rejeté par la mer, du poète anglais Shelley en 1822. La villa, appelée "le refuge de Vénus", car elle hébergeait les rencontres de la princesse et du musicien Giovanni Pacini, est décorée de fascinantes peintures.

Via Machiavelli, 2 0584 94 45 80 Sept.-mi-juin : mer.-sam. 15h30-19h30, dim. 9h30-13h30 et 15h30-19h30 ; mi-juin-août : mer.-dim. 15h30-19h30 3€

La voix du maître

Villa Museo Giacomo Puccini

Les amateurs d'opéra et de Puccini (1858-1924) pourront se rendre dans la maison en bordure du lac de Massaciuccoli, où il composa la plupart de ses œuvres majeures.

Viale Puccini, 266 Torre del Lago Puccini (accès de Viareggio par le bus n°4) 0584 34 14 45 www.giacomopuccini.it Avr.-oct. : 10h-12h40 et 15h-18h20 ; nov. : sam.-dim. 10h-12h40 et 14h-17h20 ; déc.-jan. : tlj. 10h-12h40 et 14h-17h20 ; fév.-mars : tlj. 10h-12h40 et 14h30-17h50 Fermé 25 déc. 7€

LA VERSILIA

Au pied des Alpes apuanes

Pietrasanta

Proche de Carrare et de ses gisements de marbre, le village (p.98) accueille les plus grands artistes désireux de travailler l'or blanc. César, Miró, Moore...

À NE PAS MANQUER

- Viareggio
- Carnevale di Viareggio

Forte dei Marmi

mais surtout Botero, qui a signé deux surprenantes fresques dans l'église de la Misericordia (via Mazzini). Allez voir également, sur la place principale, le Duomo di San Martino, tout de marbre blanc, et profitez de l'occasion pour visiter boutiques, galeries d'art et ateliers d'artisans, via Mazzini.

13km au nord de Viareggio

La crème de la crème

Forte dei Marmi

"Forte" comme l'appellent ses aficionados est une des stations balnéaires les plus chic d'Italie. Pensez à réserver votre transat à l'avance pour pouvoir profiter de la mer entre un patron d'industrie et une starlette de cinéma ! Mais ne vous y trompez pas, Forte dei Marmi reste avant tout la destination préférée des familles souhaitant profiter de la *dolce vita* à l'italienne. Pour fignoler ce décor de charme, une immense pinède offre un poumon vert en plein centre.

20km au nord de Viareggio

À FAIRE

Déguisez-vous

Carnevale di Viareggio

Cette fête éminemment populaire s'étire traditionnellement de la fin du mois de janvier au début de mars. Défilés à partir de 15h les trois premiers dimanches, à partir de 17h les deux derniers. Arrivez (déguisé de préférence) à l'avance, pour déambuler au milieu des chars géants, puis prenez place, si vous le souhaitez, sur les tribunes (accès 20€) du célèbre viale al Mare, la promenade du front de mer. Ne manquez pas non plus les grands feux d'artifice et les *feste rionali*, fêtes de quartiers avec bals, dîners communs, animations pour enfants !

viareggio.ilcarnevale.com

COULEUR LOCALE

La spécialité de ce carnaval qui remonte à 1873 ? D'immenses chars en papier mâché rivalisant d'impertinence. Plus qu'ailleurs, les acteurs de la vie publique italienne ou internationale en prennent pour leur grade ! À voir pendant l'année, chars et ateliers à la **Cittadella del Carnevale**.

Via Santa Maria Goretti 0584 58 071 viareggio.ilcarnevale.com

Piquez une tête

Lungomare di Viareggio

Sur tout le littoral s'étendent les *stabilimenti balneari*, plages privées bordées de bars et restaurants. Au sud de la ville, près de la pinède, les plages publiques font leur apparition, ainsi qu'en centre-ville, d'un côté et de l'autre du canal. Sur les *lidi*, comptez 20-25€ par jour pour deux transats et un parasol.

Bagno Marco

Un conseil pour profiter au mieux de la mer à Forte dei Marmi, si vous aimez l'ambiance familiale : rendez-vous au Bagno Marco. Au choix, une grande tente prodiguant de l'ombre, ou des transats au bord de l'eau. Un lieu magique où l'on s'imagine facilement revenir tous les étés. Location d'une tente pour la journée (jusqu'à 6 pers.) 75€. Également un restaurant.

Viale della Repubblica, 87 Forte dei Marmi 0584 82 671 Avr.-oct. : tlj.
Tlj. midi et soir Repas 30-35€

NOS ADRESSES

PAUSES

Âme ouvrière

CRO Darsene

Prenez l'apéritif au comptoir de ce sympathique café populaire, le Circolo Ricreativo Operaio (centre de loisirs ouvrier), repaire des travailleurs de l'arsenal. Une amicale marxiste y a son siège, comme le laisse deviner l'exubérant décor. Concerts certains soirs.

VIAREGGIO Via M. Coppino, 245 0584 39 27 87 Lun.-mer. 8h30-23h, jeu.-ven. 8h30-0h, sam.-dim. 16h-0h

Sur le lungomare de Viareggio

Rendez-vous avec des icônes

Gran Caffè Margherita

Paré de ses tourelles de tuiles vernissées Art nouveau, le café culte de Viareggio, fréquenté dans le passé par Puccini, D'Annunzio, Toscanini et Marconi. Moules au poivre, carpaccios, pâtes variées, poisson grillé... Plat 12-16€.

VIAREGGIO Viale Margherita, 30
www.ristorantemargherita.info
Tlj. 12h-15h et 19h-23h Bar Tlj. 8h-0h

Toute la journée

Caffè Roma

Sur la place de la citadelle qui a donné son nom à la station, ce café sera le quartier général de vos vacances à Forte dei Marmi. *Espresso* avalé au comptoir tôt le matin avant le marché, pause pour lire la presse en terrasse à l'ombre de fleurs odorantes, ou rendez-vous donné pour l'apéro...

FORTE DEI MARMI Via Giuseppe Mazzini, 2
0584 81 711 Ven.-mer. 7h30-20h30

RESTAURANTS

La cène

La Chiesina €

Dévorer une pizza dans une église ? Rien de plus naturel pour les fidèles de ce restaurant qui occupe, depuis 1978, une petite église anglaise protestante. Un gros bénitier vous accueille à l'entrée de la nef, tandis que l'autel s'est métamorphosé en bar et le tabernacle en four à pizzas ! Pizza 7-10€.

VIAREGGIO Via Leonardo Da Vinci, 85
0584 321 14 Lun.-mar. et jeu.-sam. 19h-23h30, dim. 12h-15h et 19h-23h30

Une adresse d'initiés

Ristorante da Stefano €€

Entre les murs couverts de tableaux, optez pour un *riso di mare* ou pour des spaghettis aux fruits de mer (coques, palourdes), laissez-vous tenter par le *fritto misto*, friture de poissons, poulpes, calamars, crevettes et bouquets, ou par le *cacciucco*, copieuse soupe de poisson (spécialité de Livourne). Réservez ven. et sam. soir. *Primi* 9-10€, *secondi* 12-25€.

VIAREGGIO Via Matteotti, 21 0584 310 09
Ven.-mer. 12h-15h et 19h-22h30

Mille et une nuits

Trattoria Il Marzocco €€

Dans l'une des rues les plus charmantes de Pietrasanta, vous trouverez ce restaurant pour le moins original : une vraie Fiat 500 est disposée dans la salle et une tête de requin sort du toit ! En cuisine, des recettes créatives d'inspiration sicilienne, marocaine ou asiatique. Repas 25-30€.

PIETRASANTA Via del Marzocco, 64
0584 71 446 Tlj. 19h30-23h30

De blanc vêtu à Forte

Restaurant Bistrot ♥€€€

Revêtez vos plus beaux atours pour un dîner que vous n'êtes pas près d'oublier. En bord de mer, le Bistrot offre un cadre chic où prédomine le bois blanc. Vous y dégusterez une cuisine italienne raffinée qui n'a pas son pareil pour magnifier les produits de la mer. Comptez 100€/pers. vin compris.

FORTE DEI MARMI Via Achille Franceschi, 14
0584 89 879 www.bistrotforte.it
Été : mer.-lun. 19h30-23h30 ; hiver : lun. et mer.-ven. 19h30-23h, sam.-dim. 12h-15h

Des paysages vallonnés, inchangés depuis la Renaissance par endroits, plantés de vignes et d'oliviers, couronnés de chênaies et de châtaigneraies et soulignés de haies de cyprès... Voici le Chianti, longtemps théâtre des conflits entre Sienne et Florence, aujourd'hui producteur de grands crus de vins et d'huile d'olive. Promenez-vous de bourgs médiévaux en châteaux et en abbayes, de caves historiques en bons restaurants.

Chianti

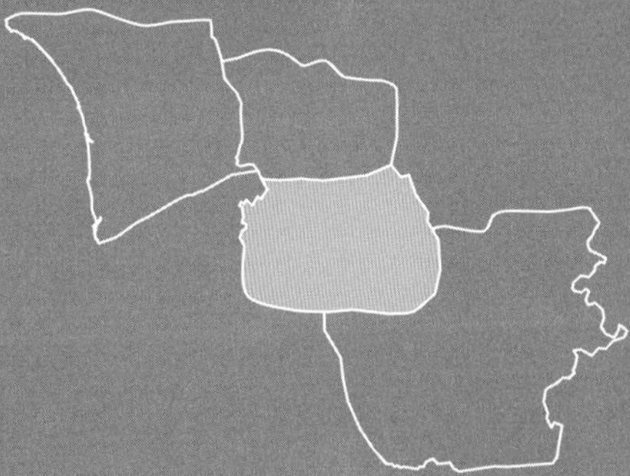

Caves Antinori, Bargino

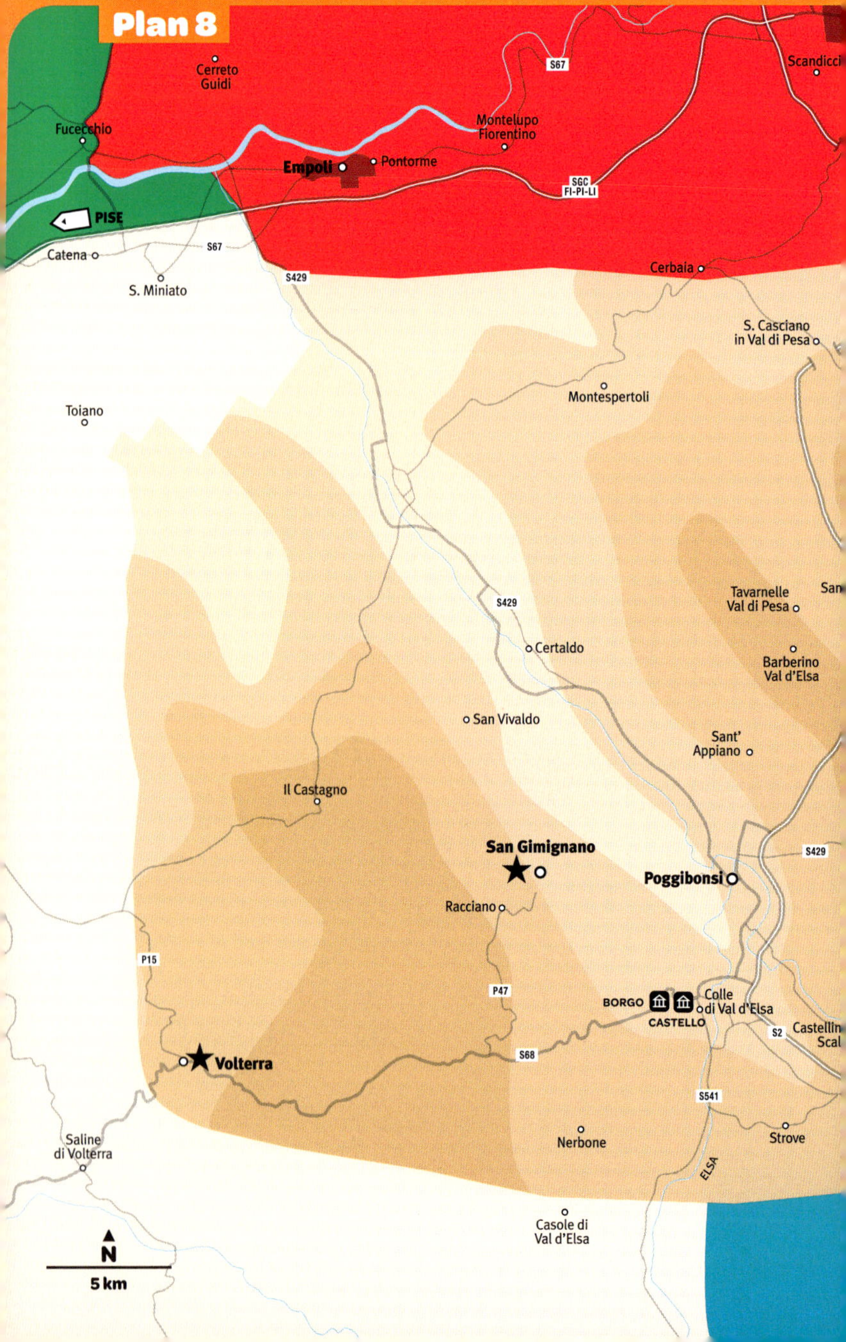
Plan 8
Cerreto Guidi
Fucecchio
S67
Scandicci
Montelupo Fiorentino
Empoli
Pontorme
SGC FI-PI-LI
PISE
Catena
S67
S. Miniato
S429
Cerbaia
S. Casciano in Val di Pesa
Montespertoli
Toiano
S429
Tavarnelle Val di Pesa
San
Certaldo
Barberino Val d'Elsa
San Vivaldo
Sant' Appiano
Il Castagno
San Gimignano
S429
Poggibonsi
Racciano
P15
P47
BORGO
Colle di Val d'Elsa
CASTELLO
Castellin Scal
S2
Volterra
S68
S541
Strove
Nerbone
Saline di Volterra
ELSA
Casole di Val d'Elsa
N
5 km

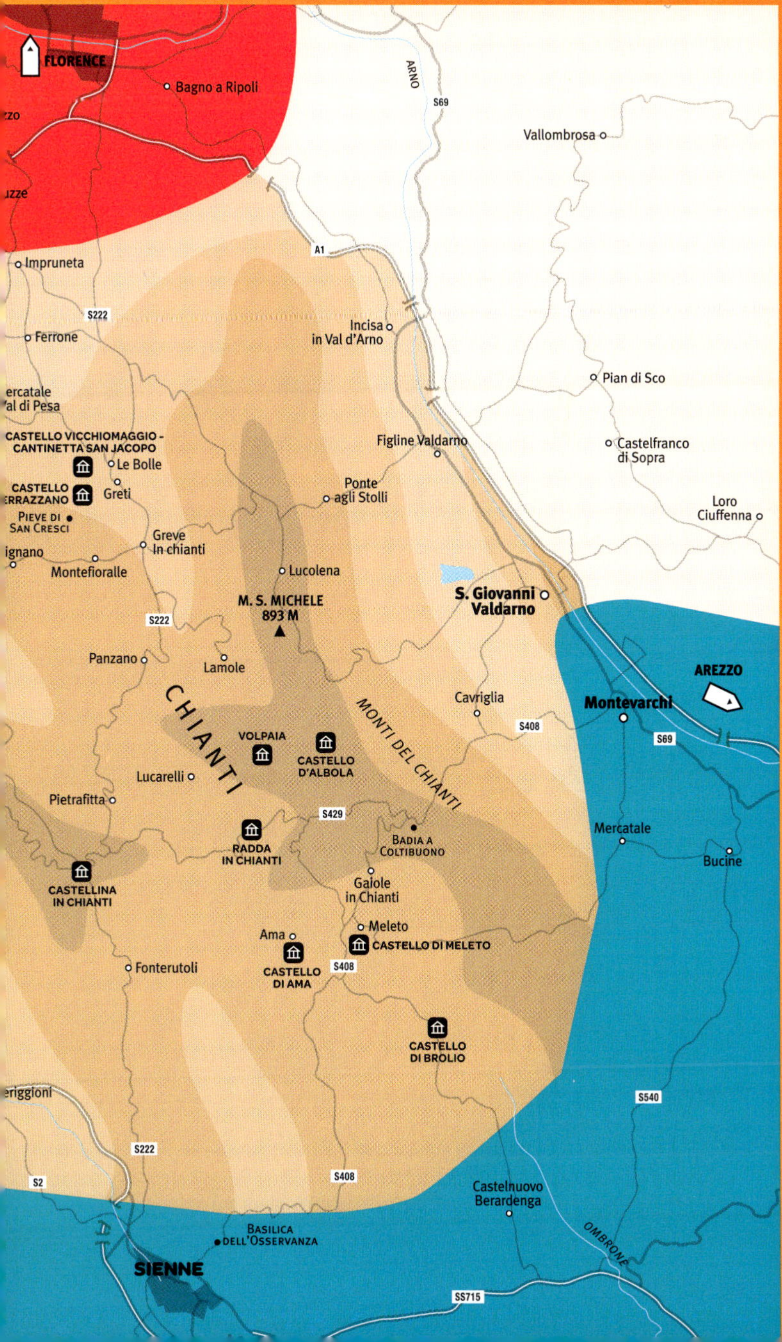
FLORENCE
Bagno a Ripoli
ARNO
S69
Vallombrosa
A1
Impruneta
S222
Ferrone
Incisa
in Val d'Arno
Pian di Sco
ercatale
'al di Pesa
CASTELLO VICCHIOMAGGIO -
CANTINETTA SAN JACOPO
Le Bolle
Figline Valdarno
Castelfranco
di Sopra
CASTELLO
ERRAZZANO
Greti
Ponte
agli Stolli
PIEVE DI
SAN CRESCI
Loro
Ciuffenna
Greve
In chianti
ignano
Montefioralle
Lucolena
M. S. MICHELE
893 M
S. Giovanni
Valdarno
S222
Panzano
Lamole
AREZZO
CHIANTI
MONTI DEL CHIANTI
Cavriglia
Montevarchi
S408
VOLPAIA
CASTELLO
D'ALBOLA
S69
Lucarelli
Pietrafitta
S429
RADDA
IN CHIANTI
BADIA A
COLTIBUONO
Mercatale
Bucine
CASTELLINA
IN CHIANTI
Gaiole
in Chianti
Meleto
Ama
CASTELLO DI MELETO
Fonterutoli
CASTELLO
DI AMA
S408
CASTELLO
DI BROLIO
eriggioni
S540
S222
S2
S408
Castelnuovo
Berardenga
OMBRONE
BASILICA
DELL'OSSERVANZA
SIENNE
SS715

QUATRE BONNES RAISONS...

... de découvrir les verdoyants paysages du Chianti ponctués de villages médiévaux et de goûter à son vin renommé.

ON S'ESSAIE À L'ŒNOLOGIE lors d'une dégustation dans un domaine du Chianti (p.125), pour découvrir toutes les saveurs de ce vignoble réputé.

ON PART À L'ASSAUT DES BOURGS FORTIFIÉS de Monteriggioni (p.141), Colle di Val d'Elsa (p.140) ou encore Volpaia (p.136) pour imaginer la Toscane médiévale.

ON FLÂNE SOUS LES ÉTOILES en admirant la voûte de la Basilica di Santa Maria Assunta de San Gimignano (p.148).

ON SE LAISSE TENTER par l'un des nombreux bons restaurants, au décor pur jus et à l'accueil pétillant, de Greve in Chianti (p.132).

RENDEZ-VOUS AVEC...

Né à Panzano, à 5km de Greve, **Dario Cecchini** a fait de la boucherie familiale un incontournable du Chianti, et il lui a adjoint deux restaurants. On s'y rend autant pour la qualité de la *bistecca* que pour l'ambiance conviviale : à l'Officina della Bistecca ou au Solociccia, tout se partage, de la table à la fiasque de vin. Dario nous livre ses lieux favoris.

Le pain parfait

A Forno a Legna di Francesca

Des biscuits fondants, du bon pain toscan et des pizzas, le tout confectionné sur place... Je suis particulièrement attaché à cette boulangerie, car elle m'évoque ma famille maternelle, qui a exercé le métier de boulanger pendant 150 ans. L'un des rêves de ma mère était de réaliser le “pain parfait”, comme le faisait sa tante, *zia* Tosca.

PANZANO Via Santa Maria, 3 055 85 27 40
Mar.-sam. 8h-13h et 16h30-20h, dim. 8h-13h

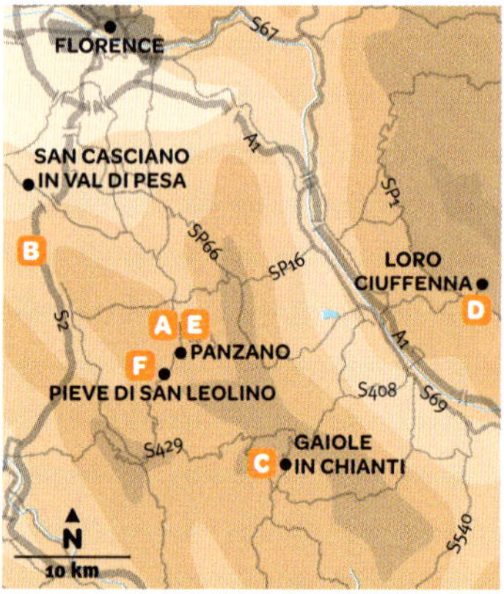

SI PANZANO ÉTAIT ...

Un plat. Ce serait du bœuf bouilli avec des légumes verts frais finement ciselés, accompagné d'une tasse de bouillon et d'un verre de Chianti Classico, un plat que me préparait ma grand-mère.

Mon fournisseur fermier

B Corzano e Paterno

Mon cher ami Tillo produit en famille dans sa ferme Corzano e Paterno, à côté de San Casciano, du vin, de l'huile d'olive extra-vierge et surtout les meilleurs fromages au lait brebis du monde. *Marzolino* tendre, *pecorino* sec, *zaffero* (au poivre vert) ou encore *erbolino* (ail, persil et poivre), tout est élaboré artisanalement sur place.

SAN CASCIANO IN VAL DI PESA Via San Vito di Sopra 055 824 81 79
www.corzanoepaterno.com Sur rdv

Concurrent mais ami !

C Chini Macelleria

J'affectionne particulièrement la boucherie du minuscule village de Gaiole in Chianti, la Macelleria Chini, tenue par une famille amie de la mienne depuis plus de 100 ans ! Vincenzo et Lorenzo Chini respirent et vivent le Chianti. Spécialisés dans le porc, ils produisent le meilleur saucisson de sang (ou *buristo*) que je connaisse.

Chez Dario Cecchini à Panzano

J'en suis dingue ! Goûtez-le absolument et glissez-en dans vos bagages. Vous ferez des heureux à votre retour chez vous !

GAIOLE IN CHIANTI Via Roma, 2
0577 74 94 57 Lun.-sam. 8h30-13h et 16h30-19h30, dim. 8h30-13h

Ma table du terroir

D Albergo Ristorante Il Cipresso

Il Cipresso est situé dans un cadre magnifique, près d'Arezzo, sur les pentes des pré-Apennins. Depuis plus de 80 ans, les Cioni préparent le dimanche midi un rôti de bœuf devenu mythique dans toute la région.

LORO CIUFFENNA Via Alcide de Gasperi, 28
0559 17 11 27 Page FB Lun. 19h45-22h, jeu.-dim. 12h-14h et 19h30-22h

Ma balade préférée

F La Pieve di San Leolino

Quand j'ai besoin de respirer, je quitte ma boucherie par la via XX Luglio et il me suffit de faire 30min de marche pour atteindre cette église romane. La vue sur la vallée della Conca D'Oro qu'offre son parvis me transporte il y a 500 ans, en pleine Renaissance toscane.

PIEVE DI PANZANO Località San Leolino, 1 (1,5km au sud de Panzano)

L'ACTUALITÉ DE DARIO

Consultez www.dariocecchini.com ou réservez par tél. au 055 85 20 20.

E Dario DOC
PANZANO Via XX Luglio, 11
Lun.-sam. 12h-15h

Officina della Bistecca
Tlj. repas à 13h, 13h30, 20h et 20h30

Solociccia
055 85 27 27 Tlj. repas à 13h, 13h30, 20h et 20h30

GREVE IN CHIANTI

Arrêtez-vous à Greve, au cœur du Chianti Fiorentino, pour faire un bon repas et de quelques courses gourmandes. Mais le véritable trésor de ce village, c'est son terroir : des paysages fabuleux, des citadelles millénaires, une suave huile d'olive et des vins charpentés !

ACCÈS ET INFOS

- Greve se trouve 30km au sud de Florence et 46km au nord de Sienne
- Parkings gratuits à 5min à pied du centre historique
- Busitalia de Florence (gare de S. M. Novella, 45min). Tél. 800 37 37 60 www.fsbusitalia.it
- Ufficio Turistico Piazza Matteotti, 10 Avr.-sept. : tlj. 10h-19h ; oct.-mars : lun.-ven. 10h-15h, sam. 10h-12h30

À VOIR

La **Chiantigiana** (actuelle SR222), voie reliant Florence à Sienne depuis l'Antiquité, dessert les principaux domaines viticoles de l'appellation Chianti Classico. Elle serpente au flanc de collines ponctuées de villages fortifiés et de vénérables châteaux.

La vie sous les arcades
Greve in Chianti

La vie du bourg se concentre sur la coquette piazza Matteotti, dont les arcades abritent cafés, restaurants et boutiques de *prodotti tipici* (produits du terroir). La petite église Santa Croce (19e s.) clôt ce triangle qui accueillait aux 14e-15e s. le plus grand marché de la région. Le samedi matin, la tradition se perpétue autour de la statue de l'explorateur Giovanni da Verrazzano, né là en 1485, et qui servit longtemps le roi de France François Ier.

27km au sud de Florence

Haut perché
Montefioralle

L'un des plus beaux villages d'Italie, avec son château perché qui domine Greve. Magnifiquement préservé, le bourg vous ramènera au 16e s. Sa ruelle unique s'enroule autour de la colline pour grimper jusqu'à une petite église. Cherchez-y la façade marquée d'un V enserrant une abeille : c'est celle de la maison natale d'Amerigo Vespucci (1454-1512), célèbre navigateur qui donna son nom à l'Amérique !

2km à l'ouest de Greve (20min à pied de l'OT)

BON À SAVOIR

Si vous souhaitez visiter un domaine viticole, mieux vaut prendre rendez-vous quelques jours avant. Les viticulteurs sont parfois trop affairés pour vous ouvrir les portes de leur domaine, et certains châteaux accueillent des fêtes privées et autres manifestations ponctuelles.

À NE PAS MANQUER

- Greve in Chianti
- Montefioralle

Vignes et vergers d'oliviers à Greve in Chianti

À FAIRE

Visitez un château... et dégustez du Chianti Classico

Castello Vicchiomaggio - Cantinetta San Jacopo

Ce château, qui remonterait au 5e s., aurait accueilli Léonard de Vinci. La famille Matta (env. 30ha) produit un vin fruité, élégant et équilibré, issu principalement du cépage sangiovese. Vous pourrez déguster et acheter sa production à la Cantinetta San Jacopo. Visite du domaine avec ou sans repas.

Via Vicchiomaggio, 4 Località Le Bolle (sur la SR222, tourner à droite à la Località Le Bolle ; la Cantinetta est à 50m, le château au bout du chemin dans les vignes) 055 85 40 79 www.vicchiomaggio.it Tlj. 10h-18h30

Castello di Verrazzano

Vous apercevrez de loin la tour crénelée de ce château qui appartint à la famille de Giovanni da Verrazzano (découvreur de la baie d'Hudson et de Terre-Neuve). La culture de la vigne remonte au 12e s., comme les deux tours désormais intégrées à la demeure Renaissance. Le domaine produit du Chianti Classico, du miel et de l'huile d'olive. Visite du château, des caves et des jardins, avec ou sans repas.

Via Citille, 32a Località Greti (3km au nord-ouest de Greve) 055 85 42 43 www.verrazzano.com

Goûtez vins et huiles d'olive sur les domaines

La région d'Impruneta (10km de Florence), est réputée pour son huile d'olive.

Fattoria Casaloste

"Rester petit et faire de grands vins", telle est la devise de Giovanni Battista et Emilia d'Orsi ! Le pari semble gagné. Le vignoble de 10ha produit trois crus bio bénéficiant de l'appellation Chianti Classico, deux crus bio IGP et une bonne huile d'olive bio. Visite et dégustation sur rendez-vous. Également un *agriturismo*.

Via Montagliari, 32 Panzano (8km au sud de Greve) 055 85 27 25 www.casaloste.com Mai-oct. : lun.-sam. 11h-13h et 14h30-18h ; hiver sur rdv

L'Erta di Quintole

Filippo Legnaioli, diplômé de sciences politiques, a tout abandonné pour se consacrer à sa passion : les oliviers de la propriété familiale. Limpide, d'un vert intense aux reflets dorés, son huile bio impose ses notes végétales d'artichaut et ses parfums d'herbes aromatiques. Vente directe sur rendez-vous.

Via di Quintole per le Rose, 53 Impruneta (16km au nord de Greve) 055 20 11 423 ou 335 41 79 99 www.ertadiquintole.it s'annoncer par tél. ou par mail

Fattoria La Querce

Sur la route conduisant à Tavarnuzze, ces 12ha d'oliviers donnent une huile au fruité intense, légèrement piquante et amère. Non filtrée, elle est mise à décanter dans des jarres de terre cuite. Vente directe. Séjour au domaine possible.

Via Imprunetana per Tavarnuzze, 41 Impruneta (16km au nord de Greve, à 250m du village de Bagnolo, SP69) 055 20 11 380 ou 328 24 23 844 www.laquerce.com Lun.-ven. 9h-12h et 14h-18h

NOS ADRESSES

RESTAURANTS

Piquante !

La Terrazza €€

Si le soleil brille trop fort, vous apprécierez la fraîcheur des épais murs de pierre de la salle voûtée. En antipasti, goûtez aux *crostinis* au foie de poulet et à la crème de lard. En *primo*, au risotto aux herbes et aux épinards (en saison). Et, en *secondo*, au *peposo* (bœuf braisé au poivre noir et chianti). Terrasse. Repas 30-35€.

**GREVE IN CHIANTI Piazza Matteotti, 22
055 85 33 08 www.osterialaterrazza.com
Mars-jan. : mer.-lun. 12h-15h, sam.-dim. 12h-15h et 18h-22h**

Institution villageoise

Giovanni Verrazzano €€

Une auberge s'élevait déjà à cet endroit au 14e s. Rossella Rossi tient à perpétuer le meilleur de la cuisine toscane, des *crostini* à la *ribollita*, en passant par les *pappardelle* (grosses tagliatelles) au lapin ou au sanglier et les viandes grillées à la braise. Terrasse fleurie. *Primi* 8-18€, *secondi* 16-25€.

**GREVE IN CHIANTI Piazza Matteotti, 28
055 85 31 89 www.albergoverrazzano.it
Mar.-dim. 12h-15h et 19h-22h**

Pierres apparentes

La Castellana €€

Une petite salle à l'ambiance joyeuse où savourer, au coude à coude, quelques plats relevés de truffe. En *primo*, les *taglierini* à la truffe fraîche ; en *secondo*, la délicieuse *tagliata* (filet de bœuf) au parmesan et à la roquette (ou aux cèpes, à la truffe fraîche, à l'huile d'olive et au romarin...). Jolie terrasse dominant la vallée. Repas 30-35€.

**MONTEFIORALLE Via Montefioralle, 2
055 85 31 34 Mar.-dim. 12h30-14h30 et 19h30-21h30**

Minuscule et chaleureux
A casa mia €€

Maurizio a voulu un établissement où l'on se sente chez un ami (*A casa mia* signifie "chez moi"). Ici, pas de chichis : verres en Pyrex et assiettes de grands-mères, menu récité par le chef et cuisine familiale... Les antipasti à partager sont une bonne option. Réservez. Repas 30-35€.

SAN CASCIANO IN VAL DI PESA Via Santa Maria a Macerata, 4 (18km au nord de Greve) 055 82 44 392 www.acasamia.eu
Mer.-dim. 12h30-14h30 et 19h30-22h

La vue et le palais
Ristoro di Lamole ♥€€

Pour un repas enchanteur, dans l'un des plus beaux sites du Chianti. L'ascension est un peu laborieuse, mais la majesté des paysages vous récompensera de vos efforts. Demandez la terrasse panoramique en réservant. Exquise charcuterie locale, suivie de raviolis poire et *pecorinos* pour les *primi*. Parmi les *secondi*, lapin aux lardons. Repas 40€.

LAMOLE Via di Lamole, 6 (8km au sud-est de Greve) 055 854 70 50 www.ristorodilamole.it Pâques-oct. : tlj. 12h-15h et 19h-22h ; mars, nov. : jeu.-mar. 12h-15h et 19h-22h

Le vignoble à vos pieds
Cantinetta di Rignana €€€

Ce sera peut-être la plus belle adresse de vos vacances. Vous devrez un peu la mériter, mais quelle arrivée ! La bâtisse en pierre est magnifique, pourtant vous dînerez dehors, avec vue sur les collines du Chianti. Au menu, pâtes maison à la truffe, filet de bœuf aux cèpes frais et, bien sûr, la fameuse *bistecca*. Repas 50€.

LOCALITÀ RIGNANA Via Rignana, 13 (à 10km au sud-ouest de Greve) 055 85 26 01
Tlj. 12h30-14h30 et 19h30-22h30

SHOPPING

Tout le terroir
Macelleria Falorni ♥

Depuis huit générations, les Falorni confectionnent des charcuteries où fenouil, genièvre, ail, sauge ou romarin viennent relever la viande de *cinta senese*, cette race de porc noir élevée en liberté et réputée depuis le Moyen Âge. Aussi les meilleurs fromages, viandes et vins des environs.

GREVE IN CHIANTI Piazza Matteotti, 66
055 85 30 29 www.falorni.it
Lun.-sam. 9h-19h, dim. 10h-19h

Macelleria Falorni

Viandard !
Macelleria Cecchini

Le boucher "star" de Toscane (p.130) ! Faire la queue dans sa boutique tient du rite initiatique : vous patienterez sur un air de jazz, en sirotant un verre de vin et en piochant des morceaux de *porchetta*.

PANZANO Via XX Luglio, 11 (5km de Greve)
055 85 20 20 www.dariocecchini.com
Tlj. 9h-16h

RADDA IN CHIANTI

Un bourg qui a conservé tout son cachet médiéval, avec ses murailles, son plan hélicoïdal et ses ruelles fleuries. Un peu moins touristique que Greve, Radda séduit les marcheurs qui arpentent la campagne environnante à la découverte de ses villages fortifiés.

ACCÈS ET INFOS

- Radda est située 16km au sud de Greve
- Une liaison directe avec Sienne (ligne 125) mais aucune avec Florence www.tiemmespa.it
- Pro Loco Piazza Castello, 2 Radda in Chianti
0577 73 84 94 www.chiantiradda.it
Avr.-oct. : lun.-sam. 10h-13h et 15h-18h, dim. 10h30-12h30 ; nov.-mars : lun.-sam. 10h-12h30

À VOIR

L'église et le palais

Radda in Chianti

Ses fortifications (1400) rappellent que cette paisible bourgade cernée de vignes était aux avant-postes lors des guerres opposant Florence à Sienne. Longez la via Roma et découvrez, piazza Ferrucci, l'église San Niccolò à la belle volée d'escaliers et le Palazzo del Podestà (15e s.), reconnaissable à ses 51 armoiries des seigneurs et notables de la région. Juste en contrebas du village, le couvent franciscain Santa Maria in Prato (15e s.) abrite la Casa del Chianti Classico, un centre multimédia dédié à ce vignoble et à son terroir.

Bourgade inaltérée

Volpaia

Posté au sommet d'une colline, le château de Volpaia domine depuis le 10e s. la vallée. Au cœur du village subsistent un imposant donjon et un grand nombre d'habitations médiévales aux charmantes cours fleuries. Le château est aussi producteur viticole.

7,5km au nord de Radda **Castello di Volpaia** 0577 73 80 66 www.volpaia.com

Art et terroir

Castello di Ama

Un domaine viticole que l'on visite autant pour ses vins que pour ses œuvres signées de grands noms de l'art contemporain. Merveilleusement intégrées au

DRÔLE D'AFFAIRE

Au 12e s., Sienne et Florence décident, pour se répartir le Chianti, de faire chevaucher l'un vers l'autre deux cavaliers qui partiront au chant du coq. Les Florentins choisissent un coq noir et le privent de dîner. Au matin, le volatile affamé réveille son cavalier si tôt que celui-ci gagne du terrain sur son rival, octroyant ainsi à Florence la plupart des terres. D'où l'emblème du **coq noir** représenté sur les bouteilles de vin !

À NE PAS MANQUER

- Radda in Chianti
- Volpaia
- Castello di Ama

Le domaine du Castello di Ama

paysage, elles ont toutes été réalisées in situ. Installation de Carlos Garaicoa, miroir monumental de Daniel Buren, expérience d'Anish Kapoor, néon de Kendell Geers, créations de Chen Zhen et de Louise Bourgeois...

8km au sud de Radda ☎ 0577 74 60 31 www.castellodiama.com ⏲ 14 fév.-mi-déc. : tlj. 10h-18h sur rdv € Dégustation et visite à partir de 50€ (2h)

Sous les voûtes
Castellina in Chianti

À Castellina, village fortifié aux ruelles fleuries, empruntez la via delle Volte, passage couvert longeant le mur d'enceinte, qui faisait à l'origine partie du chemin de ronde. Les quelques meurtrières qui laissent passer la lumière dévoilent de somptueuses vues sur les vignes et les oliviers en contrebas.

10km à l'ouest de Radda

À FAIRE

Goûtez de grands vins
Castello d'Albola

Traversez le parc planté de cyprès pour arriver devant ce château du 15e s. aux tours défensives, remanié au 18e s. Les 150ha de vignes jouissent d'une parfaite exposition à 400m d'altitude et produisent d'excellents Chianti Classico DOCG, Acciaiolo (sangiovese et sauvignon), chardonnay, *vin santo* et grappa.

Pian d'Albola, 31 (5km au nord de Radda) ☎ 0577 73 80 19 www.albola.it € Visite guidée et dégustation sur réservation 15 ou 25€ (à 12h et 17h de mars à nov. et à 12h de nov. à mars)

BON À SAVOIR
Tous les châteaux producteurs de vins louent des chambres, des appartements ou des villas, de quoi rendre le voyage enchanteur ! N'hésitez pas à consulter leurs sites Internet.

Badia a Coltibuono

Au cœur d'une épaisse forêt de chênes et de châtaigniers, le monastère du 11e s. a été transformé en une affaire familiale qui produit du Chianti Classico, de l'huile d'olive et propose un restaurant, quelques chambres et même des cours de cuisine !

Gaiole in Chianti (11km à l'est de Radda) 0577 74 481 Visite (50min) mai-sept : sur rés. de 14h30 à 18h30, fin mars-avr. et oct. : sur rés. de 14h30 à 17h30 Tarif 10€ Dégustation (1h30) tlj. à 11h sur rés. 25€ (snack inclus)

Castello di Meleto

Un château massif, auquel ses fortifications donnent tout son caractère. L'intérieur est plus cossu. Visite et dégustation de vins et de produits locaux.

9km au sud-est de Radda 0577 74 40 64 www.castellomeleto.it Visite sur rés. 25€ (3 crus) tlj. à 10h30 ou 16h

Castello di Brolio

Le domaine et le château appartiennent aux Ricasoli depuis 1141. Et c'est ici que le baron Bettino Ricasoli, "père" du Chianti Classico, met au point en 1860 un assemblage de cépages à dominante italienne – parmi lesquels le sangiovese, qui donne son caractère au vin. On accède au château par une longue allée bordée de cyprès. Visite, dégustation, restaurant.

17km au sud-est de Radda 0577 73 01 www.ricasoli.it Visite du vignoble et dégustation sur rdv 35€ (2h)

Cave du Castello di Brolio

Achetez de l'huile d'olive

Castello di Fonterutoli

Propriété des marquis Mazzei depuis 1435, le domaine produit une huile d'un vert intense aux reflets jaunes, exhalant un parfum d'artichaut et d'herbes fraîches. Vente et dégustation d'huile et de vins dans l'*enoteca* ultra design.

Fonterutoli (16km au sud-ouest de Radda) 0577 74 13 85 www.mazzei.it Mars-déc. : tlj. 9h-18h ; jan.-fév. fermé dim.

Suivez un cours de cuisine

Azienda Agricola Querceto di Castellina

Laissez-vous guider par Laura, la *mamma* de la famille, pour réaliser (et manger !) de délicieux *crostini*, découvrir les secrets d'une bonne *ribollita*, d'une *pappa al pomodoro*, des *spaghetti chiantigiani*, d'un sanglier à l'étouffée...

Località Querceto, 9 (13km au nord-ouest de Radda) 0577 73 35 90 www.querceto.com 9h30-14h avec marché et déjeuner. Sur rés. 2-4 pers. 120€/pers., 5-10 pers. 100€/pers.

NOS ADRESSES

PAUSES

La ronde des habitués

La Bottega di Giovannino ♥

Dans cette sympathique épicerie-bar-tabac-œnothèque vous pourrez grignoter un morceau accompagné d'un bon verre de Chianti Classico.

RADDA IN CHIANTI Via Roma, 6-8
0577 73 85 99 www.labottegadigiovannino.it
Mer.-lun. 12h-22h30

Place de village

Bar-Ucci

Un petit bar à l'agréable terrasse ombragée, tenu par la charismatique Paola. Cappuccino, *crostini* et *bruschette*.

VOLPAIA Piazza della Torre, 9 0577 73 80 42
Mar.-dim. 10h-22h

RESTAURANTS

Au jardin

Podere le Vigne €

Si vous préférez manger au milieu des vignes plutôt que dans le village, vous serez ravi ! Au menu proposé dans cette ferme restaurée : assiette de charcuterie, *panzanella* (salade de pain et de tomates) ou soupe paysanne, plats mijotés ou grillades typiquement toscanes. Repas 25€.

RADDA IN CHIANTI Località Podere Le Vigne
0577 73 83 02 Avr.-oct. : tlj. 12h30-15h30 et 19h-23h

Chez "la Carla"

La Bottega €

Dans cette charmante trattoria, on vous installe dans la salle du haut ou dans le jardin, pour un repas dans la plus pure tradition toscane. Tagliatelles maison aux cèpes ou aux truffes, ragoût de lapin aux olives, le tout aux légumes du jardin et à l'huile d'olive issue de la propriété familiale. Repas 25-30€.

VOLPAIA Piazza della Torre, 1 0577 73 56 02
www.labottegadivolpaia.it Fin mars-mi-jan. : mer.-lun. 12h-14h30 et 19h-22h

Suivez le bouche-à-oreille

Le Panzanelle €

La cuisine, simple mais pas simplette, revisite les traditions et réjouit les papilles des habitants de la région. Assis en terrasse ou dans la salle aux couleurs délicates, vous trouverez toujours au menu les *pici all'aglione* (pâtes fraîches maison, sauce à l'ail très, très relevée), le *peposo* (bœuf en daube), le ragoût de sanglier... Repas 25-30€.

LUCARELLI (7,5km au nord-est de Radda)
0577 73 35 11 www.lepanzanelle.it
Mars-jan. : mar.-dim. 11h30-14h et 19h-22h

Depuis quatre générations

Antica Trattoria La Torre €€

Sur la place principale de Castellina, au pied de la Rocca, un agréable restaurant où s'offrir parmi les meilleures spécialités des environs. Terrasse couverte sur la place. Repas 25-30€.

CASTELLINA IN CHIANTI Piazza Umberto I
0577 74 02 36 www.anticatrattorialatorre.com Mars-jan. : ven.-mer. 12h-14h30 et 19h-21h30

COLLE DI VAL D'ELSA

Deux cités en une ! Colle Bassa s'est développée dès le 10e s. le long de canaux acheminant l'eau de l'Elsa vers ses moulins et ses papeteries. Quant à Colle Alta, elle épouse la crête d'une colline, protégeant son Castello et son Borgo derrière des murailles massives.

ACCÈS ET INFOS

- Colle se trouve 41km au sud de Greve in Chianti, 53km au sud de Florence et 27km au nord de Sienne
- Liaisons en car avec Florence et Sienne www.tiemmespa.it
- Un ascenseur relie la ville basse (via V. Meoni) à la ville haute (il Baluardo)

À VOIR

COLLE BASSA ET COLLE ALTA

Érigée en commune libre au 12e s., Colle est convoitée par Sienne et Florence. Elle doit attendre 1592 pour acquérir le titre de ville. Son activité économique, d'abord centrée sur la papeterie (13e-18e s.) s'est ensuite tournée, au 19e s., vers la cristallerie.

De papier et de cristal
Colle Bassa

Le cœur de la ville basse bat sur l'agréable piazza Arnolfo di Cambio, remaniée par Jean Nouvel et Daniel Buren en 2007. Cernée d'arcades sur trois côtés, elle accueille un marché le vendredi.

Palais et maisons-tours
Castello

En prenant l'ascenseur futuriste qui relie la ville basse et la ville haute, vous atterrirez à Colle Alta par le Baluardo, puissant rempart d'où jouir d'une vue magnifique. En empruntant la via del Castello, la rue principale, vous arriverez sur la charmante piazza di Canonica, à la jolie église romane, où se dresse la maison-tour de l'enfant du pays, Arnolfo di Cambio (l'architecte du Palazzo Vecchio à Florence). Poursuivez jusqu'à la piazza del Duomo, où s'érigent la cathédrale et le Palazzo Pretorio, actuel **Musée archéologique**. Au bout de la rue, le Palazzo Campana s'élève au-dessus des murailles. Vous passerez sous sa grande arche en pierre pour entrer dans la ville fortifiée, le borgo. N'hésitez pas, avant de franchir le pont, à flâner également dans l'étroite ruelle en pente, la via delle Romite, parallèle à la rue principale : elle vous conduit à la via delle Volte, passage couvert longeant les fortifications.

Museo Archeologico 0577 92 29 54 www.museocolle.it Fermé pour travaux

Par la grande porte
Borgo

De l'autre côté du ponte del Campana, la très belle via Francesco Campana s'élargit, flanquée de part et d'autre d'édifices Renaissance et baroques, parmi

À NE PAS MANQUER

- Castello (Colle Alta)
- Borgo (Colle Alta)
- Monteriggioni
- Volterra

Monteriggioni

lesquels le palais en brique Renieri-Portigiani. Après avoir profité de la délicieuse piazza Santa Caterina, où se dresse une église (15e s.) au magnifique vitrail, promenez-vous dans les rues bordées de maisons médiévales et d'élégants palais des 14e et 15e s. avant de rejoindre la Porta Nuova (15e s.), aux deux imposantes tours cylindriques.

PRÈS DE COLLE DI VAL D'ELSA

Ville fortifiée

Monteriggioni

De loin, la silhouette de Monteriggioni semble presque irréelle. La cité est ceinte d'une muraille elliptique à 11 tours admirablement conservée. Construite par les Siennois en 1213, elle s'élevait alors au-dessus d'un fossé rempli de charbon de bois qu'il suffisait d'incendier à l'approche des assaillants. Sienne et Florence se disputeront ce fief lors de mémorables batailles en 1244 et 1254. Le bourg est constitué d'une unique ruelle et de la piazza Roma, qui rassemble les deux restaurants du village, l'épicerie, un *bar-gelateria-enoteca* et une église romano-gothique. Merveilleux hors saison, envahi en été...

Env. 5km au sud-est de Colle di Val d'Elsa

DANS LA PROVINCE DE PISE, VOLTERRA ★

Du haut d'une falaise de tuf, à env. 30km à l'ouest de Colle di Val d'Elsa, la venteuse Volterra toise le Val di Cecina. Son Musée étrusque rappelle que l'antique Velathri fut l'une des dernières cités-États confédérées d'Étrurie à passer sous la férule de Rome. S'y perpétue une longue tradition du travail de l'albâtre et vous trouverez dans les boutiques-ateliers du bourg des objets décoratifs, parfois délicats, à rapporter en cadeau.

CHIANTI ET HUILE D'OLIVE

Le chianti, dont près d'un million d'hectolitres est produit par an, est le plus réputé des vins italiens. Autrefois vendu en *fiasco*, cette bouteille ventrue et habillée de paille, il est aujourd'hui présenté en bouteille dite bordelaise. Sa production est strictement contrôlée, et si l'appellation remonte au début du 20e s., les normes ont été renforcées en 1984. Trois cépages constituent le chianti, dont le principal, le sangiovese (sang de Jupiter), réputé pour sa robustesse, son bouquet et pour maintenir une bonne persistance gustative, constitue de 75 à 100% du breuvage. Ses deux compléments sont le canaiolo nero (10% maximum), qui confère souplesse et moelleux au vin, et le malvasia, remplacé parfois par le trebbiano (10% maximum), un cépage blanc chargé d'apporter douceur et velouté. Outre le Chianti Classico, le terroir d'origine, il existe sept dénominations de chianti (Colli Pisani, Montalbano, Montespertoli, Rufina, Colli Fiorentini, Colli Senesi, Colli Aretini). L'autre richesse de la région est son huile d'olive, qui acquiert en Toscane ses lettres de noblesse. Elle fait l'objet d'une sévère réglementation, garante de sa qualité, et se reconnaît à ses notes piquantes et amères qui rappellent l'artichaut.

Logo du Chianti Classico

Le cœur battant de Volterra

Piazza dei Priori

À l'est de cette somptueuse place s'élèvent le Palazzo Pretorio (13e s.) et sa massive Torre del Podestà, dite Torre del Porcellino – en référence au porcelet, ou sanglier, sculpté sur sa façade. À côté, le Palazzo Vescovile (palais épiscopal) occupe le grenier communal de jadis. En face trône le Palazzo dei Priori, plus ancien palais communal de Toscane (1208-1257), qui aurait inspiré la construction du Palazzo Vecchio de Florence. Son austère façade porte les armoiries de gouverneurs florentins.

Majestueux Rois mages

Duomo e Battistero

Consacrée en 1120, la cathédrale de style roman pisan a été plusieurs fois remaniée. Le riche plafond à caissons bleu et or de la nef date du 16e s. Le transept gauche abrite une précieuse *Déposition de croix* en bois (13e s.), et la Cappella dell'Addolorata, dans le bas-côté gauche, deux groupes en terre cuite de Zaccaria Zacchi da Volterra (1473-1544) : une *Crèche* et une *Adoration des Mages*. Admirez la fresque (1479) de Benozzo Gozzoli, l'*Arrivée des Rois mages*, à l'arrière-plan. Face à la cathédrale, le baptistère octogonal aurait été édifié à l'emplacement d'un temple païen. Sa façade en marbre striée de noir et de blanc, caractéristique du style roman pisan, date du 13e s. Ses fonts baptismaux en marbre ont été sculptés par Andrea Sansovino en 1505.

Piazza San Giovanni ☎ 0588 88 261 ⏲ Cathédrale Ouvert sam.-jeu. 8h-13h et 15h-18h ; ven. 16h-18h Baptistère tlj. 9h-19h. € Entrée libre

Chef-d'œuvre maniériste

Pinacoteca

Elle recèle une fulgurante *Descente de Croix* de Rosso Fiorentino (1521) : une surprenante composition du plus pur style maniériste, à la lumière crue et aux couleurs criardes. Notez comme tous les personnages dégagent une égale intensité dramatique. Autres chefs-d'œuvre, la *Vierge à l'Enfant trônant parmi les saints* de Taddeo di Bartolo (v. 1362-1422), le *Christ en gloire* de Domenico Ghirlandaio (1449-1494) et l'*Annonciation* (1491) de Luca Signorell.

Via dei Sarti, 1 ☎ 0588 87 580 www.comune.volterra.pi.it ⏲ Mi-mars-début nov. : tlj. 9h-19h ; début nov.-mi-mars : tlj. 10h-16h30 Fermé 25 déc. et 1er jan. € 8€ ou Volterra Card (16€)

L'un des premiers musées publics d'Europe

Museo Etrusco Guarnacci

Cette collection, offerte en 1761 à la ville, comprend quelque 600 urnes cinéraires étrusques, dont la célèbre *Urne des époux* (1er s. av. J.-C.), figurant un couple chenu aux traits emprunts de gravité. À voir aussi *L'Ombre du soir* (3e s. av. J.-C.), longiligne bronze votif d'une stupéfiante modernité.

Palazzo Desideri Tangassi Via Don Minzoni, 15 ☎ 0588 86 347 www.museivaldicecina.it ⏲ Mi-mars-début nov. : tlj. 9h-19h ; début nov.-mi-mars : tlj. 10h-16h30 Fermé 1er jan. et 25 déc. € 8€ ou Volterra Card

Point de vue
Parco Archeologico

Ce parc vallonné est dominé dans sa partie est par l'impressionnante **Fortezza Medicea** du 14e-15e s. (prison, ne se visite pas !). Dans sa partie ouest subsistent les maigres vestiges de l'**Acropoli Etrusca**, dont les murs de deux temples des 3e et 2e s. av. J.-C. Beau panorama sur les environs de Volterra.

Été : tlj. 8h-20h ; hiver : tlj. 8h-17h € Entrée libre

Porte étrusque
Arco Etrusco

À l'extrémité sud de la via Porta all'Arco, dans le quartier des sculpteurs d'albâtre, vous pourrez voir l'unique porte de la muraille étrusque encore debout (4e-3e s. av. J.-C.). Constituée de gros blocs de tuf appareillés sans mortier, remaniée à la période romaine, elle présente trois têtes sculptées d'origine, rongées par le temps.

Balze **et abbaye de la Badia Camaldolese**

Au bord de l'abîme
Balze

Les *balze* sont des falaises de sable argileux au nord-ouest de Volterra, qui s'effritent inexorablement. Leur éboulement a déjà englouti plusieurs nécropoles étrusques et romaines, et même des églises. Au bord du gouffre, le monastère de la **Badia Camaldolese** (abbaye camaldule), fondé au 11e s. et abandonné en 1861, tient, lui, toujours debout. Spectaculaire !

1,5km de la Porta San Francesco

Monastère : Ouvert juil.-sept. : ven. 16h-19h30, sam.-dim. 10h-13h et 16h30-19h30

À FAIRE

Participez à une fête de village
Calici sotto le stelle

Venez déguster des vins du Chianti, “sous les étoiles”.

Colle Alto Le 9 ou 10 août

Fiera degli Uccelli

Participez à la “fête des oiseaux”, réunissant chasseurs et paysans des environs.

Colle Bassa En sept.

Mettez vos pas dans ceux des pèlerins

Via Francigena

Cette route, utilisée par les marchands italiens pour gagner les Flandres, puis par les pèlerins pour se rendre à Rome et en Terre sainte, est ponctuée de chapelles et d'églises. En Toscane, elle passe par Lucques (p.110), San Gimignano (p.146), Colle di Val d'Elsa, Monteriggioni, Sienne (p.162)... L'étape San Gimignano-Monteriggioni (env. 7h30) est assez difficile ; celle qui relie Monteriggioni à Sienne se révèle plus facile (comptez 4h30).

www.viefrancigene.org

NOS ADRESSES

RESTAURANTS

Des produits "km zéro"

Bel Mi' Colle €

Emanuela et Simone vous feront volontiers découvrir le four du 13e s. et le puits à la cave. Le mari, en cuisine, privilégie la saison, la filière courte, et prépare lui-même son pain et ses pâtes. Goûtez aux tripes, aux plats de morue ou aux grillades... S'ils sont à la carte, ne manquez pas les oignons farcis au *pecorino*. Agréable terrasse. Repas 15-25€.

COLLE DI VAL D'ELSA Via Giuseppe Garibaldi, 56 Colle Bassa 0577 92 28 37 Mar.-sam. 12h30-15h et 19h30-23h, dim. 12h30-15h

Valeur sûre

L'Antica Trattoria €€€

Pour déguster, dans un cadre Liberty, la vraie cuisine toscane, concoctée par la patronne avec le meilleur du terroir – terrine à la truffe, risotto vert, tartare de bœuf aux dix saveurs, lapin farci –, ainsi qu'une belle sélection de produits de la mer. Agréable terrasse en été. Repas 45-50€.

COLLE DI VAL D'ELSA Piazza Arnolfo di Cambio, 23 Colle Bassa 0577 92 37 47 www.anticatrattoriaparadisi.it Mer.-lun. 12h30-14h30 et 20h-22h30

Pour un festin

Ristorante Arnolfo €€€

L'une des meilleures tables de Toscane, installée dans une demeure du 16e s. La cuisine de Gaetano Trovato, fraîche, légère et inventive, jongle avec les saveurs et les couleurs et varie selon les saisons. En été, le poisson est à l'honneur. Plats à la carte et trois menus dégustation à 120 (végétarien), 140 et 160€. Excellente carte des vins.

COLLE DI VAL D'ELSA Via XX Settembre, 50-52/a Colle Alta 0577 92 05 49 www.arnolfo.com Jeu.-lun. 13h-14h30 et 20h-22h30

Rustique chic

Trattoria La Carabaccia €

Cette trattoria de charme doit son nom à une soupe rustique mêlant petits légumes, oignons, fromage râpé, œuf et pain, qui aurait été introduite à la cour de France par Catherine de Médicis. Elle serait l'ancêtre de notre soupe à l'oignon gratinée. La carte change au gré des saisons. Comptez 20-25€ le repas.

VOLTERRA Piazza XX Settembre, 4/5 058 88 62 39 www.lacarabacciavolterra.it Mar.-jeu. et dim. 12h30-14h30, ven.-sam. 12h30-14h30 et 19h30-21h30 Fermé mi-nov.-mi-déc

SAN GIMIGNANO

La silhouette de San Gimignano a quelque chose de surnaturel. Quelle est donc cette cité hérissée de tours qui surgit au milieu de la campagne, comme suspendue dans les airs ? Un petit bijou médiéval où vous vous perdrez avec délice !

ACCÈS ET INFOS

- San Gimignano est situé 56km au sud de Florence et 42km au nord-ouest de Sienne
- Liaisons ferroviaires avec Sienne (arrivée gare de Poggibonsi-San Gimignano, puis car)
- Liaisons par autocar avec Florence et Sienne www.tiemmespa.it
- Associazione Pro Loco Piazza del Duomo, 1 www.sangimignano.com Mars-oct. : tlj. 10h-13h et 15h-19h ; nov.-fév. : tlj. 10h-13h et 14h-18h
- San Gimignano Pass (17€ les 2j.) donne accès à neuf lieux de visite. 0577 28 63 00

À VOIR

SAN GIMIGNANO ★

Vous comprendrez vite pourquoi San Gimignano est inscrite au patrimoine mondial de l'Unesco ! La cité offre un merveilleux exemple d'architecture médiévale, parfaitement conservé. En passant outre la marée humaine qui colonise le bourg certains jours, le charme opère... Encore mieux, allez prendre le frais dans un petit jardin excentré, promenez-vous le long des remparts, humez les fragrances d'acacia qui embaument l'air printanier, grimpez jusqu'aux ruines de la Rocca et profitez du panorama. Les soirs d'été, quand la chaleur retombe, la ville retrouve un peu de paix. Sur la piazza del Duomo, quelques personnes âgées sortent alors leur chaise sur le pavé, et San Gimignano montre un autre visage.

IL ÉTAIT UNE FOIS

San Gimignano se développe du 11e au 13e s., autour de la via Francigena (p.145). Les **tours et maisons fortes** se multiplient, car elles symbolisent le pouvoir (et l'orgueil) de la riche aristocratie urbaine. Au 13e s., au faîte de sa gloire, la ville en compte ainsi 72 !

Magistrale

Porta San Giovanni

Pénétrez dans le centre historique par l'imposante Porta San Giovanni, la plus belle de la ville avec son arc surbaissé et sa guérite à six petits arcs. Elle remonte à 1262.

Comme au 11e s.

Via San Giovanni

La rue principale, qui suit le tracé de la via Francigena, a conservé sa vocation commerciale. Boutiques d'artisanat et de produits typiques s'y succèdent, en alternant avec quelques églises et de nombreux palais seigneuriaux, tours,

À NE PAS MANQUER

- San Gimignano
- Certaldo Alto

San Giminiano

maisons fortes et hospices. À voir : la façade romano-pisane de l'église San Francesco (13e s.), rythmée de chapiteaux décorés, aujourd'hui reconvertie en boutique. La rue monte jusqu'à l'Arco dei Becci et débouche sur l'élégante piazza della Cisterna.

Autour du puits
Piazza della Cisterna

Le cœur historique de la ville ! Cette harmonieuse place de marché légèrement inclinée est pavée de briques disposées en écailles de poisson. Admirez ses somptueux palais et maisons-tours… et le puits (*cisterna* en italien) qui lui a donné son nom. Faites comme tout le monde et installez-vous sur sa margelle pour admirer : de gauche à droite, l'Arco dei Becci, du nom d'une riche famille commerçante ; le Palazzo Razzi, aux fenêtres géminées superposées, et sa tour ; la façade tapissée de vigne de la Casa Salvestrini (13e s.) transformée en hôtel ; le Palazzo Tortoli (14e s.) aux fenêtres jumelles. Au-delà de la via del Castello se dresse le Palazzo dei Cortesi, surmonté d'une très haute Torre del Diavolo ("tour du diable").

Tout en hauteur
Piazza del Duomo

La place du Dôme n'a guère changé depuis le 13e s. Cœur administratif, politique et religieux de la ville, ceinturée de maisons-tours, elle regroupe la Collegiata (la cathédrale), qui fait face au Palazzo Vecchio del Podestà, en pierre et en brique. L'immense passage voûté du rez-de-chaussée servait d'accès aux magasins à grains et à la Torre Rognosa, haute de 52m – hauteur maximale alors autorisée par les statuts de la commune. À gauche de la Collegiata se déploient le Palazzo del Popolo, actuel hôtel de ville et son Museo Civico (ci-après), et la loge du peuple, grand portique sous lequel on pourrait rester assis des heures, à observer la vie trépidante de la place.

Foisonnement de fresques

Duomo – Basilica di Santa Maria Assunta 👍

La basilique Santa Maria Assunta domine la place du haut de son escalier. Le bâtiment, consacré en 1056, a été restructuré en 1239 etagrandi en 1460. Ne vous laissez pas intimider par son austère façade romane, elle ne met que plus en relief la richesse de l'intérieur ! Tapissée de fresques aux 14e-15e s., la nef s'abrite sous une voûte bleue constellée d'étoiles. Côté gauche sont évoqués des passages de l'*Ancien Testament* (la création du monde et la vie de Job). Au centre, trois grandes fresques représentent le *Jugement dernier*. Admirez le *Martyre de saint Sébastien* de Benozzo Gozzoli (le même qu'au Palazzo Medici à Florence, du milieu du 15e s.). Côté droit, les fresques illustrent le *Nouveau Testament*. Ne manquez pas la magnifique chapelle Renaissance Santa Fina, qui conserve une œuvre de Ghirlandaio : *Saint Grégoire annonçant à sainte Fine sa mort prochaine* (1475).

Piazza del Duomo 📱 0577 94 03 16 🕒 Nov.-mars : lun.-sam. 10h-16h30, dim. 12h30-16h30 ; avr.-oct. : lun.-ven. 10h30-18h30, sam. 10h30-18h30, dim. 12h30-18h Fermé 25 déc., 1er et 16-31 jan., dim. du début du carnaval, 12 mars, 1er dim. d'août, 16-30 nov. € 6€ (billet combiné avec le Museo d'Arte Sacra)

Trésor

Museo d'Arte Sacra

Le musée d'Art sacré conserve ornements liturgiques, orfèvrerie religieuse, objets d'art et peintures du 15e s. provenant du Duomo et des églises de la région.

Piazza Pecori, 1 (à gauche du Duomo) 📱 0577 28 63 00 🕒 Mêmes horaires que le Duomo € 6€ (billet combiné avec le Duomo)

> **DRÔLE D'AFFAIRE**
> Piazza delle Erbe se dressent les **Torri dei Salvucci**, deux tours jumelles rappelant le terrible conflit qui opposa au 14e s. les familles Ardinghelli (guelfes) et Salvucci (gibelins). La commune ayant réglementé la hauteur maximale des édifices, les Salvucci construisirent alors deux tours qui, superposées, dépasseraient celle des Ardinghelli !

Pouvoir majeur

Palazzo Comunale

Le Palazzo Nuovo del Podestà (1288), ou Palazzo del Popolo, est accolé au Duomo. Une visite des riches collections de son **Museo Civico** vous donnera un aperçu de la vivacité artistique de la cité aux 14e et 15e s. De l'élégante cour du bâtiment, décorée de quelques fresques du 14e s., un escalier mène à la salle de Dante. Le palais communique avec la Torre Grossa, la plus haute tour de la ville (54m), et son vertigineux panorama. Le billet d'entrée vous donnera aussi accès aux trésors archéologiques du Complesso Museale del Conservatorio di Santa Chiara.

Piazza del Duomo ☎ 0577 99 03 12 ⏲ Oct.-mars : tlj. 11h-17h ; avr.-sept. : tlj. 11h-19h Fermé 25 déc. € 9€ Complesso Museale del Conservatorio di Santa Chiara Via Folgore da San Gimignano, 11 ⏲ Avr.-sept. : tlj. 10h-19h30 ; oct.-mars : tlj. 11h-17h30 ; 1er jan. : 12h30-17h30 Fermé 25 déc.

C'EST DANS L'AIR

Aussi incroyable que cela puisse paraître, San Giminiano accueille l'une des galeries d'art contemporain les plus réputées d'Italie ! Ouverte en 1990 dans un ancien cinéma, la **Galleria Continua** expose Anish Kapoor, Michelangelo Pistoletto, Daniel Buren, Chen Zhen... Et elle possède des succursales à l'étranger.

Via del Castello, 11 ☎ 0577 94 31 34 www.galleriacontinua.com ⏲ Tlj. 10h-13h et 14h-19h

Fresque de Gozzoli, église Sant'Agostino

Forteresse-jardin

Rocca di Montestaffoli

Profitez du calme de ce paisible jardin et de ses vues sur les toits de la cité... Le lieu avait pourtant une tout autre vocation ! La Rocca est une forteresse pentagonale édifiée par les Florentins au 14e s., alors qu'ils venaient d'assujettir la ville. Elle fut détruite en 1558 par Cosme Ier. Il n'en reste plus grand-chose, hormis une de ses cinq tours et quelques vestiges de murs.

L'évidence de l'austérité

Sant'Agostino

La façade de cette église romano-gothique (fin du 13e s.) témoigne d'une rare modestie. La (petite) porte sur la façade n'est plus utilisée, et vous devrez rentrer par la droite. À l'intérieur, vous pénétrez dans une nef unique très claire, à la solide charpente à chevrons. Allez voir la chapelle San Bartolo à gauche de l'entrée, pour ses fresques, son pavement en majolique d'Andrea della Robbia, et son bel autel en marbre. Un admirable cycle de fresques du milieu du 15e s. de Benozzo Gozzoli recouvre le chœur retraçant les épisodes de la vie de saint Augustin. Beau cloître fleuri. Le couvent accueille toujours une communauté augustinienne.

Piazza Sant'Agostino, 10 (de la Porta San Matteo, prendre la via Cellolese pour rejoindre la place) ⏲ Jan.-mars : lun. 16h-18h, mar.-dim. 10h-12h et 15h-18h ; avr.-oct. : tlj. 10h-12h et 15h-19h ; nov.-déc. : tlj. 10h-12h et 15h-18h

LES ENVIRONS DE SAN GIMIGNANO

La patrie de Boccace

Certaldo Alto

Avec ses palais et ses maisons-tours de brique rose, ce bourg perché et fortifié a tout d'un San Gimignano en miniature. Relié à la ville basse par un funiculaire, le village est traversé par l'étroite via Boccaccio. Dans cette ruelle du 14e s., ne manquez pas la Casa Boccaccio, maison natale de l'écrivain Boccace (1313-1375), qu'il occupa de 1363 à sa mort, et qui fut reconstruite après la Seconde Guerre mondiale. Le petit musée conserve, notamment, différentes éditions du *Décaméron*. Un peu plus haut sur la gauche s'élève Santi Jacopo e Filippo, église du 13e s. où Boccace repose sous une dalle de marbre de la nef. Le cloître attenant donne accès à un petit musée d'art sacré. Au bout de la rue trône le Palazzo Pretorio, dont la façade porte les armoiries de ses occupants successifs. Vous visiterez différentes salles ornées de fresques des 15e-16e s., des prisons et les appartements du vicaire (1er étage). Sa loggia communique avec l'église Santi Tommaso e Prospero (14e s.), où vous pourrez admirer le *Tabernacle des exécutés* peint par Benozzo Gozzoli (1464).

13km au nord de San Gimignano **Casa del Boccaccio** Via Boccaccio, 18 ☎ 0571 66 12 65 www.casaboccaccio.it ⏲ Avr.-oct. : tlj. 9h30-13h30 et 14h30-19h ; nov.-mars : mer.-lun. 9h30-13h30 et 14h30-16h30 € 4€ Billet combiné (avec Palazzo Pretorio et Museo d'Arte Sacra) 5€ **Santi Jacopo e Filippo** ⏲ Avr.-sept. : mar.-dim. et j. fér. 9h-18h ; oct.-mars : mar.-dim. 9h-16h30 **Museo d'Arte Sacra** ⏲ Avr.-sept. : mar.-dim. 10h-17h ; oct.-mars : mar.-dim. 10h-16h30 **Palazzo Pretorio** Piazzetta del Vicariato, 4 ⏲ Nov.-mars : mer.-lun. 10h-13h et 14h30-16h30 ; avr.-oct. : tlj. 10h-13h et 14h30-19h

Une petite Jérusalem

Gerusalemme di San Vivaldo

Le site boisé de San Vivaldo honore la mémoire d'un ermite du 14e s., entretenue après sa mort par une congrégation de franciscains. Au début du 16e s., les moines édifièrent une trentaine de chapelles évoquant les Lieux saints de Jérusalem. Se rendre à San Vivaldo valait ainsi une indulgence, au même titre qu'un pèlerinage en Terre sainte ! Seuls demeurent 17 de ces édicules, reproduisant des scènes de la Passion à l'aide d'expressives statues en terre cuite peintes, à la manière des Della Robbia.

San Vivaldo (17km au nord-ouest de San Gimignano) ☎ 0571 69 92 67 ⏲ Avr.-oct. : lun.-sam. 15h-19h, dim. et j. fér. 10h-19h ; nov.-mars : tlj. 14h-17h € 5€

À FAIRE

Goûtez la Vernaccia di San Gimignano

La Vernaccia di San Gimignano est un vin blanc sec aux notes florales, jadis apprécié des papes... et de Michel-Ange ! Produit depuis le 13e s. autour de San Gimignano, à partir du cépage vernaccia, il a obtenu en 1993 la *Denominazione di Origine Controllata e Garantita* (équivalent de notre Appellation d'origine protégée), et sa notoriété ne cesse de croître. Une Strada del Vino Vernaccia di San Gimignano (15km) a été tracée autour de la bourgade, et l'office de tourisme local organise des visites-dégustations du vignoble.

Associazione Pro Loco Piazza del Duomo, 1 ☎ 0577 94 00 08 www.sangimignano.com www.vernaccia.it

COULEUR LOCALE

Jadis, fêtes et tournois médiévaux se déroulaient piazza della Cisterna. Le lieu retrouve sa fonction originelle lors des **Fiere delle Messi** (la fête des Moissons, le 3e w.-e. de juin), dont la première édition date de 1258. Chants, danses et défilé de cavaliers sont au programme !

☎ www.sangimignano.com

Profitez de l'été culturel et gourmand de San Gimignano

Accade d'estate

San Gimignano, l'été, vit au rythme de l'opéra, des concerts de musique classique, de jazz, du cinéma, du théâtre, du ballet, de grands marchés...

☎ www.sangimignano.com Juin-sept.

Calici di Stelle

Dans les jardins de la Rocca, de 21h à minuit, venez découvrir une vingtaine de vins locaux.

Rocca di Montestaffoli Le 10 août

NOS ADRESSES

PAUSES

Des glaces maison

Gelateria Dondoli

Le meilleur glacier de la ville se mesure-t-il à la longueur de sa file d'attente ? Il semblerait que oui ! Ils sont des centaines chaque jour à jouer des coudes pour goûter aux glaces artisanales de Sergio Dondoli. Quelques spécialités saisonnières, telles que les glaces framboise et romarin ou mûre et lavande (juillet-août) et le sorbet au moût de sangiovese (du 15 sept. au 1er oct.). Pot de 2 parfums 2,50€ - 3 parfums 3,50€.

SAN GIMIGNANO Piazza della Cisterna, 4
☎ 0577 94 22 44 www.gelateriadondoli.com
Avr.-sept. : tlj. 9h-0h ; oct.-mi-déc., mi-fév.-mars : tlj. 9h-19h

Gelateria Dondoli

Bar à vin

Enoteca Gustavo ♥

En descendant la via San Matteo, ne résistez pas au plaisir de vous installer à l'une des deux petites tables posées sur le pavé. Cette sympathique œnothèque propose une vingtaine de crus des environs à déguster au verre. Assiettes de charcuterie et fromages, *bruschette* et desserts pour accompagner le vin.

SAN GIMIGNANO Via San Matteo, 29
0577 94 00 57 Été : tlj. 9h-21h ; hiver : mer.-lun. 10h30-20h

RESTAURANTS

Comme à la *casa*

Osteria delle Catene €€

Un peu à l'écart des sentiers touristiques, cette *osteria* est fréquentée par des habitués. Sous des voûtes en brique ou en terrasse, vous déguster une sélection de *salumi toscani*, suivis d'une traditionnelle *ribollita*

LA RECETTE

CROSTINI TOSCANI

Chaque famille toscane possède sa recette de toasts aux foies de volaille, servis en antipasto.

Pour 4 pers.

4 foies de volaille
Quelques brins de persil
30g de beurre
2 anchois au sel
1 c. à s. de câpres au sel
1 c. à s. de farine
2 c. à s. d'eau

Mettez les câpres à dessaler. Lavez et coupez finement les foies au couteau avec le persil, puis hachez les câpres et les anchois. Faites revenir les foies au beurre puis le mélange câpres et anchois. Poivrez. Ajoutez la farine déliée dans l'eau, mélangez et faites cuire quelques minutes. Grillez du pain et étalez la crème sur les toasts.

et d'un ragoût de sanglier. En dessert, délicieux gâteau aux pommes et au safran. *Primi* 10-13€, *secondi* 14-16€.

SAN GIMIGNANO Via Mainardi, 18
0577 94 19 66 www.osteriadellecatene.it
Mars-sept. : jeu.-mar. 12h-14h et 19h-21h (fermé dim. soir oct.-début jan.)

Tables en marbre
Osteria del Carcere €€

La grande sélection de charcuteries, de fromages et de salades permet de déjeuner légèrement et à prix modérés. Pour un repas plus consistant, n'hésitez pas à tester les plats chauds, dont d'excellentes soupes cuisinées par Elena à partir, le plus souvent, de produits biologiques. Repas 25-30€.

SAN GIMIGNANO Via del Castello, 13 (à deux pas de la piazza della Cisterna) 0577 94 19 05 Avr.-début jan. : ven.-mar. 12h30-15h et 19h30-22h, jeu. 19h30-22h (fermé jeu. soir déc.- début jan.)

Scénographique
Le Vecchie Mura ♥€€

Vous goûterez ici aux incontournables de la cuisine toscane, dont les fameux *pici* de San Gimignano (épais spaghettis faits à la main) ou le sanglier à la Vernaccia. Le dîner est servi dans une élégante salle voûtée en croisée d'ogives parsemée de tables et de bancs en bois façon "taverne". En été, l'agréable terrasse arborée domine la vallée et les murailles. Repas 25-30€.

SAN GIMIGNANO Via Piandornella, 15
0577 94 02 70 www.vecchiemura.it
Avr.-oct. : mer.-lun. 18h-22h

Ethnocuisine
Ristorante Dorandò €€€

Le chef Duccio Ferri s'est plongé dans les écrits anciens et a sélectionné quelques recettes d'inspirations étrusque, médiévale et Renaissance qu'il a adaptées à nos papilles. Quel meilleur cadre que des caves du 14e s. pour déguster ces millénaires d'histoire culinaire ? Chaque plat est préparé à la commande, prévoyez du temps pour un repas. Repas 35-60€.

SAN GIMIGNANO Vicolo dell'Oro, 2
0577 94 18 62 www.ristorantedorando.it
Pâques-oct. : tlj. 12h-14h30 et 19h-21h30 ; nov.-Pâques : mar.-dim. 12h-14h30 et 19h-21h30 (fermé 15 nov.-déc. et début jan.-début fév.)

Le meilleur du terroir toscan
Fattoria Poggio Alloro €€

Pour admirer pleinement la silhouette de San Gimignano, sortez de la cité et attablez-vous sur la terrasse de cet *agriturismo*, où l'on régalera vos yeux mais aussi vos papilles. La ferme produit huile, vin, safran, miel et viande de bœuf Chianina... Les pâtes sont maison, les fruits et légumes bio et l'accueil est adorable. Menu à 30€ le midi et de 36 à 45€ le soir. Réservation impérative !

SAN GIMIGNANO Via Sant'Andrea, 23 (4km au nord-est de San Gimignano dir. Ulignano. Tourner à droite au panneau "Casaglia/Remignoli") 0577 95 01 53 www.fattoriapoggioalloro.com Mer.-lun. 12h-14h et 19h-22h Ouvert tlj. en août.

Venaisons au faîte
Osteria San Vivaldo €

Le patron vous proposera de délicieuses pâtes sauce au sanglier, du lapin chasseur ou des côtelettes de *cinta senese* – et une *bistecca alla fiorentina* pour les plus voraces... Et il ne vous laissera pas partir sans un petit dessert, ne serait-ce que des *cantucci* à tremper dans un verre de *vin santo*. Grandes tablées animées le dimanche. Comptez 20-25€ le repas.

MONTAIONE Via San Vivaldo, 21 (7km au nord de San Vivaldo) 0571 692 64 Mars-jan. : lun. et mer.-sam. 12h-14h et 19h30-22h, dim. et j. fér. 13h-15h et 19h30-22h

Sienne et Arezzo sont séparées par le verdoyant et ondoyant Val di Chiana. Toutes deux se dresse sur une colline, Sienne privée d'un cours d'eau – chose rare pour une cité –, Arezzo cernée par la chaîne des Apennins. Freinées dans leur ascension par Florence et demeurées telles qu'au Moyen Âge et à la Renaissance, parées de joyaux, ce sont aussi des villes vivantes et pleines de charme !

Sienne, Arezzo

Val d'Orcia

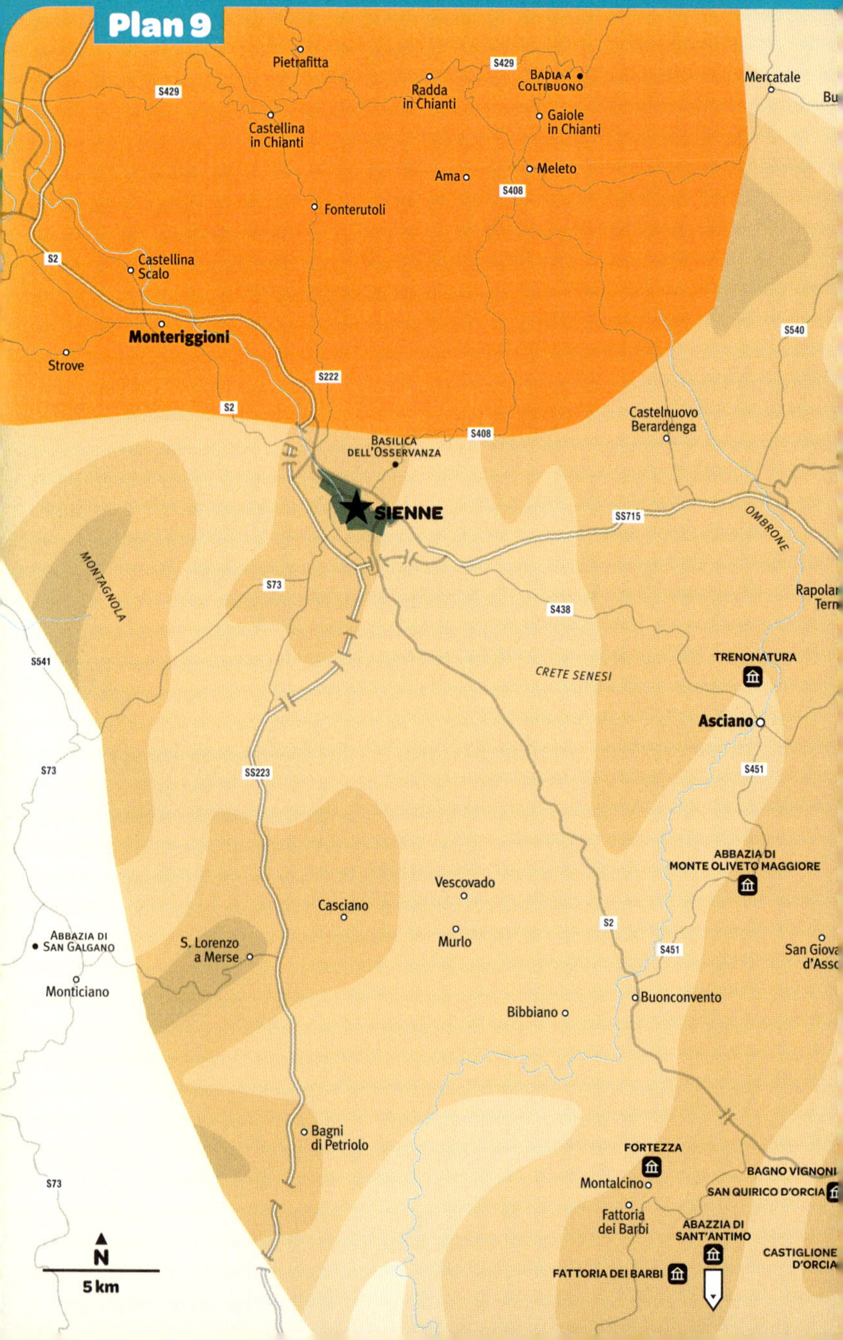
Plan 9
Pietrafitta
S429
Radda in Chianti
S429
Badia a Coltibuono
Mercatale
Castellina in Chianti
Gaiole in Chianti
Ama
Meleto
S408
Fonterutoli
S2
Castellina Scalo
Monteriggioni
Strove
S222
S2
S540
Castelnuovo Berardenga
Basilica dell'Osservanza
S408
SIENNE
SS715
Ombrone
Montagnola
S73
S438
Rapolano Terme
Crete Senesi
Trenonatura
S541
Asciano
S73
SS223
S451
Abbazia di Monte Oliveto Maggiore
Vescovado
Casciano
S2
Murlo
Abbazia di San Galgano
S. Lorenzo a Merse
S451
Monticiano
Buonconvento
Bibbiano
Bagni di Petriolo
Fortezza
S73
Bagno Vignoni
Montalcino
San Quirico d'Orcia
Fattoria dei Barbi
Abazzia di Sant'Antimo
Castiglione d'Orcia
Fattoria dei Barbi
N
5 km

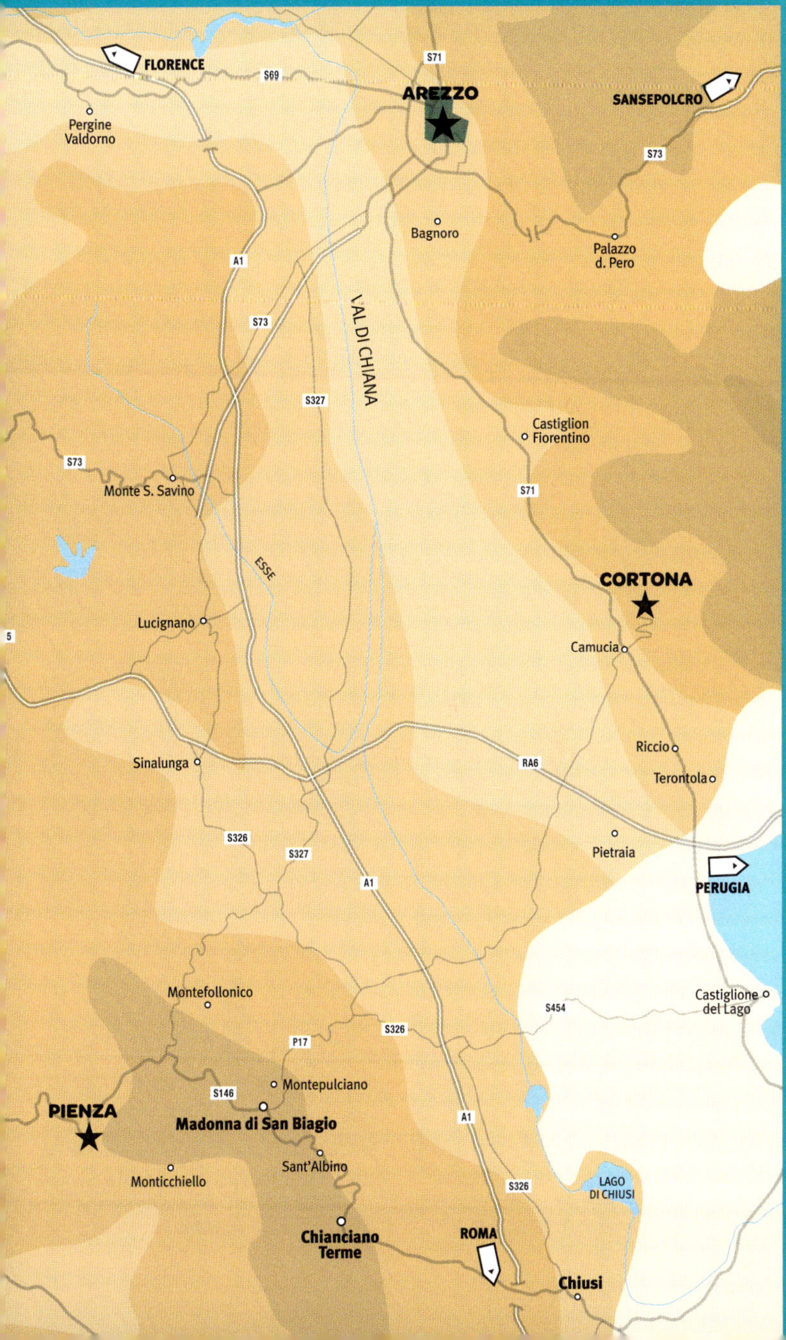
FLORENCE
S69
S71
AREZZO
SANSEPOLCRO
S73
Pergine
Valdorno
Bagnoro
Palazzo
d. Pero
A1
S73
VAL DI CHIANA
S327
Castiglion
Fiorentino
S73
Monte S. Savino
S71
ESSE
CORTONA
Lucignano
5
Camucia
Riccio
Sinalunga
RA6
Terontola
Pietraia
S326
S327
A1
PERUGIA
Montefollonico
Castiglione
del Lago
S454
S326
P17
Montepulciano
S146
PIENZA
Madonna di San Biagio
A1
Sant'Albino
Monticchiello
S326
LAGO
DI CHIUSI
Chianciano
Terme
ROMA
Chiusi

QUATRE BONNES RAISONS...

... de découvrir Sienne et ses somptueux alentours.

ON RETOURNE AUX SOURCES À Bagno Vignoni (p.175), la place principale s'ordonne autour d'une piscine thermale du 16e s. !

ON SE DIT QUE " LA VIE EST BELLE " en foulant les pavés de la Piazza Grande d'Arezzo (p.180).

ON NE RESTE PAS DE MARBRE devant la sublime cathédrale de Sienne (p.167)...

ON FAIT DU SLALOM ENTRE LES CYPRÈS de l'emblématique Val d'Orcia (p.170). Ses routes sinueuses bordées de conifères sont réputées dans le monde entier !

RENDEZ-VOUS AVEC...

Michele Seppia entretient un lien fort avec Arezzo, sa ville natale. Passionné par le beau sous toutes ses formes, il y a ouvert une galerie, la Nero Design Gallery, où il présente de magnifiques objets de design du 20e s. comme des créations exclusives de jeunes artistes prometteurs.

Mon péché mignon

A Pasticceria Bruschi

Je me rends à la pâtisserie Bruschi, ouverte depuis 1937, dès que j'ai quelque chose à fêter. Leurs mille-feuilles sont un vrai délice ! Et je ne rate jamais la *treccia*, la brioche tressée du dimanche matin.

AREZZO Via di San Domenico, 42 0575 249 69 Mar.-sam. 7h-13h et 16h-19h, dim.-lun. 7h-13h

Mon bar à vins

B Terra di Piero

Je vais déjeuner dans cette petite œnothèque pour un repas rapide et de qualité. Cristiano, le sympathique propriétaire, me prépare par exemple un tartare de bœuf, et je me laisse souvent tenter par un verre de vin rouge. Je ne me lasse pas du civettaja, un pinot produit dans le Casentino, les collines d'Arezzo, qui n'a donné que 350 bouteilles. Cristiano a réussi à mettre la main sur quelques exemplaires... Un régal !

AREZZO Piazza San Francesco, 3 0575 33 31 82 Lun.-sam. 10h-1h

SI AREZZO ÉTAIT ...

Un parfum. Ce serait celui des cyprès des collines qui l'entourent. J'associe tout de suite la forme pure et raffinée de cet arbre à ma cité !

Mes objets patinés

C Luca Raspini

Luca Raspini est un des antiquaires les plus intéressants de la ville, je vais souvent dans sa boutique pour dénicher des trésors. Il a un talent inégalé pour composer ses vitrines. Événement phare d'Arezzo que j'apprécie particulièrement, la brocante du premier week-end de chaque mois (p.186) !

AREZZO Via Cavour, 18 0575 209 75 Lun.-sam. 10h-13h et 16h-19h Fiera Antiquaria di Arezzo www.fieraantiquaria.org 1er w.-e. de chaque mois

Autour de l'art

D Gerardo Radicati

Grand amateur d'art, je m'intéresse aussi naturellement à

Église Santa Maria della Pieve, Arezzo

MA BALADE PRÉFÉRÉE

Je ne me lasse pas du centre historique d'Arezzo (p.180). Il faut impérativement admirer les fresques de la basilique Saint-François, *Légende de la Sainte Croix*, puis se rendre à La Pieve, la plus ancienne église de la ville. Juste derrière, on tombe sur la Piazza Grande et sa loggia due à Vasari, un enfant d'Arezzo. À quelques pas de là, j'apprécie le Duomo, le Passeggio del Prato, un grand jardin public à la française, et l'église Saint-Dominique.

l'encadrement. Je recommande vivement la boutique de Gerardo Radicati, un passionné, qui achète et collectionne des cadres de toutes tailles et de différentes époques (du 18e au 20e s. principalement).

AREZZO Via Cavour, 28 ⏲ Lun.-sam. 10h-13h et 15h30-19h30 et 1er dim. du mois

Mon auberge

E Da Giovanna

Je vous conseille de sortir d'Arezzo pour vous asseoir à la table de cette *osteria* typique, située à 3,5km du centre-ville. Côté décoration, rien à signaler, mais l'assiette vaut le déplacement. Les pâtes au *ragù* de canard et les viandes saisies au feu de bois sont une merveille. Pour ma part, je choisis toujours les *gobbi rifatti*, des cardons frits et nappés de sauce tomate. Pour couronner le tout, le fils de la famille a été élu meilleur sommelier du monde !

AREZZO Via Anconetana, 164
📱 0575 36 01 53 ⏲ Lun. et mer.-sam. 12h-14h30 et 19h-22h, dim. 12h-14h

OÙ RETROUVER MICHELE SEPPIA

F Nero Design Gallery
AREZZO Piazza San Francesco, 5
📱 0575 182 24 84 www.nero-design.it
⏲ Mar.-sam. 10h-13h et 17h-19h30 et 1er dim. du mois

SIENNE ★

Ses remparts, ses maisons-tours et ses églises gothiques en brique lui ont valu le surnom de "Pompéi du Moyen Âge". C'est dire si Sienne (Siena) la rose est belle ! Et comment rester insensible à sa devise, inscrite au fronton de la Porta Camollia : "Sienne t'ouvre grand son cœur" ? Au sud vous attendent le vignoble de Montepulciano, Pienza, cité "idéale" de la Renaissance, et les mystères étrusques de Chiusi.

À VOIR

La grande rivale de Florence a vécu son apogée économique et artistique aux 13e-14e s., avant de passer sous le joug des Médicis, en 1555. Ses trésors gothiques, témoin de ce passé glorieux, ont valu au centre historique de Sienne un classement au patrimoine mondial de l'Unesco.

ACCÈS ET INFOS

- Sienne se trouve 77km au sud de Florence
- Liaison ferroviaire directe avec Florence. La gare est à 5min en bus du centre historique
- Accès en car de Florence avec la compagnie Tiemme. Arrivée piazza A. Gramsci (plan 10, A1). www.tiemmespa.it
- Centre-ville interdit aux voitures (sauf pour déposer ses bagages à l'hôtel, sur autorisation)
- Ufficio Turistico (plan 10, A3) Palazzo Berlinghieri Il Campo, 7 Mer. et ven.-lun. 9h-17h, mar. et jeu. 9h-13h et 15h-18h

AUTOUR DE LA PIAZZA DEL CAMPO

La "place-salon"

Piazza del Campo (plan 10, B3)

La place chère à tous les Siennois a-t-elle la forme d'une coquille Saint-Jacques ou celle d'un cadran solaire ? À vous de juger. Dominé par le Palazzo Pubblico et la Torre del Mangia (sublime panorama du haut de 400 marches), cet hémicycle légèrement incliné est le cœur battant de la ville, et c'est sous ses façades ocre rose qu'est disputée chaque année la course du Palio (p.166).

Torre del Mangia 0577 29 22 26 Mars-mi-oct. : tlj. 10h-19h (dernière entrée 18h15) ; mi-oct.-fév. : tlj. 10h-16h (dernière entrée 15h15) ; 1er jan. : 12h-16h Fermé 25 déc. 10€

Allégorie du bon gouvernement

Palazzo Pubblico – Museo Civico (plan 10, B3)

Élégance et sobriété caractérisent l'hôtel de ville, érigé à la fin du 13e s. Ce fleuron du gothique siennois a servi de modèle à la plupart des palais de la ville ! Sa façade ajourée, légèrement incurvée, en travertin clair pour sa partie basse et d'un ocre soutenu pour sa partie supérieure, est d'une grande légèreté. Le palais abrite le Museo Civico, mais vous accorderez surtout du temps à ses précieux cycles de fresques, dont *Les Effets du bon et du mauvais gouvernement*, du début du 14e s. Dans la Cappella dei Signori, remarquez, au-dessus de l'autel, la *Sainte Famille* (1530) du Sodoma.

À NE PAS MANQUER

- Piazza del Campo (Sienne)
- Palazzo Pubblico (Sienne)
- Duomo di Santa Maria Assunta (Sienne)
- Museo dell'Opera Metropolitana (Sienne)
- Pinacoteca Nazionale (Sienne)
- Abbazia di Sant'Antimo
- Pienza
- Montepulciano
- Chiusi

La Torre del Mangia vue du Palazzo Pubblico

Les Effets du bon et du mauvais gouvernement. Cette fresque d'Ambrogio Lorenzetti est un véritable traité didactique de bonne administration politique. Face aux fenêtres, admirez le mur illustrant la figure du Bon Gouvernement : un patriarche couronné à barbe blanche symbolisant la Justice est entouré par les quatre vertus cardinales (Force, Justice, Prudence et Tempérance), et par la Magnanimité et la Paix. À ses pieds, les jumeaux et la louve, symboles de Sienne. Regardez, sur le mur de droite, les effets produits par un bon gouvernement : un subtil équilibre entre loisir et travail en ville, et l'activité laborieuse de la campagne. Concentrez-vous ensuite, sur le mur de gauche, sur les terribles conséquences d'un mauvais gouvernement, personnifié par un tyran diabolique : insécurité, abandon des terres agricoles et des cultures.

Piazza del Campo 0577 29 22 32 Mi-mars-oct. : tlj. 10h-19h (dernière entrée 18h15) ; nov.-mi-mars : tlj. 10h-18h (dernière entrée 17h15) ; 1er jan. : 12h-18h € 10€

Voir et être vu

Via Banchi di Sopra (plan 10, B2)

C'est la rue que les Siennois arpentent, dans un sens puis dans l'autre, à l'heure de la *passeggiata* (en fin d'après-midi), en savourant une glace, une pâtisserie, ou simplement en saluant leurs connaissances.

IL ÉTAIT UNE FOIS

C'est à Sienne qu'a été fondée, en 1472, la plus vieille banque du monde encore en activité : **Monte dei Paschi di Siena**. Comme son nom l'indique, il s'agissait à l'origine d'un mont-de-piété créé par les magistrats de la ville pour venir en aide aux nécessiteux.

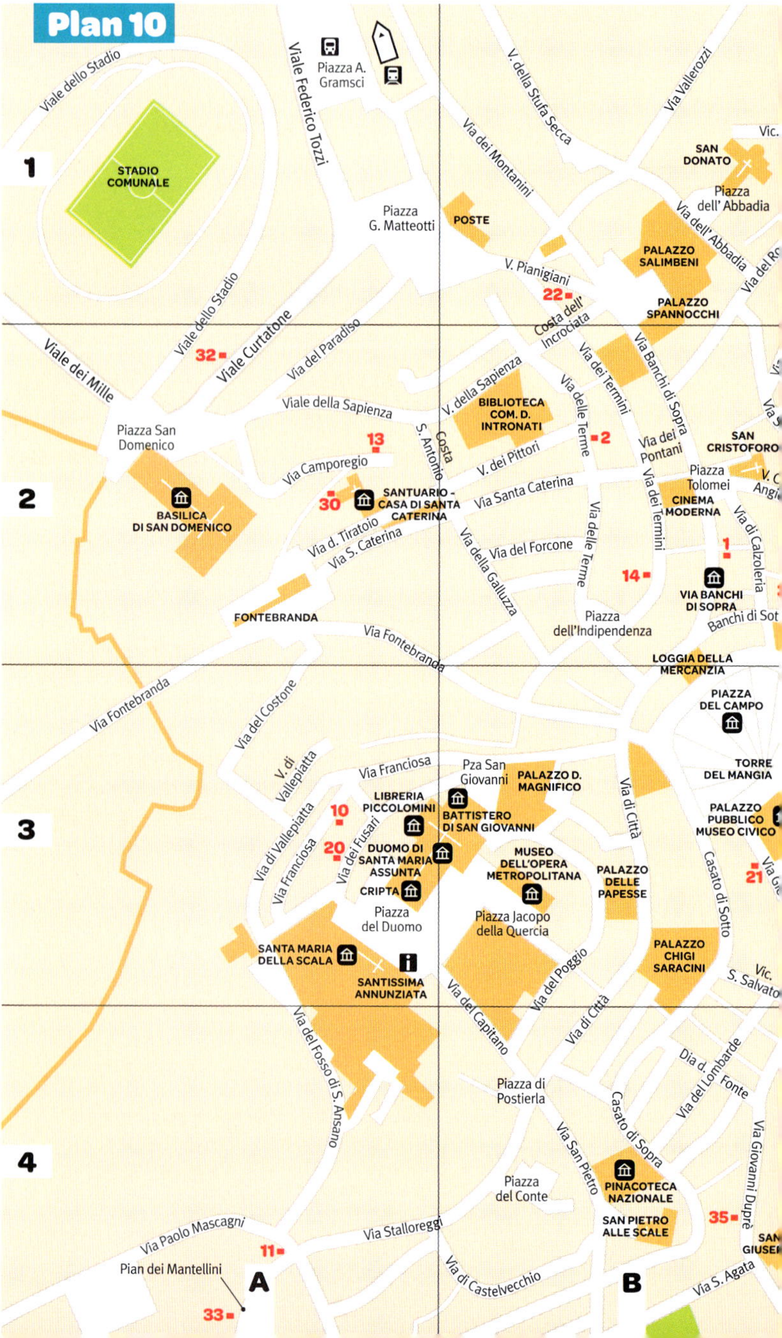
Plan 10
Viale dello Stadio
STADIO COMUNALE
Viale Federico Tozzi
Piazza A. Gramsci
V. della Stufa Secca
Via Vallerozzi
Via dei Montanini
Vic.
SAN DONATO
Piazza dell' Abbadia
Via dell' Abbadia
Piazza G. Matteotti
POSTE
PALAZZO SALIMBENI
V. Pianigiani
22
PALAZZO SPANNOCCHI
Costa dell' Incrociata
Viale dello Stadio
Viale Curtatone
32
Viale dei Mille
Via del Paradiso
Viale della Sapienza
V. della Sapienza
BIBLIOTECA COM. D. INTRONATI
Via dei Termini
Via delle Terme
Via Banchi di Sopra
2
Via dei Pontani
SAN CRISTOFORO
Piazza San Domenico
13
Via Camporegio
S. Antonio
Costa
V. dei Pittori
Piazza Tolomei
CINEMA MODERNA
Via dei Termini
Via di Calzoleria
BASILICA DI SAN DOMENICO
30
SANTUARIO - CASA DI SANTA CATERINA
Via Santa Caterina
Via d. Tiratoio
Via S. Caterina
Via della Galluzza
Via del Forcone
Via delle Terme
1
14
VIA BANCHI DI SOPRA
FONTEBRANDA
Via Fontebranda
Piazza dell'Indipendenza
Banchi di Sot
LOGGIA DELLA MERCANZIA
PIAZZA DEL CAMPO
Via Fontebranda
Via del Costone
V. di Vallepiatta
Via Franciosa
Pza San Giovanni
PALAZZO D. MAGNIFICO
TORRE DEL MANGIA
LIBRERIA PICCOLOMINI
BATTISTERO DI SAN GIOVANNI
Via di Città
PALAZZO PUBBLICO MUSEO CIVICO
10
Via di Vallepiatta
Via Franciosa
20
Via dei Fusari
DUOMO DI SANTA MARIA ASSUNTA
MUSEO DELL'OPERA METROPOLITANA
PALAZZO DELLE PAPESSE
Casato di Sotto
21
CRIPTA
Piazza del Duomo
Piazza Jacopo della Quercia
PALAZZO CHIGI SARACINI
SANTA MARIA DELLA SCALA
SANTISSIMA ANNUNZIATA
Via del Poggio
Vic. S. Salvatore
Via del Capitano
Via di Città
Via del Fosso di S. Ansano
Dia d. Fonte
Via del Lombarde
Piazza di Postierla
Casato di Sopra
Via San Pietro
Via Giovanni Duprè
PINACOTECA NAZIONALE
Piazza del Conte
35
SAN PIETRO ALLE SCALE
Via Paolo Mascagni
Via Stalloreggi
11
Pian dei Mantellini
Via di Castelvecchio
Via S. Agata
33
1
2
3
4
A
B

Pauses (n°1 à 3)
- *1* Nannini - *p.176* B2
- *2* Osteria Vinaio da Trombicche - *p.176* B2
- *3* Tea-Room - *p.176*............. C3

Restaurants (n°10 à 14)
- *10* Antica Osteria da Divo - *p.177* A3
- *14* Enoteca I Terzi - *p.177*........ B2
- *11* Osteria "Nonna Gina" di Lella e Dado - *p.177*........ A4
- *12* Osteria Le Logge - *p.177*...... C3
- *13* Ristorante Pizzeria di Nonno Mede - *p.177* A2

Shopping (n°20 à 22)
- *20* Bianco e Nero - *p.179* A3
- *22* Consorzio Agrario Siena - *p.179*.................... B1
- *21* La Nuova Pasticceria - *p.179*. B3

Hébergements (n°30 à 35)
- *30* Albergo Bernini - *p.230*....... A2
- *31* Albergo Tre Donzelle - *p.230* C2
- *32* Hotel Chiusarelli - *p.229* A2
- *33* Pensione Palazzo Ravizza - *p.230*................ A4
- *34* Piccolo Hotel Etruria - *p.230* B2
- *35* Residenza d'Epoca Il Casato - *p.230* B4

LE PALIO

Sienne est indissociable du Palio. Cette course d'à peine 1min30 est disputée deux fois l'an (le 2 juillet et le 16 août) par dix cavaliers galopant à cru autour du Campo à une vitesse vertigineuse, et dans la fièvre générale. Ces festivités dédiées à la Vierge commencent, une vingtaine de jours avant la course, par le tirage au sort des dix *contrade* (quartiers historiques) qui y participeront, suivi par celui des chevaux trois jours avant la date fatidique. Des courses d'essai ont ensuite lieu tous les matins. La veille du Palio, chaque *contrada* organise un banquet, et ses membres élaborent une stratégie de la victoire. Le jour J, à 8h, l'archevêque célèbre une messe piazza del Campo. Vers 15h, dans chaque *contrada*, on bénit la cavale et son cavalier. Vers 17h (16h en août), le long cortège costumé (*corteo storico*) s'ébranle, fermé par un char portant le trophée : un étendard en soie, ou *palio*, aux armes de Sienne. Peu avant 19h, le départ de la course est donné. Trois tours de piste, comprenant chacun deux virages fort dangereux, où il n'est pas rare que des cavaliers soient désarçonnés... mais ce n'est pas grave, c'est le cheval le vainqueur ! Le *palio* est alors rapporté en triomphe jusqu'à la *contrada* victorieuse. Attention, les supporters (*contradaioli*) vivent ces moments avec passion, ne les importunez pas.

Pendant le Palio

AUTOUR DU DUOMO

L'art au service du pouvoir spirituel

Duomo di Santa Maria Assunta (plan 10, A3)

Admirez d'abord la cathédrale de l'extérieur : les rayures de sa façade, le ciselé des sculptures de Giovanni Pisano, toutes gothiques. Puis regardez les bâtiments alentour. En 1339, la ville voulait faire du Duomo le plus vaste édifice de la chrétienté ! Les travaux furent interrompus par l'épidémie de peste de 1348, mais il reste quelques témoins de ce projet fou, comme les colonnes à ciel ouvert et la façade inachevée, ou Facciatone, accessible par le Museo dell'Opera Metropolitana (p.168). Une fois entré, où donner de la tête ? Au sol, pour s'émerveiller devant l'exceptionnel pavement en marqueterie de marbre (1369-1547) ? Ou en levant les yeux vers la voûte étoilée ?

Visite Du plafond, 171 têtes de papes en pierre semblent vous observer. Dirigez-vous à droite, vers la Cappella della Madonna del Voto, du baroque Bernin (17e s.). En face, la Cappella di San Giovanni Battista (1482) renferme la relique du bras de saint Jean-Baptiste, une statue du même saint par Donatello, et huit admirables fresques (1501-1504) du Pinturicchio (qui participa avec le Pérugin au décor de la chapelle Sixtine). Ne manquez pas la remarquable chaire (13e s.) en marbre blanc de Nicola Pisano, puis pénétrez dans le chœur, pour voir les anges (1550) de Beccafumi et ses fresques de l'abside. Les dossiers des stalles vous raviront avec leurs marqueteries des 14e et 16e s.

Piazza del Duomo 0577 28 30 48 www.operaduomo.siena.it Mars-nov. : lun.-ven. 10h30-19h, dim. 13h30-18h, sam. 10h30-18h ; nov.-fév. : lun.-sam. 10h30-17h30, dim. et j. fér. 13h30-17h30 ; 26 déc.-6 jan. : lun.-ven. 10h30-18h, dim. et j. fér. 13h30-17h30, sam. 10h30-17h30 Fermé dim. pendant les messes € 5€ (8€ mi-août-oct., gratuit nov.-Noël et 7 jan.-fév.) Avec OPA SI Pass 8-15€

BON À SAVOIR

Plusieurs Pass permettent de visiter le complexe du Duomo.
OPA SI Pass : Duomo, Libreria Piccolomini, Cripta, Battistero, Museo dell'Opera Metropolitana
Porta del Cielo : OPA SI Pass + accès à la coupole et aux toits du Duomo
Acropoli Pass : OPA SI Pass + Santa Maria della Scala

0577 28 63 00 www.operaduomo.siena.it

Finesse d'enlumineur

Libreria Piccolomini (plan 10, A3)

Ressortez du Duomo et dirigez-vous vers la bibliothèque de Pie II. Le Pinturicchio a entièrement décoré les murs de fresques narrant des scènes de la vie du pape. Il y a mis tant d'élégance, de détails et de vivacité, que l'on dirait une gravure de mode en grand format sur le Cinquecento. Au centre trône le groupe des Tre Grazie (Trois Grâces), sculpture romaine du 3e s.

Piazza del Duomo 0577 28 63 00 www.operaduomo.siena.it Même horaires que le Duomo € Entrée comprise dans celle du Duomo

Voyage dans le monde des couleurs

Cripta (plan 10, A3)

La crypte (redécouverte seulement en 1999, et que l'on aperçoit à travers une dalle en plexiglas) est décorée de fresques de la seconde moitié du 13e s., remarquablement conservées et colorées. Pour la visiter, entrez par la droite de la cathédrale.

Piazza del Duomo 0577 28 63 00 www.operaduomo.siena.it Même horaires que le Duomo Entrée comprise dans celle du Duomo

Leçon d'histoire de l'art

Museo dell'Opera Metropolitana (plan 10, B3)

Pour contempler les œuvres du Duomo de près, comme personne à l'origine n'était censé les voir ! Au rez-de-chaussée, vous serez accueilli par une superbe *Madone du Pardon* en marbre de Donatello (1458). Mais surtout, vous aurez la chance d'admirer les statues (fin 13e s.) de Giovanni Pisano, prévues pour la façade de la cathédrale. Prophètes, sages de l'Antiquité et sibylles dégagent une puissance et une expressivité qui font songer à l'art moderne. N'oubliez pas qu'ils étaient sculptés pour être vus de loin, et d'en bas. Vous pourrez aussi apprécier le vitrail original (1288) du chœur de la cathédrale.

Premier étage L'étage vous réserve une pièce maîtresse : la *Maestà* de Duccio di Buoninsegna (env. 1260-1318). Ce dernier, reconnu comme le plus grand peintre siennois de l'époque, a marqué l'évolution du style gothique en Europe, et ses Vierges ont servi de modèle à des générations d'artistes. Cette Vierge en majesté occupe le centre d'un grand retable peint sur ses deux faces, dont certains panneaux, démontés, font partie de collections à Londres et à New York. Dans un chatoiement d'ors, la souplesse des gestes marque une première distance par rapport à l'art byzantin. Enfin, ne manquez pas, au fond de la salle 2, de prendre la direction du Facciatone, la façade inachevée du Duomo Nuovo, d'où vous profiterez d'un panorama vertigineux sur la ville.

Piazza Jacopo della Quercia 0577 28 63 00 www.operaduomo.siena.it Mars-mi-avr. : tlj. 10h30-19h30 ; mi-avr.-oct. : tlj. 10h-19h ; nov.-fév. : tlj. 10h30-17h30 8-15€

SUR LES TRACES DE...

Avec leur tête inclinée coiffée d'un bandeau blanc, leur manteau bleu nuit bordé d'or, leur expression pleine de douceur et leurs yeux effilés, les **Vierges de Duccio di Buoninsegna**, dit il Duccio, influencent ses contemporains. Il incarne l'école siennoise de peinture, notable pour son souci de la narration, ses choix de couleurs et son sens de la ligne.

Tout est dans le détail

Battistero di San Giovanni (plan 10, B3)

Le baptistère (1316-1325), logé telle une crypte sous la cathédrale, possède toutes les caractéristiques extérieures d'une église. À l'intérieur, admirez les fresques peintes sur les voûtes par Lorenzo di Pietro, dit Vecchietta, vers 1450. Les fonts baptismaux ont été sculptés par Jacopo della Quercia, le jeune

Donatello et Lorenzo Ghiberti. Le panneau de Donatello représentant *Le Festin d'Hérode* (1427) impressionne par son traitement de la perspective.

Piazza San Giovanni 0577 28 63 00 www.operaduomo.siena.it Mars-oct. : tlj. 10h30-19h ; nov.-fév. : tlj. 10h30-17h30

Vitrail de Duccio di Buoninsegna, Museo dell'Opera Metropolitana

Une ronde de musées

Santa Maria della Scala-SMS (plan 10, A3)

Immense ! Après avoir recueilli et soigné dès le 10e s. pèlerins, nécessiteux et enfants abandonnés, puis vu naître bien des Siennois, le monumental hôpital a été reconverti à la fin des années 1990 en un complexe muséal de 14 000m^2. Il héberge ainsi le riche trésor de Santa Maria della Scala, un musée archéologique et une exposition consacrée à l'histoire de la ville, le centre d'art contemporain SMS Contemporanea, le Museo d'Arte per Bambini qui propose des ateliers aux enfants... et accueille des expositions temporaires. La salle la plus surprenante est l'ancienne infirmerie dite Sala del Pellegrinaio, où un cycle de fresques dépeint la vie quotidienne de l'hospice au 15e s. Le personnage vêtu de noir qui figure dans toutes les scènes est le recteur Giovanni Buzzichelli, commanditaire de l'œuvre. Au sous-sol sont exposés les panneaux de marbre originaux de la Fonte Gaia (ceux de la piazza del Campo sont des copies).

Piazza del Duomo, 1 0577 28 63 00 (call center) www.santamariadellascala.com Mars-oct. : tlj. 10h30-18h ; nov.-fév. : mer.-lun. 10h30-17h (les horaires peuvent varier ponctuellement, en particulier ceux des activités du Museo d'Arte per Bambini) 9€

DRÔLE D'AFFAIRE

Sienne abrite un étonnant bestiaire. Levez le nez, et vous verrez des panthères, des hérissons ou encore des éléphants. Aux mascottes des 17 ***contrade*** – "paroisses", quartiers de la cité médiévale – s'ajoute la louve, emblème de la ville. Celle-ci aurait été fondée par Senio et Asciano, alors qu'ils fuyaient Rome et leur oncle Romulus.

QUARTIERS PÉRIPHÉRIQUES

Sublime écrin pour primitifs italiens

Pinacoteca Nazionale (plan 10, B4)

Le palais Buonsignori renferme d'inestimables trésors de la peinture siennoise des 14e et 15e s. L'occasion de vous familiariser avec l'œuvre des “primitifs” siennois comme Guido da Siena, Duccio di Buoninsegna, Simone Martini et les frères Lorenzetti, et d'observer le passage de la manière byzantine à plus de naturel, de douceur et de grâce. Au premier étage, arrêtez-vous devant les peintures de Beccafumi (1486-1551), aux audacieux dégradés de couleurs. Du même artiste, découvrez les cartons réalisés pour les pavements en marbre du Duomo. Les peintures de son maître, le Sodoma (1477-1549), sont plus retenues, mais d'une indéniable beauté plastique, tels le *Christ à la colonne* et sa célèbre *Déposition de Croix*. Au dernier étage, la collection Spannocchi (généralement fermée au public) regroupe des œuvres italiennes et étrangères des 16e et 17e s.

Palazzo Buonsignori Via di San Pietro, 29 0577 28 11 61 pinacotecanazionale.siena.it Lun. 9h-13h, mar.-sam. 8h15-19h15, dim. 9h-13h 8€

Le lieu de l'extase

Basilica di San Domenico (plan 10, A2)

Cette imposante basilique dominicaine de briques rouges fait contrepoids au Duomo, de l'autre côté de la vallée. Elle est étroitement liée à la vie de sainte Catherine de Sienne. Commencez la visite, à droite de l'entrée, par la Cappella delle Volte. Vous apercevrez, derrière une vitre, la seule représentation vraisemblablement fidèle de la sainte, car effectuée de son vivant, vers 1375. Plus spectaculaire, la Cappella di Santa Caterina abrite un tabernacle en marbre (15e s.) contenant la tête de la sainte. De part et d'autre, deux fresques du Sodoma, *L'Évanouissement de la sainte* et *L'Extase de la sainte* (1526) retracent des épisodes de sa vie. À voir également, du même artiste, la *Décapitation de Niccolò di Tuldo*.

Piazza San Domenico 0577 28 68 48 www.basilicacateriniana.com Mars-oct. : tlj. 7h-18h30 ; nov.-fév. : tlj. 8h30-18h

SUR LES TRACES DE...

Née à Sienne en 1347, **sainte Catherine** endosse l'habit des clarisses à 16 ans, dix ans après sa première vision. Cette mystique sujette à maintes extases et stigmates exerce une grande influence sur la papauté. Ses écrits lui vaudront d'être la première femme déclarée docteur de l'Église en 1970. Visitez sa maison-sanctuaire.

(plan 10, A2) Vicolo del Tiratoio, 8 0577 28 08 01 Tlj. 9h-12h et 15h-17h30

LES ENVIRONS DE SIENNE

La campagne siennoise est celle des films et cartes postales : de douces collines soulignées de haies de cyprès, des champs de vigne et de céréales ponctués de villages médiévaux... Et pour veiller sur toutes ces richesses, des abbayes et des forteresses millénaires ! Pienza et le Val d'Orcia, au sud de Sienne, ont même été classés au patrimoine mondial par l'Unesco. Réservez au moins une nuit dans un *agriturismo* de la région.

Pour les fresques du Sodoma

Abbazia di Monte Oliveto Maggiore

Dans un écrin de chênes et de cyprès, cette abbaye domine toute la région des Crete Senesi. Fondée en 1313 par Bernardo Giovanni Tolomei (1272-1348), fils d'une riche famille viennoise, qui à l'âge de quarante ans se retira là en ermite, la congrégation monastique des Olivétains joua un rôle déterminant dans le développement de l'agriculture de la région. L'institution s'est rapidement enrichie et a investi dans la construction d'un somptueux monastère. Il faut franchir un pont-levis pour apercevoir son église, une grande structure en brique plutôt austère, à l'intérieur lumineux. Elle renferme deux chefs-d'œuvre du Sodoma, *Jésus portant la croix* et *La Flagellation de Jésus*. Mais c'est dans son grand cloître que vous attend le clou de la visite : 35 fresques réalisées par le Sodoma et Luca Signarelli évoquant la vie de saint Benoît. Ces scènes renseignent aussi sur la vie quotidienne des moines et comportent de mémorables figures diaboliques. Si vous le pouvez, venez à l'heure de la messe, qu'animent des chants grégoriens, à 18h15 (dim. 11h et 18h30).

Chiusure (30km au sud-est de Sienne) 0577 70 76 11 www.monteolivetomaggiore.it
Été : tlj. 9h-12h15 et 15h-18h ; hiver : tlj. 9h15-12h et 15h15-17h

> **COULEUR LOCALE**
> Qu'appelle-t-on les **Crete Senesi** ? Les collines qui moutonnent au sud-est de Sienne, et que Lorenzetti a peintes dans sa fresque du *Bon Gouvernement* (p.162). Un décor lunaire de collines grises, érodées et piquetées de cyprès, que les cultures céréalières couvrent, au printemps, d'un tapis vert tendre.

Champ de coquelicots près de Pienza

La citadelle du bon vin

Montalcino

Suspendue à flanc de colline, Montalcino se repère à sa forteresse aux tours crénelées et à ses remparts du 13e s. Si ce Monte Ilcinus, le “mont aux chênes verts”, est surtout célèbre pour son brunello, un des plus grands vins italiens, vous découvrirez que sa forteresse accueillit les exilés siennois après la capitulation de leur ville en 1555. Renforcés de tours d’angle, cernés par un long chemin de garde et garnis de mâchicoulis, ces murs se referment sur une vaste cour intérieure qui, en été, accueille des concerts et des pièces de théâtre à ciel ouvert. Et le donjon abrite un bar à vins !

44km au sud de Sienne **Fortezza** Piazzale Fortezza 0577 84 92 11 Mai-sept. : tlj. 9h-19h30 ; oct.-avr. : tlj. 9h30-17h30 4€ **Enoteca La Fortezza di Montalcino** www.enotecalafortezza.com Mai-sept. : tlj. 9h-20h ; oct.-avr. : tlj. 9h30-18h

Splendeurs romanes

Abbazia di Sant’Antimo

L’une des plus belles églises romanes d’Italie, une pure merveille, s’abrite dans un vallon enchanteur planté de cyprès, au pied du village de Castelnuovo dell’Abate. Elle a été bâtie au 12e s. L’abbaye fondée selon la légende par la volonté de Charlemagne vers 780 et aujourd’hui disparue, était alors l’une des plus puissantes de Toscane. Abandonnée par sa communauté bénédictine en 1462 après que le pape Pie II eut gelé les subsides accordés aux moines, l’abbaye a été reprise depuis 1992 par une communauté de prémontrés. D’une sobriété et d’une pureté de lignes exemplaires, l’ancienne abbatiale illustre à merveille l’art cistercien d’inspiration bourguignonne. Deux rangées de colonnes aux chapiteaux historiés en albâtre séparent la nef des bas-côtés. Sur le deuxième pilier de droite, le maître de Cabestany a représenté *Daniel dans la fosse aux lions*. Derrière l’autel se dresse un beau crucifix en polychrome, un *Christ en croix* du 13e s. Avec le parcours payant Via della Luce, vous pourrez accéder à la petite crypte du 9e s., à la tribune, à la chapelle carolingienne et à la sacristie décorée de fresques relatant la vie de saint Benoît, à la pharmacie et au potager. Ne manquez pas de faire le tour de l’édifice pour observer, derrière l’abside, les modillons sculptés de figures anthropomorphes et zoomorphes.

Castelnuovo dell’Abate (9km au sud de Montalcino) 0577 83 56 59 www.antimo.it Avr.-oct. : tlj. 10h-19h ; nov.-mars : tlj. 10h30-17h Entrée libre, parcours avec vidéoguide 6€

La cité idéale

Pienza ★

Après une visite en 1459, le pape Pie II, Enea Silvio Piccolomini (1405-1464), décida de confier à Bernardo Rossellino le soin de “rénover” son village natal selon les principes d’équilibre et d’harmonie chers aux humanistes de la Renaissance. Le projet ne put être finalisé (sa mort y mettant prématurément un terme), mais, au fil de ruelles fleuries, aux noms poétiques, vous découvrirez les majestueux édifices de la piazza Pio II, le lumineux Duomo, conçu sur le modèle des églises-halles de Bavière, et le Palazzo Piccolomini,

San Quirico d'Orcia

dont l'imposante loggia donne sur un jardin suspendu. La promenade des remparts ménage un fabuleux panorama sur le Val d'Orcia.

55km au sud-est de Sienne **Palazzo Piccolomini** Piazza Pio II, 2 ☎ 0577 28 63 00 (réservations et billetterie) www.palazzopiccolominipienza.it ⌚ Mi-mars-mi-oct. : mar.-dim. 10h-18h30 ; mi-oct.-mi-mars : mar.-dim. 10h-16h30 ; 1er jan. : 14h-18h Fermé 7 jan.-14 fév. et 5-30 nov. € 7€

À toute épreuve
San Quirico d'Orcia

Confortablement installé sur une petite éminence séparant le Val d'Orcia de la vallée de l'Asso, San Quirico a longtemps profité de sa position à la croisée de l'antique via Francigena et de la route reliant Pienza à la Maremme. À la différence de maintes cités perchées de Toscane qui cherchèrent la sécurité dans un habitat compact et vertical, San Quirico semble avoir pris ses aises : ses artères sont plus amples, moins oppressantes, et ses places plus spacieuses qu'ailleurs. Un bourg paisible, qui profite des magnifiques paysages qu'offrent les Crete Senesi. Admirez le portail roman (1080) de la collégiale et suivez la via Dante Alighieri jusqu'aux Horti Leonini, splendides jardins à l'italienne du 16e s.

10km au sud-ouest de Pienza

Vignette médiévale
Castiglione d'Orcia

Cet autre village perché du Val d'Orcia se serre autour de la petite piazza Vecchietta et de son joli puits en travertin du 16e s. L'église paroissiale, à la sobre façade Renaissance, abrite une *Madone* de Bartolomeo di Giovanni, élève de Ghirlandaio mort en 1501. Le château fort érigé par la puissante famille des Aldobrandeschi sur les hauteurs de Castiglione n'est plus que ruines envahies par le maquis. En revanche, la **Rocca di Tentennano**, posée en vigie sur la vallée et la via Francigena, en face du village, a conservé ses murailles et sa puissante tour du 12e s. Cette forteresse réserve des vues magistrales sur le val d'Orcia et accueille régulièrement des expositions artistiques.

18km au sud-ouest de Pienza Rocca di Tentennano 0577 88 89 86 www.museisenesi.org Horaires variables 3€

Florence en miniature

Montepulciano

Prenez un peu d'altitude en visitant la cité la plus haut perchée (605m) de Toscane ! La très pentue Montepulciano, entrée dans la sphère d'influence de Florence au début du 15e s., a été rebâtie par certains de ses grands architectes. Cette charmante bourgade est également entourée par un vignoble réputé, le *vino nobile*. Rendez-vous Piazza Grande, la théâtrale place dominée par le Duomo, le Palazzo Nobili-Tarugi (un élégant palais Renaissance à portique) et le Palazzo del Capitano del Popolo. Le Palazzo Comunale gothique a été remanié au 15e s. par Michelozzo, qui ajouta la tour et modifia la façade, en s'inspirant du Palazzo Vecchio de Florence. Au pied de la ville, ne manquez pas l'église San Biagio, parfait exemple d'architecture Renaissance !

55km au sud-est de Sienne

Museo Archeologico Nazionale, Chiusi

Sur les traces des Étrusques

Chiusi

La discrète et paisible Chiusi fut une puissante cité-État étrusque, puis l'un des six premiers diocèses italiens. En témoignent les nécropoles

SENSATIONS FORTES

Sous la place du Duomo de Chiusi se visite le **Labirinto di Porsenna**, un étonnant réseau étrusco-romain de galeries et de citernes alimentées par des puits. La tradition y situe le tombeau de Porsenna, roi étrusque du 6e s. av. J.-C. dont le mausolée recèlerait un trésor (entre autres une armure, un char, une poule et ses 5 000 poussins en or massif).

Piazza Duomo, 7 Accès par le musée de la Cathédrale 0578 22 69 75 Mi-avr.-mi-oct. : tlj. 10h-13h15 et 15h10-16h30 ; mi-oct.-début jan., mi-fév.-mi-avr. : lun.-ven. 10h-13h15, sam.-dim. 10h-13h15 et 15h10-16h30 5€ (avec le musée de la Cathédrale)

et les catacombes retrouvées à proximité… et les trésors inestimables de son musée d'archéologie étrusque, l'un des plus riches au monde ! Plus étonnant, le Museo Civico, consacré à l'épigraphie funéraire étrusque, vous emmènera dans les entrailles de Chiusi. Prenez le temps de profiter du point de vue sur le Monte Cetona qu'offre la piazza Olivazzo, et poussez jusqu'à la terrasse panoramique du Giardino Pubblico il Prato pour jouir d'un panorama bucolique, digne d'un tableau du Pérugin, sur le Val di Chiana.

23km au sud-est de Montepulciano Museo Archeologico Nazionale Via Porsenna, 93 ☎ 0578 20 177 ⏲ Tlj. 9h-20h € 6€ Museo Civico Via II Ciminia ☎ 0578 20 915 ⏲ Visites guidées mai-oct. : mar.-dim. à 10h10, 11h10, 12h10, 15h10, 16h10 et 17h10 ; nov.-avr. : jeu.-ven. à 10h10, 11h10 et 12h10, sam.-dim. à 10h10, 11h10, 12h10, 15h10, 16h10 et 17h10 € 4€

À FAIRE

Prenez part aux festivités siennoises du Palio

Sienne est bien connue pour son Palio (p.166), cette cavalcade d'à peine 1min30 qui se déroule autour de la piazza del Campo et qui enfièvre la ville quatre jours durant ! La course a lieu le 2 juillet et le 16 août. Arrivez tôt sur la piazza del Campo, vers 15h30-16h, pour éviter la bousculade. La manifestation est déconseillée par certaines associations aux personnes souffrant de problèmes cardiaques et interdite aux moins de 10 ans.

Excursionnez à bord d'un train à vapeur

Une association de passionnés fait revivre des trains anciens et organise des parcours gourmets et culturels au départ de Sienne, lors de fêtes de village. C'est l'occasion de voir les paysages de la campagne siennoise différemment, ces trains empruntant des voies qui coupent à travers champs, parfois loin de toute route !

☎ 0577 480 03 www.terresiena.it/it/trenonatura/programma

Pédalez sur une piste “héroïque”…

L'Eroica

L'“héroïque” est un parcours cyclable de 200km qui chemine du Chianti aux Crete Senesi. Clairement balisé, il présente 3 500m de dénivelé et offre un mélange de routes asphaltées et de chemins de terre, dévoilant des paysages à la fois splendides et sauvages.

☎ www.terresiena.it

… et détendez vos muscles endoloris

Bagno Vignoni

Cette petite station thermale du Val d'Orcia s'ordonne autour d'un grand bassin rectangulaire du 16e s., tantôt fumant tantôt miroitant – et de nos jours interdit à la baignade. Sur cette pittoresque *piazza d'acqua* donnent une église, une ancienne résidence d'été du pape Pie II et le passage couvert qui reliait les thermes de jadis au bassin. Le village abrite plusieurs spas modernes, mais si vous voulez profiter gratuitement des bienfaits des sources chaudes (env. 50°C), dirigez-vous vers le Parco dei Mulini, en aval. Vous pourrez faire trempette dans un déversoir, près des ruines de quatre moulins médiévaux.

6,3km au sud de San Quirico d'Orcia

Visitez une cave de brunello

Fattoria dei Barbi

Cette *fattoria* est aux mains de la famille Colombini depuis 1790 ! Vous découvrirez son immense domaine, ses nombreuses caves et ses trésors : d'antiques bouteilles de *vin santo* (1870) et de brunello (1892) ! Excellent restaurant.

PODERNOVI 4km de Montalcino (dir. Castelnuovo dell'Abate/Sant'Antimo, sur la gauche, un panneau signale la piste qui mène au domaine, à 300m) 0577 84 11 11 www.fattoriadeibarbi.it Tlj. 11h-13h30 et 14h30-18h Visite lun.-ven. à 11h, 12h et 15h (env. 40min) sur rés. par tél. ou à info@fattoriadeibarbi.it Restaurant fermé le mar. soir et mer.

NOS ADRESSES

PAUSES

Pour les becs sucrés

Nannini

La référence de Sienne en matière de douceurs. Laissez-vous tenter par les *cavallucci*, pâtisseries aux fruits confits, noix, anis et coriandre, par les *ricciarelli*, biscuits moelleux à l'amande amère, ou par l'incontournable *panforte* aux amandes et épices. Le tout avec un expresso au comptoir.

SIENNE (plan 10, B2 n°1) Via Banchi di Sopra, 24 0577 23 60 09 www.grupponannini.it Haute saison : dim.-ven. 7h30-21h30, sam. 7h30-23h ; basse saison : dim.-ven. 7h30-21h30, sam. 7h30-22h

Regardez bien la vitrine

Osteria Vinaio da Trombicche ♥

Cette *osteria* est fréquentée par une clientèle locale, qui vient discuter des affaires de la *contrada della Civetta* ("le quartier de la chouette") en écoutant du Jimi Hendrix. Les propriétaires vous aideront à composer votre assiette (charcuterie, fromages, légumes marinés...), à déguster sur de grandes tables en marbre.

SIENNE (plan 10, B2 n°2) Via delle Terme, 66 0577 28 80 89 www.datrombicche.it Lun. 19h30-22h, mar.-dim. 10h-22h

Tout sauf du thé !

Tea-Room ♥

Ce bar est une des plus sympathiques adresses pour noctambules,

Nannini

malheureusement fermée l'été. Une sorte de club sur deux niveaux où sont parfois donnés des concerts de jazz.

SIENNE (plan 10, C3 n°3) Via Porta Giustizia, 11
0577 22 27 53 Mi-sept.-mi-juin : mar.-jeu. 17h-2h, sam.-dim. 16h-2h

RESTAURANTS

Spécialités culinaires de Sienne et de son terroir, les *pici* sont d'épais spaghettis. On les déguste *al raqù* (sauce à la viande), *al aglione* (gros ail doux) ou *alle briciole* (chapelure) à Montepulciano...

La vue et l'assiette
Ristorante Pizzeria di Nonno Mede €

Une pizzeria élégante et bon marché, à la vue incomparable sur la colline du Duomo, merveille absolue à la nuit tombée. Le choix de pizzas, *calzoni*, *ciaccini* (pizza blanche sans sauce tomate), *focaccine* est impressionnant. En dessert, vous prendez bien une pizza Nutella-mascarpone ou fraise-Nutella ! Pizza 6-10€, repas moins de 20€.

SIENNE (plan 10, A2 n°13) Via Camporegio, 21
0577 24 79 66 Mar.-dim. 12h-15h et 19h30-0h

Atmosphère chaleureuse
Osteria "Nonna Gina" di Lella e Dado €

En pleine *contrada della Pantera*, une charmante *osteria* aux poutres basses, punaisées d'innombrables cartes postales, dont plusieurs remercient pour la savoureuse cuisine familiale. *Primi* à partir de 7€, *secondi* à partir de 9€.

SIENNE (plan 10, A4 n°11) Pian dei Mantellini, 2
0577 28 72 47 Mer.-dim. 12h30-14h30 et 19h30-22h30, mar. 19h30-22h30
Fermé 3 dernières sem. de juil. et 23 déc.-jan.

Valeur sûre
Enoteca I Terzi €€

Une table élégante, où l'on peut consommer au verre des vins provenant des *colli senesi* (collines siennoises), ou les accompagner d'un menu dégustation. Env. 35€ le repas.

SIENNE (plan 10, B2 n°14) Via dei Termini, 7
0577 44 329 www.enotecaiterzi.it
Lun.-sam. 12h30-15h et 18h30-23h

Tout en finesse
Antica Osteria da Divo €€€

Une adresse chic avec hauts plafonds, savants éclairages et poutres apparentes, dont les salles du fond s'enfoncent telles des grottes dans les entrailles de la colline du Duomo. Les plats se révèlent aussi flatteurs pour l'œil que pour le palais, faisant honneur à une cuisine régionale sophistiquée. Repas 35-40€.

SIENNE (plan 10, A3 n°10) Via Franciosa, 25
0577 28 60 54 www.osteriadadivo.it
Mer.-lun. 12h-14h30 et 19h-22h30

À la vôtre !
Osteria Le Logge €€

Une charmante salle et sa terrasse, dans l'une des ruelles qui rayonnent autour de la piazza del Campo. Parmi les vins sélectionnés figurent ceux du patron, Gianni Brunelli – son domaine, le Chiuse di Sotto, produit l'un des meilleurs crus de Brunello de Montalcino. Env. 55€ le repas.

SIENNE (plan 10, C3 n°12) Via del Porrione, 33
0577 48 013 www.giannibrunelli.it
Lun.-sam. 12h-14h30 et 19h-22h30

LE BRUNELLO
Un des grands vins rouges DOCG italiens. Créé par Ferrucio Biondi Santi dans les années 1870, il est composé de sangiovese, doit vieillir en fût de chêne avant d'être affiné en bouteille quatre mois durant (six mois pour le *riserva*). Vous pouvez le laisser se bonifier pendant 10 à 30 ans !

Une certitude

Osteria di Porta Al Cassero €

Une salle minuscule – on peut aussi s'attabler dans la cour – décorée de photos du Montalcino d'hier. Petits plats de bistrot, simples mais goûteux, et bons vins. *Primi* et *secondi* 8-12€.

MONTALCINO Via Ricasoli, 32 ou via della Libertà, 9 ☎ 0577 84 71 96 ⏲ Jeu.-mar. 12h-14h30 et 19h-21h30

Tout sur place

La Taverna dei Barbi €€

L'occasion d'un sympathique repas préparé avec les produits cultivés dans le domaine (p.176). On vous proposera soupe de haricots, *pinci cacio e peppe* (gros spaghettis, sauce au *pecorino* et au poivre noir), sanglier… À déguster dans un cadre rustique avec murs de pierre, poutres et immense cheminée. *Primi* 10-14€, *secondi* 16-18€.

PODERNOVI (5km au sud de Montalcino) ☎ 0577 84 71 43 www.fattoriadeibarbi.it ⏲ Jeu.-lun. 12h-14h30 et 19h30-22h, mar. midi

L'art de la simplicité

Sette di Vino ♥€

Cette attachante *osteria* de poche propose des plats rustiques, délicieux et bon marché : *pecorino alla griglia con rigatino* (fromage de brebis et lardons grillés) accompagné de légumes marinés et d'oignons sauce aigre-douce ou d'une bruschetta à l'ail, tomate et huile d'olive. Vin en carafe. Arrivez tôt ou réservez, les tables sont comptées ! Env. 20€ le repas.

Pasta con pomodoro

PIENZA Piazza di Spagna, 1 ☎ 0578 74 90 92 ⏲ Jeu.-mar. 12h-14h30 et 19h-21h30 Fermé 1er-15 juil. et nov.

Morceaux choisis

Trattoria La Buca delle Fate €

Une trattoria au rez-de-chaussée du Palazzo Gonzaga, dans un cadre original avec ses longues alcôves. La carte est succincte, mais la cuisine savoureuse. Y figurent les incontournables *pici*, en sauce bolonaise, au sanglier, aux champignons, *cacio e pepe* ou *alle briciole* (aux miettes de pain). Service parfois un peu brusque… Comptez 20-25€.

PIENZA Corso Il Rossellino, 38a ☎ 0578 74 84 48 www.ristorantelabucadellefatepienza.it ⏲ Mar.-dim. 12h30-14h30 et 19h30-21h30 Fermé 3 sem. en jan. et 2e quinzaine de juin

Cuisine ouverte et feu de bois

Osteria Acquacheta €

Une salle toute simple, au sol de marbre, où déguster un délicieux lapin farci ou une *bistecca alla fiorentina*. Les pâtes faites maison forment la base d'une excellente proposition de *primi*. Également une sélection de fromages, à accompagner de vin rouge de Montepulciano et de pain maison. Arrivez tôt ou réservez. *Primi* et *secondi* 6-10€.

MONTEPULCIANO Via del Teatro, 22
0578 71 70 86 www.acquacheta.eu
Mi-mars-juin, nov.-début jan. : jeu.-lun. 12h30-15h et 19h30-22h30 ; juil.-oct. : mer.-lun. 12h30-15h et 19h30-22h30
Fermé une sem. avant Noël

Raffinement au jardin

Ristorante La Grotta €€

Hors les murs, en face de la belle église San Biagio, cet établissement bénéficie d'un jardin et d'un calme absolu... Mieux vaut réserver pour profiter d'un dîner dans son agréable cour. *Primi* 12-14€, *secondi* 21-25€.

MONTEPULCIANO Località San Biagio, 15
0578 75 74 79 www.lagrottamontepulciano.it Mi-mars-mi-jan. : jeu.-mar. 12h30-14h15 et 19h30-21h30

Pour un petit extra

La Solita Zuppa €€

Comme son nom l'indique, cette pittoresque *osteria* à la réputation bien établie s'est fait une spécialité des soupes (menthe et artichaut, châtaignes et lentilles, orange et chou-fleur...), servies même en été. Elle confectionne aussi ses pâtes. En *secondo*, testez l'excellent sanglier au Rosso di Montalcino et en dessert, les incontournables *cantucci* à tremper dans un verre de *vin santo*. Comptez 30-50€.

CHIUSI Via Porsenna, 21 0578 21 006 www.lasolitazuppa.it Mer.-lun. 12h30-14h30 et 19h30-22h30 (mi-juil.-mi-sept. : tlj.)

SHOPPING

Classiques sucrés

La Nuova Pasticceria

Hors des circuits touristiques, la meilleure pâtisserie de la ville ! On y vient notamment pour ses *ricciarelli*.

SIENNE (plan 10, B3 n°21) Via Duprè, 37
0577 152 14 66 www.lanuovapasticceria-siena.com Tlj. 10h-19h

Du producteur à l'assiette

Consorzio Agrario Siena

Une grande épicerie fine où vous pourrez faire le plein de produits locaux (légumes, charcuterie, fromages, vins...) proposés par une coopérative agricole de la région. Également un bar où croquer dans une délicieuse part de pizza ou un sandwich à la charcuterie toscane.

SIENNE (plan 10, B1 n°22) Via Pianigiani, 9
0577 23 01 www.capsi.it
Lun.-sam. 8h-20h, dim. 10h-20h

Couleurs et sobriété du trait

Bianco e Nero

De nombreuses boutiques de céramiques égaient le centre de Sienne... Bianco e Nero, de Sonia Staccioli, se détache du lot. Héritière d'une famille d'artisans depuis le 15e s., la jeune femme travaille aux yeux de tous et propose visites et cours.

SIENNE (plan 10, A3 n°20) Via dei Fusari, 21
0577 28 10 93 www.biancoenero.it
Lun.-ven. 10h30-17h30
(ouvert sam.-dim. avr.-oct.)

AREZZO

Vous voilà dans la Toscane préservée ! Celle de l'humanisme, de Pétrarque et de Vasari. Rendez-vous à Arezzo pour les fresques de Piero della Francesca, puis à Cortone pour celles de Luca Signorelli. Et goûtez l'art de vivre de ces cités cachées derrière de hauts murs.

ACCÈS ET INFOS

- Arezzo se trouve 80km au sud-est de Florence et 55km au nord-est de Sienne
- Liaisons ferroviaires directes avec Florence
- Accès en car de Florence avec Tiemme et de Sienne avec Siena Mobilità www.tiemmespa.it
- Centro di Accoglienza Turistica (plan 11, B2) Palazzo Comunale Piazza della Libertà, 1 Avr.-sept. : tlj. 12h-18h ; oct.-mars : tlj. 10h-16h

À VOIR

AREZZO ★

L'une des 12 cités-États d'Étrurie, Arretium est réputée pour ses bronzes et ses céramiques, qui s'exportent jusqu'en Inde. Érigée en commune libre au 11e s., Arezzo se pare d'édifices prestigieux et se dote de la première université de Toscane, mais elle est stoppée dans son élan au 14e s. par la domination florentine.

Une fabuleuse épopée

Basilica di San Francesco (plan 11, B3)

La basilique (1318-1377) affiche une façade inachevée, à l'austérité toute franciscaine. Vaste, car destinée à la prédication, elle abrite un superbe vitrail et de gracieuses fresques. Mais l'attention est vite happée par la Cappella Bacci.

Piazza San Francesco 0575 206 30 (couvent) Tlj. 8h30-18h30

Fresques de Piero della Francesca

Piero della Francesca a réalisé pour la chapelle Bacci de 1453 à 1466, l'un des plus beaux exemples de la peinture Renaissance. Le cycle de fresques *Légende de la Vraie Croix* occupe les trois murs du chœur : une dizaine d'épisodes inspirés de la *Légende dorée*, popularisée au 13e s., retraçant l'histoire de la croix du Christ. Admirez notamment le *Songe de Constantin*, premier exemple de clair-obscur dans la peinture italienne.

Piazza San Francesco 0575 35 27 27 www.pierodellafrancesca.it Avr.-oct. : lun.-ven. 9h-18h30, sam. 9h-17h30, dim. 13h-17h30 ; nov.-mars : lun.-ven. 9h-17h30, sam. 9h-17h, dim. 13h-17h Fermé 1er jan., le matin du 4 oct., le matin du 13 juin, 25 déc. 6€ + 2€ de réservation (obligatoire)

Une place de cinéma

Piazza Grande (plan 11, C3)

Le prototype de la grand-place d'une cité toscane – c'est d'ailleurs celle que Roberto Benigni dévale à vélo dans son film *La vie est belle* ! Sur ce plan fortement incliné s'alignent maisons-tours crénelées, antiques demeures et palais Renaissance. Au 16e s., Cosme Ier confie à Giorgio Vasari le soin de repenser la place. On lui doit le Palazzo delle Logge Vasariane, dont les belles arcades

À NE PAS MANQUER

- Arezzo
- Museo Civico (Sansepolcro)
- Cortone

Sur la Piazza Grande

SUR LES TRACES DE...

Piero della Francesca (v. 1416-1492) est considéré comme l'"inventeur de l'impassibilité". Ses œuvres se caractérisent, en effet, par leur composition rigoureuse et leurs personnages hiératiques. Ce grand mathématicien maîtrise parfaitement la perspective, et son traitement de la lumière dénote l'influence des maîtres flamands. Né et mort à Borgo San Sepolcro, il vécut à Ferrare, Urbino et Arezzo.

abritent aujourd'hui des terrasses de restaurants. Admirez le Palazzo della Fraternità dei Laici (14e-15e s.), gothique dans sa partie inférieure, Renaissance dans sa partie supérieure et surmonté d'une tour à l'horloge astronomique. À sa gauche, l'abside de l'église Santa Maria della Pieve.

Une grande sérénité

Santa Maria della Pieve (plan 11, C2)

Avec son campanile dit des Cent Trous, parce qu'il se compose de cinq rangs de fenêtres géminées, l'église, véritable bijou d'art roman, est devenue un des emblèmes d'Arezzo. C'est malheureusement dans une ruelle qui la met peu en valeur – sur la droite en remontant le corso Italia – qu'elle offre son meilleur profil : une façade enchanteresse, aux trois étages de colonnettes toutes différentes, de plus en plus nombreuses. Le chœur recèle un admirable polyptyque, une *Vierge à l'Enfant*, œuvre du Siennois Pietro Lorenzetti (1320). Remanié au 16e s. par Vasari, l'intérieur aux majestueuses dimensions est baigné de lumière.

Corso Italia, 7 0575 22 629 Juil.-août : tlj. 8h-18h30 ; sept.-juin : lun.-sam. 8h-12h30 et 15h-18h30, dim. 8h-18h30

Plan 11
Via Bernardo Dovizi
Via Brava
Via Ghibellina
Via Giuseppe Garibaldi
Via delle Fosse
V. delle Paniere
Via San Domenico
A
Via del Bastione di S. Clemente
BASILICA DEI SAN DOMENICO
CASA VASARI
Via d. Palestra
Porta San Lorentino
V. XX Settembre
Piazza San Domenico
Via M. Falterona
Via di San Lorentino
4
MUSEO STATALE D'ARTE MEDIOEVALE E MODERNA
Via Chiassaia
Via Madonna
Varchi
Via Leone Leoni
1
SANTA MARÍA IN GRADÍ
Via di Sassoverde
Piazza del Duomo
Plaggia di Murello
Vicolo del Marcianello
Via Cavour
Piazza di Murello
Piazza della Libertà
SANTISSIMA ANNUNZIATA
Via Benedetto
PALAZZO COMUNALE
Via Montetini
Piazzetta de Bacci
Vic della Dea
Via Saracino
Via B. Rossellino
Via A. Saffi
Via della Fioraia
Via de Pecori
Via Andrea Casalpino
SAN PIER PICCOLO
Via Porta Buia
SANTISSIMA FLORA E LUCILLA IN BADIA
V. G. Carducci
Via Bicchieraia
Piazza del Popolo
TEATRO
B
C
Piazza San Francesco
D
FRESQUES DE PIERO DELLA FRANCESCA
BASILICA DI SAN FRANCESCO
F
Via Francesca Petrarca
Via Frà Guittone
Viale Piero della Francesca
Via Arrigo Testa
SANTISSIMA TRINITÀ
Via Guido Monaco
Via Madonna del Prato
3
Via d. Redi
Piazza San Michele
2
21
Via Guglielmo Oberdan
Corso Italia
SAN MICHELE
Piazza G. Monaco
Via Mannini
Piazza Poggio del Sole
Via Roma
Via Giuseppe Garibaldi
Piazza Sant'Agostino
Via Margaritone
Via Pietro Aretino
Piazza San Jacopo
Via Spinello
Via G. Verdi
Via Anfiteatro
Via Assab
Piazzale della Repubblica
Viale Michelangelo
Via Francesco Crispi
ANFITEATRO ROMANO
SAN BERNARDO
Viale Luigi Cittadini
Via Niccolò Aretino
MUSEO ARCHEOLOGICO G. C. MECENATE
Via L. B. Alberti
Via Antonio Guadagnoli
Viale Luca Signorelli
1
2
3
4
A
B

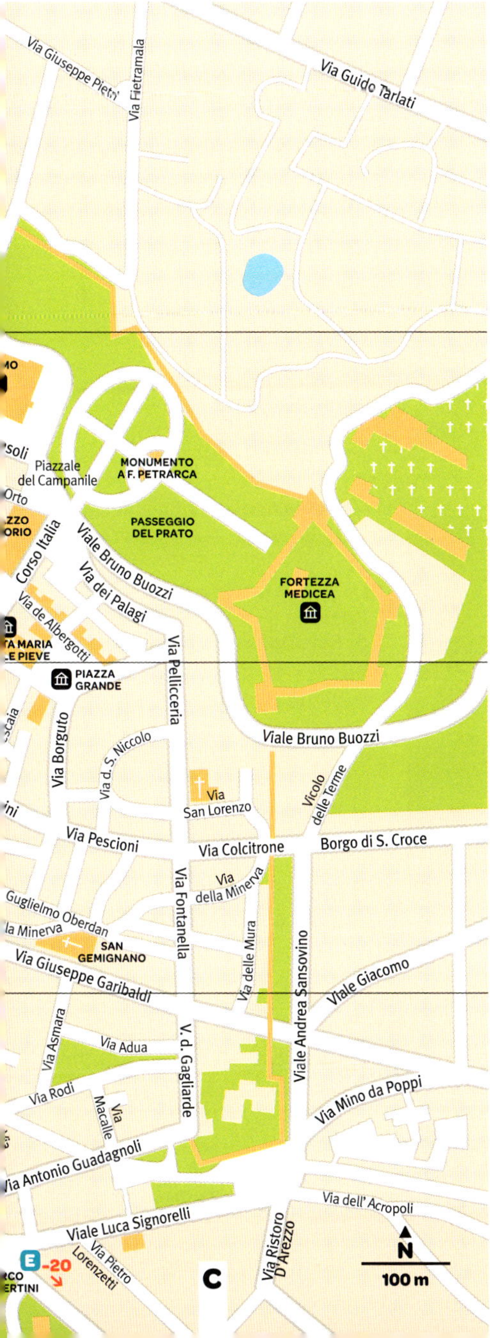

Restaurants (n°1 à 4)

2 Il Saraceno - *p.187* B3
3 La Formaggeria - *p.187* B3
4 Mivà - *p.100* A1
1 Trattoria Mazzoni - *p.187* B1

Hébergements (n°20 et 21)

20 Casa Volpi - *p.231* C4
21 Vogue Hotel - *p.231* B3

RENDEZ-VOUS AVEC...
Les adresses de Michele Seppia

Pauses

A Pasticceria Bruschi - *p.160* A1

Restaurants

E Da Giovanna - *p.161* C4
B Terra di Piero - *p.160* B2-B3

Shopping

D Gerardo Radicati - *p.160* B3
C Luca Raspini - *p.160* B2
F Nero Design Gallery - *p.161* .. B3

Veillant sur la ville...

Duomo (plan 11, C2)

La cathédrale d'Arezzo ne peut rivaliser avec celles de Florence, Sienne ou Pise. Sa façade massive date, en effet, du début du 20e s., mais remarquez sur son flanc droit le portail romano-gothique (1319-1337), dont les colonnes proviennent d'un temple antique. Les fresques de la nef et les vitraux sont dus à Guillaume de Marcillat (1470-1529). Dans le bas-côté gauche, admirez la fresque de Piero della Francesca, *Marie Madeleine* (1466). En sortant, pourquoi ne pas vous accorder une pause dans le grand jardin public du Prato, pour bénéficier de belles vues sur les environs ?

Piazza del Duomo 0575 23 991 Tlj. 7h30-12h30 et 15h-18h

La force des grands-ducs

Fortezza Medicea (plan 11, C2)

Dans l'est de la ville, empruntez la via dei Pileati, une jolie ruelle bordée de palais et, grâce à un petit détour par la via dell'Orto, vous apercevrez la maison natale de Pétrarque (1304-1374), le grand poète et humaniste italien. Traversez ensuite une série de galeries et accédez à l'ancienne forteresse médicéenne (16e s.) en étoile à cinq branches.

Été : tlj. 7h-20h ; hiver : tlj. 7h30-18h

Basilica di San Domenico

La rivale de San Francesco

Basilica di San Domenico (plan 11, B1)

Rendez visite à cette austère et élégante basilique du 13e s. pour le *Crucifix* de Cimabue (1240-1302), encore plus réputé que celui de Florence. Le peintre, sans s'éloigner beaucoup des modèles byzantins, représente malgré tout un Christ agonisant avec un réalisme qui annonce la Renaissance.

Piazza San Domenico Tlj. 10h-18h30

D'antiques trésors

Museo Archeologico "G. C. Mecenate"

Installé dans le monastère San Bernardo, ce passionnant musée ne cesse de s'enrichir des découvertes effectuées dans la région. S'adonnant au travail du bronze et de la *terracotta* à la période étrusque, Arezzo devint à l'époque romaine un centre réputé de la céramique. Cette production était exportée jusqu'en Inde ! Le musée possède une riche collection d'art étrusque (dont d'admirables bijoux), ainsi que des mosaïques et sculptures romaines.

Via Margaritone, 10 0575 20 882 Mar.-sam. 8h30-19h30, dim. 9h-13h (ferme parfois une demi-journée suppl. par manque de personnel) 6€

SUR LES TRACES DE...
Né à Arezzo en 1511, **Giorgio Vasari** revient sur ses terres natales en 1541, après avoir obtenu gloire et fortune à Rome. Il achète une demeure qu'il décore avec faste, laissant à la postérité l'un des plus beaux témoignages maniéristes de Toscane.

(plan 11, B1) Via XX Settembre, 55 0575 40 90 40 Lun. et mer.-sam. 8h30-19h30, dim. et j. fér. 8h30-13h30 4€

LES ENVIRONS D'AREZZO

Elle a vu naître Piero della Francesca

Sansepolcro

Le centre de cette bourgade de la vallée du Tibre se révèle bien plus attrayant que ne le laissent présager ses faubourgs industriels. La vieille ville, délimitée par une enceinte rectangulaire du 14e s., est traversée par la tortueuse via XX Settembre, jalonnée d'édifices gothiques, Renaissance et maniéristes. L'œil est tour à tour attiré par une multitude de détails enchanteurs : un blason, l'arête d'un toit, la courbe d'un balcon, une cariatide... Mais c'est au peintre Piero della Francesca, né en ses murs vers 1416, que la cité doit sa renommée. Le musée municipal a l'immense privilège d'abriter plusieurs chefs-d'œuvre du maître, dont le somptueux polyptyque de la *Vierge de Miséricorde* (1445-1462), et la grande fresque de la *Résurrection* exécutée vers 1460.

37km au nord-est d'Arezzo Museo Civico Via Aggiunti, 65 Paradiso 0575 73 22 18 www.museocivicosansepolcro.it Mi-juin-mi-sept. : tlj. 10h-13h30 et 14h30-19h ; mi-sept.-mi-juin : tlj. 10h-13h et 14h30-18h Fermé 1er jan. et 25 déc. 8-10€

Au cœur du Val di Chiana

Cortone ★

De la route qui serpente entre les olivaies, l'altière cité de Cortone (Cortona) apparaît tout à coup retranchée derrière ses hauts murs, dominant le Val di Chiana. L'ancienne cité-État étrusque, façonnée par Florence au Moyen Âge, s'enorgueillit de posséder un patrimoine artistique d'une grande valeur. Rappelons que Luca Signorelli (1450-1523), élève de Piero della Francesca, y ouvrit une école de peinture. Vous prendrez plaisir à arpenter les ruelles médiévales de Cortone, à visiter ses nombreuses églises et à grimper toujours plus haut pour vous émerveiller des paysages qui s'offrent au regard.

30km au sud-est d'Arezzo

Museo dell'Accademia Etrusca et della Città di Cortona

Il occupe le Palazzo Pretorio (13e-17e s.), ou Palazzo Casali, largement resté en son état du 18e s. Outre quelques antiquités égyptiennes et romaines, la section archéologique expose une impressionnante collection de bronzes étrusques, dont une imposante lampe à huile appelée *lampadario etrusco* (4e s. av. J.-C.), et la *Tabula Cortonensis* ou "Table de Cortone", une tablette de bronze découpée en sept fragments sur lesquels est inscrit un acte de propriété en langue étrusque datant du 2e s. av. J.-C. Le musée possède quelques-unes des œuvres de trois peintres originaires de Cortone : le grand fresquiste Luca Signorelli (1450-1523), élève de Piero della Francesca ; le peintre et architecte

Pierre de Cortone (1596-1669), maître du baroque romain ; et le futuriste Gino Severini (1883-1966). Enfin, au 3e étage, les salles Corbelli rassemblent quelques antiquités égyptiennes.

Palazzo Casali Piazza Signorelli, 9 ☎ 0575 63 04 15 www.cortonamaec.org 🕒 Avr.-oct. : tlj. 10h-19h ; nov.-mars : mar.-dim. 10h-13h et 14h-17h Fermé 25 déc. € 10€

Museo Diocesano del Capitolo

Il réunit dans l'ancienne église du Gesù, face au Duomo, des chefs-d'œuvre de Pietro Lorenzetti (1280-1348), de Sassetta (1394-1450), de Bartolomeo della Gatta (1448-1502) et de Luca Signorelli. Le fleuron de la collection est l'*Annonciation* que Fra Angelico exécuta vers 1434 pour l'église San Domenico de Cortone.

Piazza Duomo, 1 ☎ 0575 62 830 🕒 Avr.-oct. : tlj. 10h-19h ; nov.-mars : ven.-dim. 10h-17h Fermé 25 déc. € 6€

À FAIRE

Chinez à Arezzo

Le premier week-end du mois, la Piazza Grande, les ruelles et placettes du centre historique d'Arezzo accueillent quelque 800 antiquaires ! Ce marché aux puces est accompagné de toute une programmation culturelle.

☎ www.fieraantiquaria.org

Assistez à un tournoi

Giostra del Saracino

Laissez-vous gagner par la fièvre d'une de ces fêtes médiévales dont la Toscane a le secret, avec un cortège de 250 figurants costumés et un tournoi sur la Piazza Grande. Les cavaliers des quatre quartiers historiques d'Arezzo doivent frapper de leur lance le bouclier d'un mannequin représentant l'ennemi ultime du temps des chevaliers : le *Saracino* (Sarrasin).

Piazza Grande ☎ www.giostradelsaracinoarezzo.it 3e sam. de juin et 1er dim. de sept.

NOS ADRESSES

RESTAURANTS

Arezzo a pour spécialité les *tortelli di patate*, de gros raviolis à la pomme de terre (une variété locale à chair blanche) et aux lardons, assaisonnés de beurre à la sauge.

Elle convient à tout le monde

Mivà €

Cette pizzeria, pleine à craquer tous les soirs, a un succès fou auprès des Arétins qui, en famille ou entre amis, profitent de son ambiance sympa et de ses bons prix pour passer une agréable soirée. Bar à l'entrée où attendre qu'une table se libère. Réservation conseillée. *Primi* 6-9€, *secondi* 6-18€, pizzas 5-9€.

AREZZO (plan 11, A1 n°4) Via San Lorentino, 20 ☎ 0575 30 03 00 🕒 Jeu.-mar. 12h-14h30 et 19h-1h

Faites-en tout un fromage !

La Formaggeria €

Dans la rue la plus branchée d'Arezzo, une minuscule adresse design tenue par deux jeunes passionnés d'œnogastronomie et de fromage, le produit phare. Au programme : *crostini*, foie gras et sa confiture de mirabelles, carpaccio de Chianina, grand choix de fromages... Repas 20-30€.

AREZZO (plan 11, B3 n°3) Via de' Redi, 16
0575 40 35 83 www.laformaggeria.it
Lun.-sam. 11h30-14h30 et 18h-23h

Sur des nappes à carreaux

Trattoria Mazzoni €

Cette petite trattoria de quartier propose des plats régionaux à des prix défiant toute concurrence (comptez 25€ le repas). L'épicerie voisine prépare des sandwichs.

AREZZO (plan 11, B1 n°1) Via Canto alla Croce, 1
0575 26 857 Lun.-sam. 12h30-14h30 et 19h30-22h30, dim. 12h30-15h

Chez Olga et Virgilio

Il Saraceno ♥€€

Le coup de cœur des habitants ! Dans cette trattoria familiale, vous hésiterez entre *crostini ai fegatini* (tartines à la mousse de foie), *zuppa di farro* (soupe d'épeautre), *ribollita*, morue à la mode arétine et bien d'autres délices. Repas 25-40€.

AREZZO (plan 11, B3 n°2) Via G. Mazzini, 6a
0575 27 644 www.ilsaraceno.com
Jeu.-mar. 12h-14h45 et 18h45-21h45

Sans prétention

Da Ventura €€

Composez votre *antipasto* en choisissant parmi les ingrédients proposés : jambon cru, *lonzino* (longe de porc), *crostini* aux foies de volaille, artichauts, fromage de chèvre... Signalons les excellents raviolis maison (beurre et sauge, viande et tomate ou truffe fraîche) et les grillades. Réservation conseillée. Comptez 25-35€.

Pizza toscane

SANSEPOLCRO Via Aggiunti, 30 (près de la Porta del Castello) 0575 74 25 60 www.albergodaventura.it Mar.-sam. 12h30-14h30 et 19h30-22h, dim. 12h30-14h30

Convivial

Osteria del Teatro €€

Les familles de Cortone y ont leurs habitudes. Les enfants courent entre les tables, les verres s'entrechoquent, et les *pici* maison sont accompagnés d'une exquise sauce *al ragù* (bolognaise). Quatre menus de saison par an. *Primi* 9-12€, *secondi* 11-16€.

CORTONE Via Giuseppe Maffei, 2
0575 63 05 56 www.osteria-del-teatro.it
Jeu.-mar. 12h30-14h30 et 19h-21h30

Pour aller plus loin

Étendards de *contrade*, Palio de Sienne

GÉOGRAPHIE ET PAYSAGES

De douces collines aux paysages travaillés qui ont fait sa réputation, mais aussi des plages et des reliefs culminant à presque 2 000m : la Toscane, avec ses 23 000km² et ses 3,7 millions d'habitants, est plus variée qu'on ne le croit !

Relief

Adossée à l'est à la chaîne des Apennins, cette dorsale montagneuse qui traverse l'Italie, la Toscane forme un balcon orienté à l'ouest vers la mer. Le Monte Pisanino (1946m, dans la province de Lucques), le Monte San Michele (893m, dans le Chianti), le Monte Maggio (671m, dans la province de Sienne) en sont les principaux sommets. Le réseau hydrographique qui prend naissance dans ces montagnes est alimenté par l'Arno, le Tibre (qui va à Rome) et l'Ombrone.

Radda in Chianti

Le littoral

Le littoral toscan s'étend sur 328km, en une alternance de côtes sablonneuses et de côtes accidentées, ponctuées de hautes falaises et ourlées de plages de sable fin ombragées de pinèdes.

Paysage

Le définir revient à évoquer une série de clichés : des collines ondulant à perte de vue, des vignes et des oliviers cultivés en terrasses, des cyprès alignés droits comme des "i". La Toscane donne en effet l'image d'une campagne façonnée par des artistes. Le cyprès, qui ne semble là que pour ses qualités esthétiques, a pourtant un rôle bien défini, celui de couper le vent et de définir des limites de propriété. Les pins parasols, à l'inverse, se déplient pour mieux protéger de la chaleur caniculaire. L'olivier s'épanouit pleinement sur les collines de l'arrière-pays, entre 300 et 500m d'altitude. Quant à la vigne, elle a toujours été omniprésente en Toscane. Mais, au-delà de ces éléments caractéristiques du centre de la région, la Toscane présente un paysage très diversifié. La Maremme, dans le sud-ouest, est conquise sur les marécages et, dans le nord-ouest, le massif des Alpes apuanes offre un paysage montagneux et forestier.

HISTOIRE

Berceau de la civilisation étrusque, la Toscane devient ensuite romaine. Au Moyen Âge, époque dite des "communes" où chaque cité affirme son indépendance, est marqué par les rivalités et par un important essor économique. Viennent alors les lumières de la Renaissance et la marque des Médicis.

Les Étrusques

Les Étrusques, dont l'origine est encore discutée, s'installent dans la région, au sud de l'Arno, vers le 8e s. av. J.-C. L'Étrurie englobera aussi une bonne partie de l'actuelle Ombrie et du Latium. Cette civilisation se démarque par sa langue, ses mythes fondateurs, son économie agricole, minière et artisanale – riche d'échanges commerciaux importants avec les Grecs – et une aristocratie guerrière solide. Les Étrusques fondent de véritables structures urbaines, sur des collines et à proximité de fleuves et de rivières. Progressivement hellénisés, ils disparaissent, à la suite du conflit avec Rome (4e-3e s. av. J.-C.).

Époque romaine et bas Moyen Âge

Un certain déclin marque la fin de la période romaine, mais cet isolement évite aussi à la Toscane de trop souffrir des invasions qui se succèdent entre le 5e et le 10e s. À côté de Lucques, capitale du duché, se développent les villes d'origine étrusque (Arezzo, Volterra) ou de fondation romaine (Pise, Sienne). Une nouvelle voie de communication, la via Romea (ou Francigena), relie Rome au nord de la péninsule, et favorise le développement des collines de l'intérieur. Sous la domination carolingienne, Florence commence à s'affirmer et la ville profite pleinement de la croissance démographique et économique qui s'amorce vers l'an 1000.

Les communes

Au 11e s., la Toscane voit s'amplifier le phénomène des communes libres (*comuni*), qui se libèrent des autorités supérieures, notamment celle du Saint Empire. Les cités s'organisent de façon autonome en s'appuyant sur leur nouvelle force économique et démographique. Elles réussissent à imposer leur autorité directe sur la campagne environnante.

GUELFES ET GIBELINS

Entre le 11e et le 13e s., les cités maintiennent leur autonomie en jouant de la rivalité entre la papauté et le Saint Empire. Elles rallient tour à tour le parti de l'un ou de l'autre (guelfes pour les partisans du pape, gibelins pour ceux de l'empereur). Pise, comme Sienne, sera le plus souvent gibeline, Florence, guelfe.

Essor économique

Les villes les plus puissantes entendent bien affirmer leur capacité à se projeter vers l'extérieur, soit pour étendre une influence commerciale et financière en dehors de la Toscane (par le biais de la constitution d'un dense réseau de correspondants et de "filiales" dans toute l'Europe), soit pour assujettir peu à peu les villes proches les plus faibles. C'est en Toscane que se développent parallèlement une proto-industrie puissante et un système bancaire complexe, qui constitueront une des principales sources d'argent frais pour l'Europe médiévale.

***Portrait d'un jeune homme*, Bronzino, peintre à la cour de Cosme de Médicis.**

La Renaissance

S'appuyant sur sa prospérité économique, la Toscane va occuper une place de premier ordre, à partir de la fin du 14e s., dans la diffusion de ce que l'on appellera l'humanisme et qui révolutionne les conceptions alors en cours de la place de l'homme dans le monde, de la perception du temps et de l'espace. L'humanisme met l'homme au centre du monde et confère un rôle essentiel à l'éducation. Il est marqué par la redécouverte de l'Antiquité et par l'introduction de la perspective en peinture.

QUATTROCENTO ET CINQUECENTO

Attention, "Quattrocento" indique les années 1400, soit le 15e s., le "Cinquecento" est celui des années 1500, le 16e s.

Domination florentine

Au fil des siècles, Pise, Florence et Sienne se sont imposées en tant que véritables États territoriaux (Pise a même installé des colonies en Sardaigne et en Corse !). Florence poursuit ses conquêtes dans la deuxième moitié du 14e s. et s'empare de Pise en 1406. Parallèlement, elle tente de concilier la tradition "républicaine" et le gouvernement des corporations. Cette période est marquée par la révolte des Ciompi (1378) et l'ascension et la prise de pouvoir de la famille des Médicis (p.50). En 1494, Savonarole met en place une nouvelle république et établit un Grand Conseil comprenant plus de 3 000 membres. Mais les Médicis seront à nouveau au pouvoir en 1530.

Gloire et déclin du grand-duché de Toscane

La transformation de la "république de Florence" en "grand-duché de Toscane" en 1569, à la suite de la conquête de Sienne (1555-1557) par Cosme Ier, parachève le contrôle de Florence sur la Toscane. La dynastie des Médicis assoit son autorité et gagne son titre ducal. Paradoxalement, cet aboutissement marque le début de la "provincialisation" de la Toscane. Ses ressources financières s'épuisent (la région sort de quarante années de guerre, entre 1494 et 1530), et la situation internationale a évolué. Le 16e s. voit le renforcement de l'emprise de Charles Quint et de ses successeurs sur l'Italie, et le déplacement du centre de gravité de l'Europe de la Méditerranée vers le nord du continent. Aux 17e et 18e s., la Toscane s'affaiblit, crises économiques et misère s'abattant sur les couches populaires. Bonaparte chasse le grand-duc en 1799 et confie la Toscane à sa sœur Elisa Baciocchi, avant de l'intégrer à l'Empire, de 1807 à sa chute en 1814.

L'unification italienne

Les Toscans chassent le grand-duc Léopold en 1859 puis, en 1860, approuvent par un plébiscite leur rattachement au royaume de Piémont-Sardaigne, qui va devenir le royaume d'Italie. En 1865, Florence est choisie comme capitale provisoire du royaume. Des travaux d'urbanisme très importants sont alors entrepris. Mais, c'est Rome qui devient la capitale du royaume unifié en 1870.

20e et 21e siècles

Dans les premières années du 20e s., Florence devient pôle important de la culture italienne. Aux débuts du fascisme, la Toscane est l'un des principaux foyers des forces socialistes et des coopératives ouvrières et paysannes (qui existent toujours dans chaque petit village). Le courant antifasciste est massif en Toscane et, le 22 août 1944, Florence se libère, avant l'arrivée des Alliés, grâce au soulèvement de sa population. Après guerre, la Toscane reste l'un des réservoirs de votes pour le parti communiste italien et pour ses héritiers récents. L'État et les municipalités rachètent de nombreuses entreprises, réduisant ainsi chômage et pauvreté. Les timides tentatives du parti xénophobe et autonomiste de la Ligue du Nord pour s'implanter en Toscane n'ont jamais été couronnées de succès. En 2018, la Toscane, contrairement au reste de l'Italie, n'a pas donné ses voix aux partis populistes Cinq Étoiles et Ligue du Nord.

LA CRUE DE L'ARNO EN 1966

Le 4 novembre 1966, la crue de l'Arno provoque une inondation impressionnante à Florence (5m à Santa Croce !) et en Toscane. Livres de la Bibliothèque nationale, œuvres de la galerie des Offices... les dégâts furent énormes. Mais l'élan de solidarité de tout le pays reste aujourd'hui gravé dans les esprits, et des plaques commémorent encore cet événement.

POUR ALLER PLUS LOIN

ARCHITECTURE

Palais et cathédrales, abbayes et maisons-tours : les chefs-d'œuvre sont partout en Toscane. La richesse des façades de marbre blanc et vert, des ornementations gothiques, la somptuosité des espaces intérieurs, les défis lancés par la Renaissance fascinent tout visiteur. Attention au syndrome de Stendhal (p.73) !

L'art roman

Les quatre édifices religieux regroupés sur le campo dei Miracoli, à Pise, forment l'un des plus beaux exemples d'art roman toscan. Ils sont à l'origine d'un style très décoratif, qui sera repris dans toute la région et rayonnera jusqu'à Sienne. La façade étagée de galeries à colonnades superposées, parfois précédée d'un portique à arcades, est caractéristique de la tradition dite pisano-lucquoise. L'école florentine se distingue par son équilibre et sa sobriété, voire son austérité. Autre trait particulier, l'ornementation murale polychrome, associant marbre blanc et vert, comme à l'église San Miniato al Monte. L'école siennoise, influencée par l'héritage des monastères bénédictins, a pour particularités la présence d'une crypte et l'adoption du plan en croix latine.

COMUNI ET ARCHITECTURE CIVILE

À la fin du Moyen Âge, le dense tissu urbain est constitué de maisons avec cour intérieure et de maisons-tours carrées. La cité de San Gimignano, ceinte d'une muraille, a conservé quinze de ses soixante-douze tours médiévales. Avec l'avènement de la civilisation communale, l'attention se porte sur les places publiques, où se dressent les symboles du pouvoir religieux (Duomo) et politique (palais communal, palais du podestat, palais de justice).

L'art gothique

La Toscane, comme l'Italie est peu sensible au style gothique. Il est adopté par les ordres mendiants des Dominicains et des Franciscains à partir du 13e s., qui l'adaptent ensuite à l'intérieur des villes, en créant de vastes et lumineux espaces de prédication. À Florence, ce sera la basilique dominicaine Santa Maria Novella et l'église franciscaine Santa Croce ; à Sienne, les larges basiliques à nef unique San Francesco et San Domenico. Du gothique, la Toscane retient surtout l'amplitude des proportions, afin d'affirmer la prépondérance du décor. Exemples frappants à Pise, avec le Camposanto et la façade de la petite église Santa Maria della Spina, mais également à Sienne où se greffe en façade de la cathédrale, d'esprit roman, toute la richesse du vocabulaire gothique. À Florence, c'est le gracieux campanile à plan carré qui retient l'attention : le soubassement, érigé par Giotto et décoré de bas-reliefs par Andrea Pisano, l'importance croissante des baies au fur et à mesure des étages et la polychromie des marbres (blanc de Carrare, vert de Prato et rose de la Maremme) sur toute sa hauteur concourent à en faire un des édifices les plus spectaculaires du gothique toscan.

Toits de Florence vus du Duomo

La Renaissance et Brunelleschi

Avec Filippo Brunelleschi (1377-1446), artiste emblématique de la Renaissance et inventeur d'une théorie de la perspective, l'architecture rompt avec le gothique et affirme de façon magistrale un système perspectif et rationnel inspiré des théories humanistes sur le beau architectural. Brunelleschi s'impose ainsi comme un des premiers architectes modernes, travaillant sur plan à partir des règles de la perspective et du calcul mathématique. À Florence, la chapelle des Pazzi (Cappella dei Pazzi), dans l'église Santa Croce, et l'Ancienne Sacristie (Sagrestia Vecchia), dans la basilique San Lorenzo, deux édifices à plan centré et coiffés d'une coupole, marquent un tournant vers cette évolution. Articulés sur plan autour des modules simples du cercle et du carré, les volumes élevés, juxtaposant harmonieusement sphères et cubes, sont rehaussés par l'emploi de la *pietra serena* (pierre grise extraite des environs de Florence), qui souligne la structure au niveau des nervures, tandis que les surfaces planes sont tapissées d'un crépi à la chaux clair et lumineux.

L'urbanisme Renaissance

Selon la volonté du prince, symbole de la nouvelle organisation politique, les places publiques sont redessinées dans un but de théâtralisation du pouvoir, à l'instar de la piazza dei Cavalieri à Pise. La Renaissance voit également la multiplication des palais privés citadins, par opposition aux maisons-tours médiévales. Dotés de trois étages, ces palais, inspirés du principe de la *domus* romaine, s'articulent autour d'une cour centrale entourée d'un portique et présentent souvent une façade à bossages. Les exemples les plus significatifs sont les palais Strozzi et Medici-Riccardi à Florence. Les villas de campagne des riches familles, comme celle de Laurent le Magnifique à Poggio a Caiano (1485), voient aussi le jour.

MICHEL-ANGE ARCHITECTE
Michel-Ange bouleverse les canons de la Renaissance. Il reprend le plan carré de Brunelleschi pour la Nouvelle Sacristie des chapelles médicéennes, mais dynamise l'espace grâce à de nouveaux éléments décoratifs (niches, pilastres, sculptures...). Jouant comme Brunelleschi du contraste opposant *pietra serena* et surface blanche, il imprime toutefois à l'espace une dramatisation plus solennelle. Emblématique, l'escalier monumental de la bibliothèque Laurentienne constitue un brillant exemple de maniérisme et un tour de force architectural.

Le maniérisme et le baroque

Michel-Ange (1475-1564) est le précurseur du mouvement maniériste. Viennent ensuite Vasari (1511-1574), qui apporte des modifications à la galerie des Offices, Ammannati (1511-1592), qui œuvre dans la cour et la façade arrière du Palazzo Pitti, et Buontalenti (1536-1608), sur la façade de Santa Trinità. Ils annoncent le baroque. Après la Renaissance, la Toscane perd sa primauté dans le domaine des arts et nombreux sont les artistes à s'exiler vers d'autres foyers artistiques, principalement à Rome. La Toscane adopte le baroque avec sobriété, sauf dans le cas des chapelles médicéennes à Florence.

Le néoclassicisme

Capitale de l'Italie unifiée pendant cinq ans, Florence s'engage, dans l'euphorie générale, dans de grands travaux d'urbanisme. De vastes places (piazza della Repubblica, piazzale Cavour et piazzale Michelangelo) sont créées pour célébrer la nouvelle unité nationale, et l'on en profite pour apposer enfin le marbre sur la façade du Duomo. Nouveau poumon alimentaire de la cité, le Mercato Centrale de San Lorenzo, combinant pierre, fer et verre, est érigé entre 1870 et 1874 par l'architecte milanais Giuseppe Mengoni, qui s'inspire des Halles de Paris.

Liberty et rationalisme

La fin du 19e s. voit naître l'Art nouveau, appelé Liberty ou Floreale en Italie, incarné notamment par Giovanni Michelazzi (1879-1920). Viareggio en offre de beaux exemples. L'entre-deux-guerres est marqué par le rationalisme de Pier Luigi Nervi (1891-1979), auteur du stade de Florence (1931), et par la réalisation de la gare de Santa Maria Novella à Florence, un des chefs-d'œuvre du rationalisme "organique", par le Gruppo Toscano. Figure la plus marquante de ce "groupe toscan", Giovanni Michelucci (1891-1990) signe en 1964 son œuvre majeure, l'église San Giovanni Battista (1964), dite "de l'autoroute", à Campo Bisenzio, banlieue au nord-ouest de Florence.

PEINTURE

En peinture aussi, les artistes toscans, soutenus par de puissants mécènes, ont joué un rôle historique. De Duccio di Buoninsegna à Giotto, de Masaccio à Lippi, de Botticelli à Michel-Ange, tout n'est que révolutions esthétiques et inspirations de génie.

Détail du *Baptême du Christ*, Verrocchio et Vinci, 1472-1475

Giotto et les "primitifs" italiens

Au 14e s., les prémices d'une révolution artistique voient les peintres préférés aux (dispendieux) mosaïstes. Ils s'affranchissent du modèle byzantin et commencent à affirmer leur personnalité artistique, suivant l'exemple de **Giovanni Cimabue** (vers 1240-1302). **Duccio di Buoninsegna** (vers 1255-1319) en est le pendant siennois. L'artiste, dans son œuvre maîtresse la *Maestà*, atteste le passage du byzantin au gothique et témoigne d'un style encore hésitant entre la peinture sacrée et la narration animée. Son contemporain **Giotto** (1266-1337) est clairement le premier à rompre radicalement avec la tradition byzantine. Ses personnages sont mis en scène, les visages expressifs, les attitudes souples. Il est présenté par Vasari comme le "premier peintre italien". On peut admirer ses fresques dans la chapelle Bardi de la basilique Santa Croce à Florence.

Les frères Lorenzetti et le gothique international

Le raffinement décoratif du style gothique touche l'Italie de manière éphémère, avec, à la pointe de cet élan, l'école siennoise de peinture. **Pietro Lorenzetti** (vers 1280-1348), probable élève de Duccio, réalise des œuvres à la forte intensité dramatique avant de s'orienter vers un style apaisé et précieux, dont témoigne sa *Naissance de la Vierge* (1342) au Museo dell'Opera Metropolitana de Sienne. **Simone Martini** (vers 1284-1344), également élève de Duccio, est le principal représentant de l'école siennoise. Sa manière est empreinte de préciosité et de douce courtoisie. Signalons, son *Annonciation* (1333) à la galerie des Offices de Florence. **Ambrogio Lorenzetti** (vers 1290-1348), frère de Pietro, est célèbre pour ses *Effets du bon et du mauvais gouvernement* (1338-1348), une série de fresques allégoriques qui révèlent une approche instinctive de la perspective (p.162).

Orcagna (vers 1308-1368), à Florence, symbolise la réaction à l'audace formelle de Giotto. Il revient à une figuration hiératique byzantine, à une sévère frontalité des personnages et à une symétrie rigide des éléments figuratifs. **Masolino da Panicale** (1383-vers 1447) laisse une œuvre picturale marquée par une gamme chromatique claire et rayonnante. Il établit un équilibre inédit entre le traitement de l'espace et le rendu des couleurs.

L'ART DU QUATTROCENTO, LA PREMIÈRE RENAISSANCE

Le Quattrocento (15e s.) marque l'apogée de Florence en matière politique et un âge d'or dans le domaine des arts. C'est dans ce climat de prospérité que certains peintres cherchent à élaborer une image scientifique (et plus seulement naturaliste) du monde, à travers la découverte de la perspective. Les grands artistes se déplacent au gré des commandes de leurs mécènes, entourés d'élèves qu'ils forment dans leurs ateliers.

Paolo Uccello

Paolo Uccello (1397-1475) est une figure marquante de la première Renaissance. Son œuvre audacieuse témoigne d'un rare sens de l'abstraction et de l'ornementation, caractérisé par un foisonnement de détails dans les arrière-plans, qui vient s'appuyer sur une perspective complexe. Il peint souvent des beautés naturelles (plantes et animaux) dans des tonalités vives apportant une touche de fantastique. Il meurt misérable, et sera redécouvert par les cubistes et les surréalistes.

Fra Angelico

Dit aussi Il Beato, ce moine-peintre (1400-1455) poursuit une esthétique très personnelle. Il passe une dizaine d'années au couvent San Marco de Florence, dont il décore les cellules. Il a parfaitement assimilé les leçons de la perspective (il sera le premier à intégrer en arrière-plan des paysages toscans, un procédé qui fera école), mais semble davantage attentif à l'emploi de couleurs lumineuses pour témoigner de sa ferveur religieuse. Son travail montre aussi une grande connaissance des passions humaines, prônant un retour à la simplicité et aux valeurs du début du christianisme.

Masaccio

Originaire du Chianti, il a une trajectoire météorique dans l'histoire de la peinture (1421-1428). On peut admirer ses fresques dans la chapelle Brancacci à Florence. Il est très lié à Masolino et à Brunelleschi, dont il intègre la science de la perspective (notamment le point de fuite situé à hauteur du regard). Sa peinture, affranchie du maniérisme gothique, s'attache, par l'emploi d'une palette éclatante, au modelé de personnages réalistes, qui prennent véritablement vie. C'est aussi un des premiers peintres à signer ses œuvres.

Filippo Lippi

Dit Fra Lippi, cet autre moine-peintre (1406-1469) se distingue par sa quête de la grâce et de la douceur. Fortement influencé par Fra Angelico, notamment dans l'emploi de couleurs claires et lumineuses, il s'illustre par ses nombreuses représentations de la Vierge, à laquelle il confère une beauté presque païenne. On dit d'ailleurs que ses Vierges à l'Enfant avaient pour modèles sa maîtresse et leur fils, Filippino Lippi (vers 1457-1504), qui allait devenir un excellent peintre.

Piero della Francesca

Ayant vécu de 1420 à 1492, il est devenu le maître incontesté de l'art de la fresque et le premier à avoir totalement maîtrisé les règles savantes de la perspective. Son chef-d'œuvre, *La Légende de la Vraie Croix* (1452-1459), se voit dans le chœur de l'église San Francesco d'Arezzo. Virtuose dans l'art de la lumière comme dans celui de la couleur, il impose une œuvre sereine dans laquelle les personnages, souvent solennels et impassibles, donnent l'impression d'être absents, parfois même de flotter, créant une étrange sensation poétique et énigmatique. La galerie des Offices de Florence a hérité d'une pièce maîtresse : le double *Portrait des ducs d'Urbino*.

***Portrait de Dante*, Botticelli, 1495**

Sandro Botticelli

C'est une des vedettes du Quattrocento (1445-1510) ! Il est l'élève de Filippo Lipi et d'Andrea del Verrocchio (p.203) et l'un des protégés des Médicis. Baignée de mythologie, son œuvre marque le sommet de la première Renaissance. On y voit des beautés paisibles et cristallines, d'où émane une indéfinissable mélancolie. Attentif aux détails, il traite les chevelures presque trait par trait, et soigne les attitudes par un modelé précis. Ses deux œuvres phares *La Naissance de Vénus* et *Le Printemps*, s'admirent à la galerie des Offices.

Le Pérugin

Extrêmement prolifique, le Pérugin (1445-1523) a fait son apprentissage à Florence auprès de Verrocchio, avant d'être appelé à Rome pour participer au décor de la chapelle Sixtine. En 1486, il ouvre deux ateliers, l'un à Florence et l'autre à Pérouse, encadrant quantité d'assistants qui lui assurent une grande réussite commerciale et sociale. Son style est classique et langoureux, influencé par Piero della Francesca. Il exprime un sens de l'espace, un souci de la clarté et une certaine douceur, qui céderont le pas dans la seconde partie de sa carrière à une joliesse d'exécution jugée parfois fade.

***Saint François recevant les stigmates*, Giotto, 1325**

Domenico Ghirlandaio

On peut voir, dans la chapelle Tornabuoni de Santa Maria Novella à Florence, des fresques qui résument bien le style de Ghirlandaio (1449-1494). Il est à la tête d'un important atelier florentin et a pour élèves Michel-Ange et Raphaël. Peintre narratif, il s'illustre dans un style presque documentaire, avec une profusion de détails. Il est le premier à oser mêler, dans des peintures religieuses, le sacré et le profane. Artiste mondain, il n'hésite pas à donner à ses personnages bibliques les traits de certains de ses contemporains.

> **LE CINQUECENTO, TEMPS DES GÉNIES**
> Le début du 16e s. voit la naissance de plusieurs génies (Michel-Ange, Léonard de Vinci...), artistes polyvalents en pleine gloire courtisés par de puissants mécènes. Les peintres qui ont fait la grandeur de Florence travaillent désormais pour le compte de la papauté ou des dirigeants d'autres cités-États. Certains s'exilent parfois pour mettre leur talent au service de cours européennes.

Léonard de Vinci

Leonardo (1452-1519) est le génie par excellence, il incarne à lui seul la Renaissance italienne. Il se forme à Florence dans l'atelier de Verrocchio aux côtés de Botticelli, de Ghirlandaio et du Pérugin. Homme de science, inventeur (machines de plongée ou volantes...), ingénieur militaire, concepteur de fêtes princières, architecte, sculpteur et peintre, il laisse peu d'œuvres, mais son apport est essentiel. Il se démarque par la dissolution des contours et l'unification des tons, le *sfumato*. Ce nouveau rendu apporte de l'épaisseur, du volume et du relief. On peut découvrir son *Adoration des Mages* ou son *Annonciation* à la galerie des Offices.

Michel-Ange

Autre génie incontesté, Michelangelo Buonarroti (1475-1564) est né à Caprese, près d'Arezzo (p.196). Ses talents, longtemps mésestimés, de coloriste annoncent le maniérisme, tout comme son dynamisme du mouvement et son expression pathétique et passionnée de la souffrance préfigurent les tourments du baroque.

Raphaël

Raffaello Sanzio (1483-1520) fait l'essentiel de son apprentissage en Ombrie auprès du Pérugin. Sa manière assimile les apports de Léonard de Vinci et de Michel-Ange, tout en intégrant les modalités tonales de Titien. Sa peinture incarne l'apogée de l'art classique de la Renaissance, dans lequel s'opère la fusion harmonieuse des valeurs de la chrétienté et des canons de la beauté grecque, qu'il focalisera sur l'ovale, doux, apaisé – et maintes fois traité – du visage de la Madone.

Les maniéristes et Rosso Fiorentino

Le mouvement maniériste, qui se manifeste essentiellement en peinture, correspond à une transformation complexe de la Renaissance. Des artistes virtuoses, issus d'une génération profondément marquée par l'œuvre peint de Michel-Ange, cherchent à s'affranchir de leurs illustres aînés. On reconnaît **Rosso Fiorentino** (1494-1540), formé à Florence, à ses figures aux physionomies cruelles, à ses corps exagérément allongés et mouvementés, à ses drapés aux couleurs acides. Une salle lui est consacrée à la galerie des Offices.

Les *macchiaioli*

Les "tachistes" (19e s.) trouvent leur inspiration dans l'évocation de scènes intimistes de la vie quotidienne, du paysage et du patriotisme toscans. Les principales têtes de file du mouvement sont **Giovanni Fattori** (1825-1908) et **Telemaco Signorini** (1835-1901). Ils annoncent les impressionnistes, avec cette juxtaposition de taches (*macchie*) larges, colorées et contrastées, évoquant une peinture champêtre que l'on peut rapprocher de celle de l'école de Barbizon. Certaines de leurs œuvres sont exposées à la galerie d'Art moderne du Palazzo Pitti à Florence.

SCULPTURE

La sculpture toscane s'illustre à l'époque gothique avec les Pisano et connaît son apogée à la Renaissance avec Ghiberti, Donatello et Michel-Ange.

Les Pisano et l'art gothique

L'œuvre des Pisano est à l'origine d'un courant novateur dans le domaine de la sculpture gothique italienne. **Nicola Pisano** (vers 1220-1284) est l'un des premiers à s'affranchir des canons hiératiques imposés par l'Église, voyez son style résolument gothique dans le Duomo de Sienne. Son fils **Giovanni** (vers 1245-1319) en conçoit la façade ; sur la chaire de la cathédrale de Pise, il privilégie l'expression dramatique. Le Siennois Tino di Camaino (1280-1337) sera leur élève le plus brillant. **Andrea Pisano** (1270-1349), sans lien de parenté avec les deux précédents, réalise à Florence en 1336 la première des portes en bronze du baptistère Saint-Jean, avant de prendre en charge la décoration du deuxième étage du campanile. Ses fils Nino et Tommaso adopteront un style en ronde-bosse.

Lorenzo Ghiberti

Lorenzo Ghiberti (1378-1455) gagne en 1401 le concours pour la création de la porte nord du baptistère Saint-Jean de Florence, l'emportant sur plusieurs grands sculpteurs, dont Brunelleschi. Reprenant la division en panneaux adoptée par Andrea Pisano, il s'attelle de 1403 à 1423 à la création des vantaux en bronze de la porte, sur lesquels sont racontés, de façon très narrative, des épisodes de la vie du Christ. Le succès engendré par cette première œuvre lui vaudra de se voir confier la réalisation de la porte est. Ses panneaux témoignent d'une maîtrise déjà affirmée de la perspective architecturale. On a dit de cette grande figure de la Renaissance qu'elle "maniait le bronze comme un peintre la couleur".

Donatello

Donato di Niccolò di Betto Bardi, dit Donatello (1386-1466), est l'autre figure marquante de la sculpture du Quattrocento. Ce natif de Florence, brillant sculpteur, innove en appliquant la théorie de la perspective linéaire de Brunelleschi à la sculpture de ses panneaux de bronze, traités presque de manière picturale. L'œuvre qui annonce ce changement est le bas-relief *Saint Georges terrassant le dragon* (conservé au musée national du Bargello), dont le modelé, fort peu prononcé, obéit rigoureusement aux nouvelles lois de la perspective. En s'attaquant avec brio à tous les matériaux (bois, bronze, stuc, marbre) et dans les styles les plus variés, il s'est affirmé comme l'un des artistes les plus éminents de son siècle.

Della Robbia

Vous verrez les œuvres des Della Robbia partout en Toscane. Aussi bien dans les musées que dans les églises et sur diverses façades, notamment celle de l'hôpital des Innocents à Florence. Cette famille s'est spécialisée dans la production de médaillons en terre cuite émaillée qui constituent une forme particulièrement populaire de l'art de la Renaissance. Le fondateur de cette dynastie, Luca Della Robbia (1400-1482), s'est formé aux côtés de Donatello. Ses neveu et petit-neveu Andrea (1435-1525) et Giovanni (1469-1529) furent également des céramistes réputés, sans oublier le frère de Giovanni, Girolamo (1488-1566).

***La Porte du Paradis*, Lorenzo Ghiberti, baptistère Saint-Jean de Florence**

Andrea del Verrocchio

Ce peintre et sculpteur (1435-1488) fait partie de la cour de Laurent de Médicis et dirige à Florence un atelier fréquenté par de prestigieux élèves : Léonard de Vinci, Botticelli, le Pérugin, Ghirlandaio... Réputé pour son habileté technique que l'on attribue à sa formation d'orfèvre, il est considéré comme l'un des plus grands sculpteurs de la Renaissance après Donatello. On peut voir ses tombeaux de Giovanni et Piero de Médicis dans la basilique San Lorenzo à Florence.

Michel-Ange

Peut-être plus que pour la peinture, c'est pour la sculpture que Michel-Ange (1475-1564) est incontournable. Il laisse à Florence une œuvre abondante, qui atteste toute sa puissance créatrice, à commencer par son célèbre *David*, dont l'original trône à la galerie de l'Académie, ainsi que ses *Esclaves enchaînés*. À peine moins célèbres, ses imposantes statues couvrant les tombeaux des ducs de Médicis, et sa pathétique *Pietà* inachevée, conservée au Museo dell'Opera del Duomo de Florence.

LANGUE ET LITTÉRATURE

Le dialecte toscan a donné à l'italien ses lettres de noblesse : les chefs-d'œuvre littéraires de Dante, Pétrarque et Boccace. Les 19e et 20e s. ont aussi vu naître de grands auteurs.

Les "trois couronnes"

Laurent de Médicis, dit le Magnifique, entendait à la fin du Quattrocento imposer au reste de la péninsule la langue de Florence. Il s'appuyait pour cela sur l'importance des trois chefs-d'œuvre de la littérature toscane : *La Divine Comédie* de Dante (1265-1321), *Canzoniere* de Pétrarque (1304-1374) et le *Décaméron* de Boccace (1313-1375), dont les auteurs sont connus comme les "trois couronnes".

À l'origine de la langue italienne

Au 16e s., il est décidé de codifier une "langue vulgaire" (par opposition au latin), et le toscan du 14e s. est alors choisi. Au cours du 16e s., son système s'impose et l'académie de la Crusca, chargé de la rédaction du premier dictionnaire de la langue italienne, l'approfondit. Cette langue est pratiquée par l'élite, notamment à l'écrit. Mais il faut attendre l'après-guerre pour que cet italien obtienne les faveurs de toute la population, qui préfère toujours son dialecte local.

L'INVENTION DE L'OPÉRA

Au 17e s., si la littérature toscane fait peu parler d'elle, s'impose un nouveau genre, né à la cour des grands-ducs : l'opéra, ou "drame en musique" !

La littérature des 19e et 20e s.

Certains noms ont largement dépassé les frontières toscanes, d'autres demeurent plus confidentiels. Qui ne connaît pas Carlo Collodi ? L'auteur de *Pinocchio* a vécu en Toscane, de 1826 à 1890. Devenu célèbre longtemps après sa mort, Federigo Tozzi (1883-1920) a écrit *Il Podere* et de *Tre Croci*, des romans réalistes ancrés dans la campagne toscane et quelque peu kafkaïens. Il influencera d'autres écrivains comme Vasco Pratolini, excellent peintre vériste de la misère des villes et des campagnes toscanes. Citons également Curzio Malaparte (1898-1957), et ses récits *Kaputt* ou *La Peau*.

PARTICULARITÉS DU TOSCAN

L'accent toscan se reconnaît car on aspire la lettre "c" quand elle se trouve entre deux voyelles : *amico* (ami) se prononce "amiho", *domenica* (dimanche) "domeniha". En début de mot, la *casa* (maison) devient "hasa".

LES VINS

Les vins toscans sont à découvrir chez les *mescite* (cavistes) ou sur les tables des œnothèques et des trattorias. Dans ce terroir béni, même le *vino della casa* (vin de table, maison) est souvent de qualité.

Vignes du Chianti

Vins rouges

Région viticole la plus célèbre d'Italie, la Toscane présente un terroir idéal avec ses collines offrant plusieurs orientations et son climat chaud et rude. Le cépage roi de la région est le sangiovese, caractérisé par une forte acidité et des tannins marqués. Le Chianti Classico s'est imposé comme l'appellation phare de la région, avec ses vins corsés, aux parfums fruités et aux arômes floraux. Il est produit autour des villages de Greve, Radda et Castellina. D'autres appellations voisinent, comme le fameux Brunello di Montalcino DOCG, vieilli 5 ans minimum en barrique, ou le Vino Nobile di Montepulciano DOCG, dont les origines remontent au 14e s. Son petit frère, le Rosso di Montalcino, plus jeune, est aussi plus accessible. Les "super-toscans", originaux parce qu'ils sont sortis du cadre des DOC (Denominazione di Origine Controllata), atteignent des sommets gustatifs et... de prix ! Enfin, citons le cas du Carmignano, une appellation appréciée depuis le 15e s., ainsi que le Montecarlo et le Colli Lucchesi (un vin des collines de Lucques) pour le nord de la Toscane. Dans le sud-est, le Morellino di Scansano (synonyme local de sangiovese) est une valeur sûre.

Vins blancs

Si la Toscane est traditionnellement une région de vins rouges, certains blancs sont particulièrement réputés, comme la Vernaccia di San Gimignano, un vin vert sec et onctueux. Il est évoqué par Dante dans son *Purgatoire* et Michel-Ange en avait fait, paraît-il, son vin favori. Le *vin santo* est un vin de paille à déguster en fin de repas, élaboré à partir de cépages blancs de trebbiano et de malvasia, vieilli en pleine exposition à la chaleur. Il a la particularité d'être sec.

GASTRONOMIE

Si la Toscane est réputée pour son art de vivre, son excellente cuisine y est sans doute pour beaucoup. Les produits locaux sont toujours mis à l'honneur et cuisinés au fil des saisons, dans la tradition paysanne – parfois revue par de grands chefs !

Le pain

Le pain sans sel ou *pane sciocco*, très dense, constitue une tradition toscane ancienne et une particularité que Dante, dans son exil, avait déjà eu l'occasion de relever. Il est idéal avec la charcuterie locale ! La *schiacciata* est un genre de fougasse recouverte de gros sel et badigeonnée d'huile d'olive. Spécialité toscane, la *panzanella*, une salade de pain sec mouillé aux tomates et aux oignons finement hachés, se révèle un plat rafraîchissant en été. La *bruschetta* (ou *fettunta*) est un *antipasto* toscan, constitué d'un morceau de pain grillé frotté à l'ail puis arrosé d'huile d'olive. Les typiques *crostini* sont des tranches de pain grillées et tièdes, tartinées de pâté de foie de volaille (p.152), de légumes marinés ou de charcuterie.

Panini pecorino-*finocchiona* (salami au fenouil)

Pizzas et *pasta*

La pizza n'est pas une spécialité florentine, mais vous trouverez, au choix, des pizzas à pâte fine et croquante ou des pizzas napolitaines, le plus souvent cuites au feu de bois. Les pâtes, comme partout en Italie, sont incontournables. On les mange généralement en *primo piatto*, entre les *antipasti* (entrées) et le *secondo*, le plat principal (viande ou poisson). Elles peuvent être de mille et une formes, mais les *pappardelle* (sortes de tagliatelles plus larges) sont typiques, souvent accompagnées d'une sauce à la viande.

La charcuterie

Une des fiertés locales ! Le *prosciutto toscano*, jambon cru moins renommé que le San Daniele ou le Parme, est plus doux que ces derniers. Il bénéficie d'une appellation protégée, la DOP (notre AOC). Autres spécialités : le *salame toscano*, un saucisson sec épicé, la *soppressata*, un fromage de tête siennois, la *finocchiona*, un saucisson au fenouil sauvage, et le célèbre *lardo di Colonnata*, un lard blanc vieilli en cuve de marbre de Carrare.

Spécialités toscanes

Au registre des soupes, la plus célèbre est la *ribollita*, mêlant légumes d'hiver et chou noir, haricots et pain. Comme son nom l'indique (*ribollita* signifie "rebouillie"), elle était servie réchauffée pendant plusieurs jours. L'*acquacotta*, originaire de la région de Sienne, est une soupe au pain et à l'œuf brouillé. Elle peut parfois être agrémentée de cèpes. Le *minestrone*, soupe assez épaisse de légumes, connaît plusieurs variantes : la *minestra di fagioli*, aux haricots blancs, ou bien la *zuppa di ceci*, aux pois chiches. La *pappa al pomodoro* est une sorte de bouillie de pain à la tomate. Parmi les mets délicats, citons la truffe blanche (*tartufo bianco*), dont la terre d'élection se situe autour de San Miniato et de Sienne.

Viandes et fromages

La Toscane est traditionnellement une terre d'élevage de brebis et de vaches, dont la fameuse race *chianina* du Val di Chiana, à choisir pour le grand classique : la *bistecca alla fiorentina*, une épaisse côte de bœuf. Elle doit être grillée au charbon et peut s'accompagner de haricots blancs, les *fagioli*, très appréciés des toscans – que l'on surnomme les *mangiafagioli*, mangeurs de haricots. La *tagliata* est un contre-filet servi grillé. Les amateurs devront absolument goûter à la *trippa alla fiorentina* (tripes à la sauce tomate) et au sandwich au *lampredotto* (la caillette). Un des fromages typiques de Toscane est le brebis sec, *pecorino toscano*, généralement proposé en *antipasto*.

Desserts

En plus des classiques *tiramisù* et *panna cotta*, les restaurants peuvent proposer du *panforte* (ou *panpepato*, pain poivré) de Sienne, un nougat comptant dix-sept ingrédients. Avec un verre de vin doux (*vin santo*), on vous servira des *cantucci*, gâteaux secs aux amandes, spécialité de Prato.

Café

Les Italiens se sont taillé une réputation tout à fait justifiée en matière de torréfaction et de préparation du café. On le sert *zuccherato* (sucré) ou *senza zucchero* (sans sucre). Dans les cafés, les Italiens le consomment rapidement, debout au comptoir. On paye préalablement sa consommation à la *cassa* (caisse) afin d'obtenir le *scontrino* (ticket) à présenter au barman.

Apéritifs et digestifs

L'Italie est un grand producteur de *bitters* et de vermouths. La *sambuca* (un genre de pastis excessivement sucré) est typiquement toscane. Pour le digestif, on vous proposera souvent une grappa, une eau-de-vie de raisin.

Carnet pratique

Balade à scooter

INFOS UTILES

Toutes les informations pour organiser votre voyage et profiter pleinement de l'art de vivre toscan et des richesses culturelles de Florence et de sa région.

AVANT DE PARTIR

INFORMATIONS TOURISTIQUES

EN FRANCE

ENIT France
23, rue de la Paix 75002 Paris
01 42 66 03 96 infoitalie.paris@enit.it
www.enit.it

SUR INTERNET

www.regione.toscana.it
Le site de présentation de la région.

www.intoscana.it
Site de la région consacré à la culture.

www.visittuscany.com
Agence de promotion de la Toscane.

www.terraditoscana.com
En italien et en anglais.

www.feelflorence.it
Pour des infos sur Florence et sa région en version italienne et anglaise.

www.terresiena.it
Infos sur Sienne en italien et anglais.

BUDGET

La Toscane est une destination chère. Les petits budgets (autour de 50-60€/j.) s'en sortiront en mangeant sur le pouce, en dormant dans les auberges de jeunesse et en empruntant les transports en commun. À partir de 100€ par jour et par personne, il vous sera possible d'aller dans de petits hôtels, au restaurant et de profiter de l'offre culturelle. Au-delà de 150€ environ, c'est la belle vie ! Dans ce guide, les fourchettes de prix se réfèrent à une chambre double en haute saison pour l'hébergement. Quant aux prix indiqués pour les restaurants, sauf précision, ils s'entendent pour un repas complet (*primi, secondi, contorni*) sans boisson.

GAMME DE PRIX

Restauration	Hébergement
€ < 25€	€ < 75€
€€ 25-40€	€€ 75-110€
€€€ > 40€	€€€ > 110€

FORMALITÉS

Pour un séjour n'excédant pas trois mois, les citoyens de l'Union européenne peuvent entrer en Italie avec une carte d'identité en cours de validité.

QUAND PARTIR ?

La saison touristique s'étend de mars à novembre, avec un pic de fréquentation durant les mois de juillet et août. Mais, en règle générale, le moindre week-end prolongé donne l'occasion aux Européens d'envisager un court séjour en Toscane. Les deux plus belles saisons pour visiter la région sont le printemps et l'automne, même s'il s'agit aussi des périodes les plus humides. Évitez, si vous le pouvez, les vacances scolaires, particulièrement celles de Pâques, pendant lesquelles se pressent dans les musées des classes d'art du monde entier.

CLIMAT ET SAISONS

Saison touristique	de Pâques à oct., pic en juil.-août	
	Janvier	**Juillet**
Températures à Florence	2°C-9°C	18°C-30°C
Ensoleillement à Florence	4h/j.	11h/j.
Précipitations à Florence	8j., 65mm	3j., 35mm
Température de la mer	15°C	27°C
Météo	www.meteoam.it	

AGENDA

Ne pas confondre les *giorni festivi*, les jours fériés, et *les giorni feriali*, les jours ouvrables.

JOURS FÉRIÉS

Capodanno
1er jan.

Epifania/Befana
6 jan.

Pasquetta/Lunedì dell'Angelo
Lundi de Pâques

Liberazione 1945
25 avr.

Festa del Lavoro
1er mai

Festa della Repubblica
2 juin

San Giovanni
24 juin

Ferragosto
15 août

Ognissanti
1er nov.

Immacolata Concezione
8 déc.

Natale
25 déc.

Santo Stefano
26 déc.

FÊTES ET MANIFESTATIONS

JANVIER-FÉVRIER

Carnevale di Viareggio
Défilés et feu d'artifice (p.121).
5 dim. entre fin jan. et début mars

Carnevale di San Gimignano
Chars en papier mâché, musique et défilés en costume.
Jan.-fév.

MARS-AVRIL

Scoppio del Carro
Le rite de l'"explosion du char".
Florence Dim. de Pâques

Maggio Musicale
Festival d'opéra (depuis 1933).
Florence Mai-juin

MAI

Festa del Grillo
Fête du printemps au parc des Cascine où les enfants libèrent un grillon porte-bonheur.
Florence Dim. de l'Ascension

Fabbrica Europa
Festival de danse, théâtre et musique.
Stazione Leopolda Florence Mai-juil.

JUIN-AOÛT

Estate fiorentina
Têtes d'affiche, jeunes groupes en concerts mais aussi danse et théâtre.
Florence Mai-oct.

Luminaria
La fête des lumières.
Pise 16 juin

Regata di San Ranieri
Régates sur le fleuve en l'honneur du saint patron de la ville.
Pise Le 17 juin

Calcio Storico Fiorentino
Finale costumée du *calcio storico* et feu d'artifice magistral sur le Piazzale Michelangelo.
Florence Le 24 juin

Giostra del Saracino
Fête médiévale et cortège de 250 figurants sur la piazza Grande !
Arezzo 3e sam. de juin et 1er dim. de sept.

Gioco del Ponte
La joute du Pont.
Pise Dernier dim. de juin

Estate Fiesolana
Théâtre, musique, cinéma, opéra et dégustations au Teatro Romano de Fiesole.
Florence Mi-juin-juil.

Cinema all'Aperto
Films d'auteur en plein air (gratuit), piazzale degli Uffizi.
Florence Juin à sept. Tlj. 21h30

Palio di Siena
La course de chevaux qui fait vibrer toute la ville (p.166).
Sienne Le 2 juil. et le 16 août
Entrée payante

Bravio delle Botti
Une course de tonneaux de 80kg, en montée ! Cortège médiéval et grand banquet de rue.
Montepulciano Dernier dim. d'août

SEPTEMBRE

La Rificolona
Fête de la Vierge : les Florentins descendent dans la rue avec une lanterne.
Florence Le 7 sept.

TRANSPORTS

ALLER EN TOSCANE

EN AVION

Aéroports

Aeroporto Amerigo Vespucci
Un des principaux aéroports de la région, desservi par les lignes internationales.
Via del Termine, 11 Peretola (4km au nord-ouest de Florence) À 20 min du centre ☎ 055 30 61 830
www.aeroporto.firenze.it

Aeroporto Galileo Galilei (Pise)
Pour les compagnies *low cost*.
Piazzale D'Ascanio (3km au sud du centre-ville) Pise À 1h de Florence ☎ 050 84 91 11 www.pisa-airport.com

Principales compagnies

Air France
www.airfrance.fr

Alitalia
www.alitalia.com

Vueling
www.vueling.com

EasyJet
www.easyjet.com

Ryanair
www.ryanair.com

Liaisons aéroports

Busitalia
Le service Vola in Bus vous mène en 20min environ de l'aéroport de Florence à sa gare centrale, de 5h30 à 21h30. Comptez 6€.
800 37 37 60 (n° Vert)
www.fsbusitalia.it

Austradale
Liaison Pise-Florence. De 5h à 0h40, arrivée à la gare centrale en 1h10. Comptez 14€.
www.airportbusexpress.it

Trenitalia
De l'aéroport de Pise, trains pour Florence avec changement à Pisa Centrale. De 6h à 23h environ. Comptez 1h30 et 11,30€.
www.trenitalia.com

Siena Mobilità
Compagnie de bus assurant la liaison entre l'aéroport de Pise et Sienne (avec correspondance à Florence), en partenariat avec Austostradale. Tarif 28€ AR, 15€ AS.
0577 20 41 11 www.sienamobilita.it

Taxi
Tarif fixe de l'aéroport de Florence au centre historique, 22€ (24€ jours fériés et 25€ en nocturne). Comptez 15 min.

EN TRAIN

Il n'existe plus de liaison directe pour aller à Florence et en Toscane depuis la France. Il vous faudra au minimum une correspondance à Milan ou à Turin.

SNCF
36 35 www.oui.sncf

Trenitalia
89 20 21 (numéro vert)
www.trenitalia.com

SE DÉPLACER À FLORENCE

EN BUS

ATAF
Les bus ATAF (Azienda Trasporti Area Fiorentina) sillonnent la ville et ses proches environs. Beaucoup de lignes ont pour terminus la gare Santa Maria Novella (plan 1, B1). Les tickets peuvent être achetés à bord (quand le conducteur en a...), dans les locaux affichant la mention "Biglietti ed Abonnamenti ATAF" (kiosques à journaux, bars, tabacs) ou au bureau principal ATAF où vous trouverez un plan du réseau. Ticket 90min 1,20€, Carte "AGILE" 10 billets 10€, billet 24h 5€, 3 jours 12€. Voir aussi la Firenze card (p. ? ? ?), qui comprend la gratuité des transports.
800 42 45 00 (n° Vert, tlj. 6h-21h)
www.ataf.net Lun.-sam. 6h45-20h

À VÉLO

Movi
Des vélos gris et orange disponibles dans tout Florence via l'appli !
www.ridemovi.com Tarif 20cts/min

SE DÉPLACER EN TOSCANE

EN CAR

Le réseau de cars permet de se rendre dans tous les villages de Toscane, à condition de bien préparer son trajet ! Les compagnies ne travaillent pas forcément en réseau, et il n'est pas toujours aisé de trouver des correspondances. Nous indiquons les principales compagnies, reliant Florence, Pise, Sienne et les différents villages du Chianti.

Busitalia
La principale compagnie florentine dessert le Chianti, Sienne...
Via Santa Caterina da Siena, 17
(à l'ouest de la gare) ☎ 800 37 37 60
(n° Vert) www.fsbusitalia.it

CAP
Liaisons avec les alentours de Florence (Poggio a Caiano notamment).
Guichets à l'est de la gare, au début de la via Nazionale.
Largo Fratelli Alinari, 10 ☎ 800 57 05 30
(n° vert) www.capautolinee.it
Tlj. 6h40-19h55, j. fér. 7h-19h55

Compagnia Pisana Trasporti (CPT)
Au départ de Pise, liaisons avec Marina di Pisa et Tirrenia.
Sesta Porta Via Cesare Battisti 53
☎ 050 52 05 100 (billets)
www.pisa.cttnord.it Lun.-ven. 9h-13h

Tiemme Spa
Liaisons entre Florence, Sienne, Radda in Chianti, Colle di Val d'Elsa, Arezzo...
Via Luigi Alamanni ☎ 0577 20 41 11
www.tiemmespa.it

Siena Mobilità
Liaison de Sienne vers Florence et de nombreux villages alentour.
☎ 0577 20 41 11 www.sienamobilita.it

EN TRAIN

Des liaisons directes et rapides existent entre Florence et les grandes villes de Toscane.

Trenitalia
☎ 89 20 21 www.trenitalia.com

EN VOITURE

La voiture est idéale pour rejoindre les petits villages, visiter les caves, surtout si vous avez prévu de passer une ou plusieurs nuits dans un *agriturismo*. Mais si votre voyage se limite aux grandes villes, elle sera plutôt un handicap. La politique des villes est très restrictive et vous devrez toujours laisser votre véhicule à l'extérieur des centres-villes, et payer des parkings onéreux. Les agences de location de voitures se situent aux aéroports de Pise et de Florence, et dans le quartier du borgo Ognissanti à Florence.

DEUX-ROUES

La voiture étant bannie des centres-villes, le vélo est une excellente alternative à Florence, Pise, Lucques ou Sienne. En Toscane, les amateurs de randonnée à vélo seront comblés ! Voici quelques adresses où louer un deux-roues.

Alinari Scooter Rental
Vélo 2,50€/h et 12€/j. ; VTT 3€/h et 18€/j. ; hybride 4€/h, 19€/j.
Via San Zanobi, 38-40/r Florence
☎ 055 28 05 00 www.alinarirental.com
Lun.-sam. 9h-19h30, dim. 9h-18h30 (susceptible de petites variations hors saison)

Florence by bike
Location de bicyclettes à partir de 3,50€/h, 15€/j., e-bikes 39€/j.
Via San Zanobi, 54/r Florence
☎ 055 48 89 92 www.florencebybike.it
Avr.-oct. : lun.-sam. 9h-19h30, dim. et j. fér. 9h-18h ; nov.-mars : lun.-sam. 9h-13h et 15h30-19h30 Fermé le 15 août.

Toscana in Tour
Différents types de vélos, à partir de 5€ (première heure). Comptez de 16 à 20€ pour une journée complète. Scooters et vespas 45-75€/j.
Via Della Faggiola, 41 (à l'angle de la via Capponi) Pise ☎ 333 26 02 152
www.toscanaintour.it Mars-juin, sept. : tlj. 9h30-20h ; juil.-août : tlj. 9h30-22h ; oct.-nov. : tlj. 10h30-18h ; déc.-fév. : tlj. 11h-17h

Cicli Bizzarri
4€/h, 16€/j.
Piazza Santa Maria, 32 Lucques
0583 49 66 82 www.ciclibizzarri.net
Avr.-oct. : tlj. 8h30-19h30 ; nov.-mars : lun.-sam. 8h30-12h30 et 14h-19h30 Fermé parfois en jan.

Cicli Poli
4€/h, 16€/j.
Piazza Santa Maria, 42 Lucques
0583 49 37 87 www.biciclettepoli.com
Tlj. 8h30-20h (9h-19h hors saison)
Fermé 3 dernières sem. de jan.

Perozzi Automotocicli
Vélos hybrides et VTT (env. 15€/j.), scooters (50€/j.).
Via del Romitorio, 5 Sienne
0577 28 08 39 www.perozzi-siena.com Lun.-ven. 8h30-12h30 et 15h-19h, sam. 8h30-12h30 et 16h-18h, dim. 9h-12h30
Fermé dim. mi-oct.-mi-mai

SUR PLACE DE A À Z

ARGENT ET BANQUES

CARTES BANCAIRES

Les retraits aux guichets automatiques (Bancomat) et paiements par carte ne donnent lieu à aucun frais bancaire pour les ressortissants de la zone euro. Vérifiez avant de partir que votre carte est valable à l'étranger. Les commerçants qui affichent sur leur devanture l'autocollant CartaSi acceptent les principales cartes bancaires. Attention, même dans une ville aussi touristique que Florence, certains restaurants et quelques hôtels modestes n'acceptent que le liquide. En cas de perte ou de vol de votre carte, appelez un des numéros suivants :

Visa
800 81 90 14 www.visa.com

Mastercard
800 87 08 66 www.mastercard.com

American Express
01 47 77 72 00 (France)
www.americanexpress.com

Serveur interbancaire
Ce serveur français redirige votre appel vers le service d'opposition de la banque concernée.
0892 705 705 (de France)
ou 33 442 605 303 (de l'étranger)
24h/24

HORAIRES

Les horaires sont le plus souvent affichés et de façon générale plutôt respectés.

LE RYTHME TOSCAN

De part et d'autre des Alpes, les modes de vie sont très proches. La journée débute par un petit déjeuner léger, qui se résume à un *espresso* et *una brioche* (notre croissant) pris au comptoir d'un bar. Vers 13h sonne l'heure du déjeuner (*pranzo*). L'époque où l'on ne rencontrait pas âme qui vive dans les rues entre 13h et 16h30 est définitivement révolue : fini le temps des déjeuners copieux et des siestes réparatrices. Les terrasses des cafés se remplissent à nouveau à l'heure de l'apéritif (*aperitivo*), et les rues sont alors noires de monde pour la *passeggiata* (promenade) rituelle. Le soir, les restaurants font le plein entre 21h et 23h. Pensez à réserver, les Florentins aiment sortir, surtout le week-end.

COMMERCES

Ils sont ouverts en principe de 9h à 13h et de 15h30 à 19h30 (boutiques et enseignes internationales des centres-villes : sans interruption). Ils ferment le dimanche et une demi-journée par semaine : le lundi matin en hiver, et le samedi après-midi en été.

MONUMENTS

Les musées sont généralement fermés le lundi ou le mardi et pratiquent la journée continue. La dernière entrée est autorisée jusqu'à 1h avant la fermeture en général. Il est toujours préférable de vérifier les horaires des musées sur Internet ou à l'office de tourisme avant votre visite. Les changements saisonniers sont fréquents, et vous pouvez même avoir de bonnes surprises avec des nocturnes en été. Pour les principaux lieux de visite, nous vous encourageons à réserver à l'avance pour éviter les files d'attente. Quasiment tous les lieux de visite sont fermés le 1er janvier, le 1er mai et le 25 décembre. Lors des autres jours fériés, la politique d'ouverture des monuments est variable.

RESTAURANTS

En général, ils servent de 12h à 15h et de 19h30 à 23h. De nombreux établissements ferment les 15 premiers jours d'août.

MARCHÉS

Une information importante à retenir : les marchés ne sont pas ouverts le dimanche, contrairement à notre habitude française ! Quelques marchés florentins.

Mercato Centrale
cf. Mercato Centrale (p.68).
Piazza del Mercato Centrale

Mercato delle Piante
Marché aux fleurs.
(plan 1, C3) Via Pellicceria ◷ Jeu. 8h-14h

Mercato del Porcellino
Cuir, souvenirs.
(plan 1, C4) Via Porta Rossa Piazza del Mercato Nuovo ◷ Tlj. 9h-18h30

Mercato delle Cascine
Marché aux vêtements.
(hors plan 1 par A2) Via A. Lincoln ◷ Mar. 8h-14h

Mercato delle Pulci
Marché aux puces.
(plan 2, B3) Piazza Annigoni ◷ Tlj. 10h-19h

Mercato Sant'Ambrogio
cf. Mercato Sant'Ambrogio (p.74).
(plan 2, C3) Piazza Ghiberti ◷ Lun.-sam. 7h-14h

Mercato Santo Spirito
Fruits et légumes sur la place.
Les 2e dim. du mois (toute la journée) : antiquaires.
(plan 3, A2) Piazza Santo Spirito ◷ Lun.-ven. 9h30-14h30, sam.-dim. 9h30-17h

POURBOIRE

Les prix dans les restaurants et les cafés intègrent le service. Mais le salaire moyen des serveuses et serveurs est tellement faible que vous pouvez laisser un pourboire (*mancia*), surtout si vous avez apprécié le service. Il est à votre discrétion : 5 à 10% de l'addition semblent raisonnables.

RESTAURATION

TYPES D'ÉTABLISSEMENTS

Le ***ristorante*** est l'appellation qui correspond le mieux à ce qu'en français on entend par restaurant. La ***trattoria*** et l'***osteria*** peuvent être comparées aux bistrots français et proposent une cuisine traditionnelle. Pour manger une pizza, repérez l'enseigne **pizzeria**. La ***tavola calda***, proche du snack et du self-service, sert des plats chauds que l'on mange généralement debout ou sur des tabourets. Dans un bar ou une ***paninoteca***, les Italiens avalent à la hâte un sandwich (*tramezzino*) ou un *panino* avec un café, le plus souvent debout. Typiquement florentin, le ***vinaio*** (ou la ***fiaschetteria***), quelque part entre le bistrot et le bar à vins ou **enoteca**, sert le vin au verre, accompagné d'un sandwich, d'un plat du jour ou de quelques *crostini*... Dans une ***rosticceria***, on achète plats chauds, tartes salées ou parts de pizza à emporter.

DÉCRYPTER LA CARTE

Les Italiens sont de grands buveurs d'eau minérale. Si vous voulez une carafe d'eau du robinet (*acqua normale*), vous devrez le préciser au serveur (il risque, au mieux, d'être surpris...). L'eau minérale se décline entre *acqua frizzante* (eau pétillante) et *acqua naturale* (plate). Hors des lieux touristiques, il est rare de trouver des menus à prix fixes. Vous serez donc amené à choisir dans la carte. Salades, crudités, fromage, charcuterie, poissons marinés sont présentés en ***antipasti*** (hors-d'œuvre) ; ils sont souvent disposés sur un buffet. Pour éviter des malentendus, demandez au serveur leur mode de facturation : à l'unité, à l'assiette ou bien à volonté. Le ***primo piatto*** (premier plat) consiste traditionnellement en une assiette de pâtes, de riz cuisiné (risotto) ou de *minestre* (soupes). Le ***secondo piatto*** (plat de résistance) fait honneur à la viande ou au poisson. Si vous voulez un accompagnement, choisissez un ***contorno*** fait de légumes, non compris dans le prix du *secondo piatto*. Enfin, jetez un coup d'œil à la liste des ***dolci*** (desserts).

PANE E COPERTO

L'eau et le pain sont pratiquement toujours payants, il faut y ajouter le couvert (1 à 3€/pers.).

COMMANDER UN CAFFÈ

Un moment délicat, tant ses déclinaisons sont infinies ! Vous pouvez demander un *espresso ristretto* (serré) ou, à l'inverse, *lungo*, *macchiato*, si vous l'appréciez avec un nuage de lait ou *corretto* si vous le voulez avec une goutte de grappa. Le *caffè americano* est un café filtre. Le *cappuccino* est un café au lait crémeux. En été, la chaleur se prête au *caffè freddo* (café froid) servi avec des glaçons.

TÉLÉPHONE

Pour appeler l'Italie de l'étranger, composez le 00 39 suivi du numéro du correspondant, avec le 0 pour les lignes fixes qui commencent par 05 (055 pour Florence, 050 pour Pise, 0575 pour Arezzo, 0577 pour Sienne, 0584 pour Viareggio). Ne faites pas le 0 pour les portables qui débutent par 333, 334, etc. Pour joindre un correspondant français de Toscane, composez 00 33 et le numéro sans le 0 initial. Les frais d'itinérance ayant été supprimés à l'intérieur de l'UE, appeler ses proches d'Italie n'entraîne plus de surcoût.

Urgences médicales 118
Gendarmerie/Police 112/113
Pompiers 115

18
19

Héberge-ments

Fucecchio, au bord de l'Arno, entre Florence et Pise

SE LOGER

Entre les hôtels, les pensions, les B&B, les appartements à louer, les gîtes et les auberges de jeunesse, le choix ne manque pas à Florence et en Toscane ! Un seul regret, l'originalité et le confort ne sont pas toujours au rendez-vous... Attention, le petit déjeuner (*prima colazione*) n'est pas systématiquement proposé. N'oubliez pas d'ajouter le montant de la taxe de séjour aux prix affichés. Nous vous conseillons de réserver longtemps à l'avance.

CAMPINGS

Ouverts généralement de Pâques à octobre, les campings affichent de 1 à 5 étoiles.

Confederazione Italiana Campeggiatori
055 882 391 (Italie)
www.federcampeggio.it

AUBERGES DE JEUNESSE (AJ)

Elles accueillent les voyageurs sans discrimination d'âge, mais il faut être adhérent (adhésion à retirer sur place, 3€/nuit). Comptez en moyenne de 18 à 25€/pers. en dortoir.

COUVENTS

C'est une formule plutôt bon marché (à partir de 45€/pers.), qui permet de profiter d'un cadre agréable, mais attention, les portes ferment généralement le soir à 23h.

PENSIONI

Très répandue en Italie, la *pensione* est en général plus modeste que l'hôtel. Bon marché et populaire, elle est souvent familiale et accueillante.

HÔTELS

Les tarifs sont très variables, n'hésitez pas à négocier le prix si vous passez plusieurs nuits au même endroit.

Centro Prenotazioni Hotels Italia
www.initalia.it

LOCATIONS D'APPARTEMENTS

En plus des sites internationaux, voici des spécialistes de l'Italie.

Casa d'Arno
Un bon choix d'appartements, du studio au *palazzo*...
01 44 64 86 00 www.casadarno.com

Interhome
Villas et appartements allant du studio au six-pièces.
www.interhome.fr

Loc'appart
www.locappart.com

AGRITURISMI

Très répandu dans la campagne, le tourisme à la ferme est une option de charme notamment dans le Chianti et les environs de Sienne. Producteurs d'huile d'olive, viticulteurs... L'offre est multiple et variée.
www.agriturismo.it

FLORENCE

Ostello Santa Monaca €

Non loin de la piazza Santo Spirito, cette AJ correcte propose des dortoirs de 2 à 22 places. Service de laverie, cuisine à disposition, wifi gratuit, petite épicerie, location de bicyclettes et vente de billets de concerts et autres événements. Lit 15-30€/ pers. (selon la période).

OLTRARNO (plan 3, A1 n°44) Via Santa Monaca, 6 ☎ 055 26 83 38 www.ostellosantamonaca.com

Ostello Archi Rossi €

Une adresse bien connue des étudiants ! Les 147 places se distribuent entre chambres simples, doubles ou triples, familiales (de 3 à 5 pers.) et dortoirs (6 à 9 pers.). Deux agréables petites terrasses et un jardin. Lit en dortoir de 21 à 30€, double 60-100€, triple 75-120€. Petit déj. compris.

S. M. NOVELLA (plan 1, B1 n°56) Via Faenza, 94/r ☎ 055 29 08 04 www.hostelarchirossi.com

Ostello Tasso ♥€

Un *hostel* hors compétition, dans le vivant quartier de San Frediano ! L'établissement offre, outre ses 13 chambres, une cuisine moderne, une laverie, un bar, un jardin et un théâtre. C'est aussi un lieu fréquenté par les Florentins pour sa programmation d'événements. Dortoirs à partir de 30€/pers., double avec sdb 80€.

OLTRARNO (plan 3, A2 n°45) Via Villani, 15 ☎ 055 060 20 87 www.ostellotassofirenze.it

Hotel Medici €

Cet hôtel propose 38 chambres assez ordinaires, mais son principal attrait réside dans sa superbe et longue terrasse fleurie au dernier étage (sur laquelle ouvrent certaines chambres), avec vue sur les hauteurs du Duomo et du baptistère. Parfait pour prendre le soleil, magique aussi à la nuit tombée. Double 55-110€.

DUOMO (plan 1, C3 n°53) Via dei Medici, 6 ☎ 055 28 48 18 www.hotelmedici.it

Foresteria Valdese €

Un centre de jeunesse protestant aux parties communes aérées, à l'accueil charmant et aux 39 chambres impeccables. Les plus belles d'entre elles donnent sur le jardin de Boboli. Terrasse commune. Accès handicapés. Double 58-90€, petit déj. 6€.

OLTRARNO (plan 3, A2 n°43) Via dei Serragli, 49 ☎ 055 21 25 76 www.firenzeforesteria.it

Albergo Bencidormi €

"*Ben ci dormi*" : "on y dort bien" annonce cet appartement situé au premier étage. Six chambres à la décoration simple et moderne : les surfaces blanches et lumineuses alternent avec des murs aux couleurs éclatantes. Pas de petit déjeuner mais un espace équipé à disposition pour le préparer. Double 60-80€.

S. M. NOVELLA (plan 1, B1 n°50) Via Faenza, 69 ☎ 335 654 70 41 www.albergobencidormi.it

Hotel Lorena €

Modestie, calme et charme désuet... en plein San Lorenzo. Feu de bois et poutres apparentes dans la n°30. Double 50-100€ (sans sdb 40-80€). Petit déj. 5€. Parking 27€/j.

SAN LORENZO (plan 1, C2 n°52) Via Faenza, 1 ☎ 055 28 27 85 www.hotellorena.com

Albergo Giappone €

Entre le Duomo et la gare, dans un quartier central mais assez bruyant, 8 chambres très correctes (avec clim. et wifi) au 3e étage sans ascenseur. On vous laisse les clés pour rentrer.

Double avec coin douche de 50 à 95€, selon la saison, avec salle de bains de 60 à 120€ (sans petit déj.).

(plan 1, B2 n°57) Via dei Banchi, 1
055 21 00 90 www.hotelgiappone.com

Hotel Bavaria ♥€

De très belles pièces décorées de fresques ornent le Palazzo Ramirez di Montalvo (16e s.), à la façade dessinée par Vasari. Les 17 grandes chambres au mobilier ancien (sans clim.) ont le cachet d'une authentique demeure Renaissance. Double 65-110€ (avec sdb), 50-80€ (sans sdb), petit déj. inclus.

SANTA CROCE (plan 2, A3 n°41) Borgo degli Albizi, 26 055 234 03 13 www.hotelbavariafirenze.it

Il Ghiro €

Se sentir un peu chez soi et, en même temps, partager son espace avec des inconnus, voilà ce qui vous attend dans cet appartement où l'on vous souhaite de dormir comme un "loir" (*ghiro*). Quatre chambres, une cuisine équipée, la climatisation et un accueil très sympathique. Double 70€ avec sdb, 60€ sans.

S. M. NOVELLA (plan 1, B1 n°54) Via Faenza, 63
055 28 20 86 www.ilghiro.it

Casa Santo Nome di Gesù €

La superbe façade ocre de ce palais Renaissance du 15e s. abrite le siège des Missionnaires dominicaines de Marie. Une véritable aubaine que de séjourner dans cette belle maison impeccablement tenue, au mobilier ancien. Parmi les 23 chambres, quelques-unes sont très belles et hautes de plafond. Petit parking (15€/j.), jardin. Couvre-feu à 23h. Double 70-130€, petit déj. compris.

OLTRARNO (plan 3, A1 n°41)
Piazza del Carmine, 21 055 21 38 56
www.fmmfirenze.it

Albergo la Scaletta €

Un site exceptionnel, surtout au coucher du soleil : les terrasses au dernier étage de cette demeure du 15e s. donnent sur le jardin de Boboli ! 36 chambres uniques à l'harmonie recherchée. Agréable salle de petit déjeuner. Double 80-170€, petit déj. 10€. Parking à proximité 30€/j.

OLTRARNO (plan 3, B2 n°40)
Via de' Guicciardini, 13 055 28 30 28
www.hotellascaletta.it

Locanda Orchidea ♥€€

Une adresse, souvent complète, dans une rue bordée de nombreux palais Renaissance. Celui-ci date du 12e s. et a vu naître la femme de Dante... Onze chambres élégantes, dont certaines donnent sur un reposant jardin où trône une belle vasque-fontaine. Air conditionné. Double 80-130€, petit déj. inclus.

SANTA CROCE (plan 2, B3 n°48) Borgo degli Albizi, 11 333 522 22 95
www.locandaorchidea.it

Albergo Scoti ♥€€

Au milieu de la prestigieuse et aristocratique via dei Tornabuoni, où s'alignent palais et boutiques de luxe, un appartement de 16 chambres calmes et claires avec vue sur les toits pour certaines et sdb pour toutes. Beau salon commun entièrement décoré de fresques. Double 80-130€, petit déj. 5€.

PIAZZA DELLA SIGNORIA (plan 1, B3 n°51)
Via de' Tornabuoni, 7 055 29 21 28
www.hotelscoti.com

Hotel Annalena ♥€€

En face de la plus secrète des entrées du jardin de Boboli, un palais du 14e s. : balcons à hauteur de la cime des arbres et chambres de goût. La campagne à Florence ! Double 80-250€ (60-120€ en basse saison ou sans vue), petit déj. compris. Parking partenaire payant (25-35€/j).

OLTRARNO (plan 3, A3 n°42) Via Romana, 34 055 22 24 02 www.annalenahotel.com

Hotel Dalí €€

Une "affaire" derrière le Duomo : de grandes chambres au mobilier hétéroclite, dotées de ventilateurs et de double vitrage. Certaines donnent sur la coupole, les autres sur la cour au magnolia. Pas de petit déj. (bouilloire, réfrigérateur dans chaque chambre et four micro-ondes à disposition). Double 75-95€ (sans sdb 50-70€), avec parking (appeler avant).

DUOMO (plan 2, B3 n°42) Via dell'Oriuolo, 17 055 234 07 06 www.hoteldali.com

Loggia fiorentina €€

Lits en fer forgé, armoires anciennes, miroirs dorés, fauteuils en velours... Une pension de 15 chambres sobres et agréables, située dans le paisible quartier du musée San Marco. La n°28 possède un balcon et une sdb privative ; évitez celles du rdc, plus bruyantes. Double env. 90€. Petit déj. 5€. Parking à proximité 25€/j.

SAN MARCO (plan 2, A1 n°44) Via San Gallo, 31 055 462 50 16 www.loggiafiorentina.com

Antica Dimora Johlea ♥€€

Un havre de paix, mêlant style, sens de l'accueil et du détail : mobilier entièrement chiné chez des antiquaires de la région, couloirs délicatement parfumés, murs aux couleurs tendres et terrasse nichée au dernier étage avec vue sur le Duomo, où prendre le petit déjeuner. Les patrons possèdent d'autres structures proches vers lesquels ils vous dirigent si celle-ci est complète. Double 90-220€.

SAN MARCO (plan 2, A1 n°40) Via San Gallo, 80 055 46 33 292 antichedimorefiorentine.it

Hotel Monna Lisa €€

Ce 4-étoiles ravira les amateurs de raffinement. Ses 45 chambres se répartissent entre l'aile Renaissance, à la décoration un peu chargée (tissus muraux, plafond en bois et grand lustre), et la partie moderne (agréable mais plus banale), qui ouvre sur un magnifique jardin où prendre le petit déjeuner. Double 100-220€.

SANTA CROCE (plan 2, B3 n°43) Borgo Pinti, 27 055 247 97 51 www.monnalisa.it

Le Tre Stanze €€€

Ce B&B se niche dans un palais du 16e s., à une trentaine de mètres du Duomo. Patrick Steiner, un jeune sculpteur, vous réserve le meilleur dans ce lieu dont le décor et l'ambiance rappellent le luxe discret des anciennes maisons florentines. Double 110-140€.

DUOMO (plan 2, A3 n°47) Via dell'Oriuolo, 43 0329 21 28 756 055 29 28 29 www.letrestanze.it

Palazzo San Niccolò ♥€€€

Cette pépite se cache au cœur de San Niccolò, un des plus anciens quartiers de Florence. Les 26 appartements sont nichés dans un palais du 13e s. Quelques détails, comme les poutres et les céramiques, ont été conservés, et côtoient une décoration moderne associée à de belles pièces anciennes provenant d'une collection privée. À partir de 125€ pour un appartement avec chambre double.

OLTRARNO (plan 3, C2 n°47) Via di San Niccolò, 79 055 24 45 09 palazzosanniccolo.it

Palazzo Guadagni ♥€€€

Cet hôtel romantique surplombant l'une des places les plus animées de Florence est installé dans un palais de la Renaissance joliment rénové.

Il dispose de 15 chambres classiques, spacieuses, avec sol en marbre, sdb élégante et, pour certaines, plafond orné de fresques et cheminée. Apéritif servi sur la terrasse... Double 130-200€ en été.

OLTRARNO (plan 3, A2 n°46) Piazza Santo Spirito, 9 ☎ 055 26 58 376 www.palazzoguadagni.com

Milu Gallery Hotel €€€

Un hôtel qui fera le bonheur des adeptes d'art contemporain. Car ici toutes les œuvres qui ornent les pièces communes sont à vendre et, sur le principe d'une galerie, la sélection pointue change régulièrement. Les chambres ultra chics présentent une décoration épurée faisant la part belle aux designers italiens. Jolie terrasse sur le toit. Double à partir de 130€ (sans le petit déj.).

DUOMO (plan 1, B4 n°55) Via de' Tornabuoni, 8 ☎ 055 21 71 03 https://hotelmilu.com/fr

Le Stanze di Santa Croce €€€

Cet élégant B&B propose, dans une ambiance familiale, quatre chambres confortables. Le petit déjeuner copieux et gourmand est une fête des saveurs : gâteaux faits maison, confitures et miel bio, charcuteries typiques. Maria-Cristina organise aussi des cours de cuisine pour vous apprendre les secrets des pâtes faites maison, ainsi que le plaisir de concocter un repas italien pour des amis. Double 160€ en haute saison.

SANTA CROCE (plan 2, B4 n°46) Via delle Pinzochere, 6 ☎ 0349 526 54 82 www.lestanzedisantacroce.com/fr

Loggiato dei Serviti ♥€€€

Un très bel hôtel (16e s.) sur l'une des plus harmonieuses places de la ville. Quelques chambres ouvrent sous les arcades dessinées par Brunelleschi, tandis que d'autres donnent sur des jardins intérieurs de l'Accademia. Les volumes sont magnifiés par les peintures, les fresques et le mobilier d'époque. Un must. Double 160-240€.

SAN MARCO (plan 2, B1 n°45) Piazza SS. Annunziata, 3 ☎ 055 28 95 92 www.loggiatodeiservitihotel.it ⏲ Fermé oct.-fév.

Hotel Porta Rossa €€€

Connue des voyageurs dès 1386, cette auberge a accueilli Stendhal, Lamartine, Balzac et Byron. Mise au goût Belle Époque au début du 20e s., comme en témoigne la verrière polychrome du hall d'entrée, elle dispose de 72 chambres redécorées dans un style passe-partout. Double 180 à 300€ selon la période et le standing.

DUOMO (plan 1, B3 n°58) Via Porta Rossa, 19 ☎ 055 271 09 11 www.nh-hotels.it

DANS LES ENVIRONS

Panoramico €

Un camping implanté sur les hauteurs de Fiesole, où l'on trouve, en été, un peu plus de fraîcheur qu'en ville. Ses 110 emplacements sont répartis sur 5,5ha. Location de chalets, bungalows avec sdb (à partir de 69€/2 pers. en pleine saison). Jolie vue panoramique, restaurant, piscine, accès Internet. Emplacement pour tente et voiture 15€, adulte 14€, enfant 6€. Check-in jusqu'à 22h.

Via Peramonda, 1 5km au nord-est de Florence (accès bus n°7 de San Marco) ☎ www.campingpanoramicofiesole.com

Antico Spedale del Bigallo €

Une auberge de jeunesse dans un ancien monastère du 13e s. Immenses salles, mobilier façonné en gros bois, jardin aux oliviers... Pittoresques chambres communes

18-25€/pers., six jolies doubles 58-78€. Petit déj. inclus.

BAGNO A RIPOLI Via del Bigallo e Apparita, 14 6km à l'est de Florence Accès bus n°23/a de la gare Santa Maria Novella puis bus n°24 (jusqu'à 20h30) jusqu'à l'arrêt "La Fonte", puis env. 15min à pied, à moins que l'on vienne vous chercher 055 63 09 07 ou 390 55 63 09 07 www.anticospedalebigallo.it

PISE, LUCQUES, VIAREGGIO

PISE

B&B Le Donzelle €

Trois chambres assez monacales mais accueillantes, dans un B&B très central ! Une vaste pièce commune avec cuisine et coin lecture à disposition ouvre ses larges fenêtres sur les arcades de la jolie place Vettovaglie – un peu bruyante le soir, demandez une chambre donnant de l'autre côté. Double 60-100€, petit déj. compris (servi au bar).

PISE (plan 6, B2 n°30) Vicolo delle Donzelle, 3 388 582 84 64

Hotel Milano €€

Cet hôtel des abords de la gare ne paie pas de mine, mais s'avère confortable et pratique pour ceux qui ne veulent pas traverser la ville avec leurs bagages. Le centre-ville et les principales curiosités restent facilement accessibles à pied. Petit déj. non compris. Double 80-90€ (sans sdb 65-75€).

PISE (plan 6, B4 n°32) Via Mascagni, 14 050 231 62

Hotel Minerva €€

Géré par les sympathiques Rita et Francesco, cet hôtel central présente un bon rapport qualité-prix. Ses points forts ? Une situation géographique idéale et un vaste jardin verdoyant où l'on peut prendre le petit déjeuner (inclus). Double 100-150€.

PISE (plan 6, C3 n°33) Piazza Giuseppe Toniolo, 20 050 50 10 81 www.hotelminervapisa.it

Royal Victoria Hotel ♥€€€

Sur les quais de l'Arno, un agréable palace dont la sobre façade se mire dans les eaux du fleuve. Ses quatre étages se parent de vastes parties communes, mais le petit plus demeure l'adorable terrasse cachée au 4e étage. Trente-huit chambres, certaines dans une tour du 10e s. ! Double 140-150€, petit déj. inclus. Parking 20€/j.

PISE (plan 6, B2 n°31) Lungarno Pacinotti, 12 050 94 01 11 www.royalvictoria.it

LUCQUES

La Gemma di Elena €

Loin des hôtels formatés, ce B&B ravira ceux qui désirent partager un semblant de vie familiale... au milieu d'une véritable ménagerie de chiens et de chats ! Des six chambres aux noms féminins, la *Marianna* est la plus spacieuse et la plus originale, avec sa fresque au mur. Double avec sdb 65-80€ petit déj. compris. Parking privé 10€/j.

LUCQUES (plan 7, C1 n°34) Via della Zecca, 33 0583 49 66 65 www.lagemmadielena.it

La Colonna €

Cinq chambres colorées, tenues par un patron sympathique, s'ouvrent sur une cour agréable et occupent ce qui fut, il y a bien longtemps, un couvent. À proximité de la Torre del Palazzo Guinigi, dans une rue tranquille, loin de l'effervescence touristique et commerçante. Double env. 75€. Pas de petit déj.

LUCQUES (plan 7, C2 n°33)
Via dell'Angelo Custode, 16 0583 44 01 70
www.lacolonnalucca.it

Albergo San Martino €€

Un hôtel de charme dans une ruelle calme, à deux pas du Duomo. Un jeune artiste local a orné plusieurs chambres de fresques très fraîches. Accueil sympathique. Double 80-130€, petit déj. 10€. Parking 15€/j.

LUCQUES (plan 7, B3 n°31)
Via della Dogana, 9 0583 46 91 81
www.albergosanmartino.it

Al Tuscany Antica Residenza €€

Les propriétaires, architectes, proposent à la location toute une aile de leur vaste appartement. Plusieurs chambres agrémentées de mobilier d'époque. Nous vous conseillons celle du fond, avec vue sur le Duomo. Cuisine à disposition et vaste salle où l'on partage un copieux petit déjeuner. Double 50-90€. Petit déj. 5€.

LUCQUES (plan 7, B2 n°30) Via Cenami, 17
0583 46 40 37 www.altuscany.it

La Bohème €€

Six chambres décorées avec goût, dans un style classique toscan qui met en valeur les très jolies céramiques du sol, le mobilier en fer forgé ou en bois massif et les hauts plafonds. Coquettes petites sdb. Petit déj. avec pâtisseries. Air conditionné. Double 90-125€.

LUCQUES (plan 7, B2 n°32) Via del Moro, 2
0583 46 24 04 www.boheme.it

Piccolo Hotel Puccini €€

À deux pas de la maison natale du Maestro, cet hôtel agréable (à l'activité ininterrompue depuis 1902 !) offre un service accueillant et prévenant, et des chambres tout confort, plutôt gaies. Double 100€. Petit déj. 4€.

LUCQUES (plan 7, B2 n°37) Via di Poggio, 9
058 35 54 21 www.hotelpuccini.com

Palazzo Dipinto €€€

Au cœur de Lucques, ce palais du 13e s. offre 19 chambres aux jolies vues sur les toits de ville et ses clochers. Admirez ses poutres apparentes, son parquet, sa décoration épurée déclinant des nuances de beige et de gris et ses sdb, particulièrement soignées. Parking privé. Double 150€.

LUCQUES (plan 7, B2 n°36)
Piazza del Palazzo Dipinto, 27 0583 58 28 73
www.palazzodipinto.com

VIAREGGIO ET LA VERSILIA

Hotel London €€€

Un des nombreux établissements du front de mer, dont les chambres des étages supérieurs offrent une vue sur les flots. D'un style classique, elles sont confortables et pas trop petites ; certaines d'entre elles, mansardées, sont même charmantes. Double 160-170€. Tarifs négociés pour le parking et les plages privées.

VIAREGGIO Viale Daniele Manin, 16
Lungomare 0584 49 841
www.hotellondon.it

Agriturismo Olimagiò €€€

Totalement immergé dans la nature, ce bed & breakfast fera la joie des familles. Le petit déjeuner se prend dans le jardin où les hôtes se régalent d'un grand buffet salé-sucré fait maison et bio. Les enfants courent derrière les poules ou admirent le potager pendant que les adultes se prélassent autour de la piscine. Double à partir de 127€.

PIETRASANTA Via Vaiana, 30 (13km au nord de Viareggio) 0584 76 81 18
www.olimagio.it

CHIANTI

GREVE IN CHIANTI

L'Erta di Quintole ♥€

Trois appartements donnant sur les champs d'oliviers de la propriété. *Il Pozzo* (75m²), avec sa cheminée et sa petite cave, s'ouvre sur une grande pergola et la campagne ; *il Fico* (45m²) et *il Fiocco* (50m²) bénéficient d'un jardinet privé. Espace barbecue près de la piscine en contrebas. Accueil chaleureux. Location à la nuitée, double 70€.

IMPRUNETA Via di Quintole per le Rose, 43 19km de Greve (d'Impruneta, suivre Firenze via Pozzolatico À la sortie du bourg, suivre la dir. Pozzolatico) ☎ 055 20 11 423 ou 055 20 11 191 www.ertadiquintole.it

Casa al Sole €

Un hôtel familial, pour loger à deux pas de la place Matteotti à un prix abordable. Neuf chambres coquettes, au rez-de-chaussée. Si vous aimez le kitsch, optez pour la *Fiorita*, au style "vénitien", avec un balcon donnant sur le jardin. Et si vous avez toujours rêvé d'un lit à baldaquin, la *Camera Rococò*, dotée d'une terrasse, fera votre bonheur. Double 70-120€.

GREVE IN CHIANTI Via Vittorio Veneto, 82 ☎ 055 85 46 429 www.casaalsole.net

Podere La Casa €

Un gîte magnifique en duplex, dans une maison du 14e s. où vivent les propriétaires, avec salle à manger, terrasse, grand séjour et cheminée. Sur demande, Rosalba Marinai, votre hôtesse, vous enseignera l'art de la cuisine toscane. N'hésitez pas, c'est ce qui fait le charme des *agriturismi*. Trois nuits minimum. Vente d'huile d'olive de la propriété. 490€ la sem. pour 2 pers.

PANZANO Via dei Macelli, 4 (7km au sud de Greve, dir. Fattoria del Fonti) ☎ 055 85 25 23

Fattoria Agriturismo La Presura €€

Une ferme médiévale plantée dans un paysage de vignes et d'oliviers, aux huit appartements pleins de cachet. Les hôtes profitent de la très belle piscine panoramique, pêchent ou participent à une dégustation. Repas copieux et savoureux, avec huile et vin de la propriété. De 80 à 180€/nuit selon la taille de l'appartement (de 2 à 6 pers.) et la saison.

STRADA IN CHIANTI Via della Montagnola, 191 6km de la sortie d'autoroute Florence sud et 11km au nord de Greve ☎ 055 858 70 24 ou 0328 281 88 35 www.lapresura.it

Albergo Verrazzano €€

Une institution de Greve, donnant sur la place : dix petites chambres dont on apprécie le carrelage en *terracotta*, les têtes de lit en fer forgé et le mobilier d'époque. Elles sont toutes différentes, ont une terrasse, une vue sur les toits et la campagne ou sur la place. Double 105€ avec petit déj.

GREVE IN CHIANTI Piazza Matteotti, 28 ☎ 055 85 31 89 www.albergoverrazzano.it

Albergo del Chianti €€€

Ce qui fait l'intérêt du lieu, hormis sa position centrale, est l'ample espace commun du rez-de-chaussée, ouvert sur la pergola, le jardin et la piscine. Vingt-deux chambres aux couleurs douces, assez vastes. Sur place également, un restaurant de poissons-bar à vins, le Diversus. En haute saison, à partir de 150€ la double avec petit déj.

GREVE IN CHIANTI Piazza Matteotti, 86 ☎ 055 85 37 63 www.albergodelchianti.it

Villa Il Poggiale ♥€€€

Une maison de famille transformée en hôtel. Salons accueillants, larges couloirs et chambres décorées avec le plus grand soin : tapis, baldaquins (parfois), tomettes, baignoires à l'ancienne, fresques... Immense buffet au petit déjeuner. Piscine. Double à partir de 150€.

SAN CASCIANO IN VAL DI PESA Via Empolese, 69 (20km au nord-est de Greve) 055 82 83 11 www.villailpoggiale.it Fermé fin jan.-fév.

Villa Le Barone ♥€€€

Le comte et la comtesse Aloisi de Larderel, couple franco-italien, ont redonné tout son lustre à l'ancienne demeure familiale. Ici, rien d'ostentatoire, mais un magnifique mobilier, un jardin pour fleurir les tables et les salons, et un potager pour relever le goût des plats. Piscine. Double à partir de 200€.

PANZANO (9km au sud de Greve) 055 85 26 21 www.villalebarone.com Fermé 1er nov.-ven. précédant Pâques

RADDA IN CHIANTI

La Bottega di Giovannino €

En plein centre historique, une douzaine de chambres propres, lumineuses, spacieuses, dotées pour la plupart d'une vue sur la campagne alentour, ses vignes, ses oliviers et, au loin, le village de Volpaia. Que demander de mieux ? Agréable petit déjeuner au bar-œnothèque du même nom (p.139). Double à partir de 65€, petit déj. 7€.

RADDA IN CHIANTI Via Roma, 6-8 0577 73 56 01 www.labottegadigiovannino.it

Villa Cristina €€

En face du meilleur restaurant du village, à deux pas du centre, cet hôtel au charme désuet bénéficie d'une piscine. Petit déjeuner servi sur la terrasse et patrons adorables. Parking gratuit. Double 80-100€.

CASTELLINA IN CHIANTI Via Fiorentina, 34 0577 74 14 10 Fermé jan.- fin mars

Agriturismo Monteraponi €€

La quasi-totalité de ce hameau, jouissant d'une vue magnifique sur la vallée, a été transformée en *agriturismo*. La propriété produit du vin et de l'huile d'olive. Charme assuré et piscine à débordement (pas toujours ouverte, se renseigner) face au panorama. Assez isolé. Double 95€, minimum 2 nuits, sans petit déj.

MONTERAPONI (sur la SR 429 reliant Radda à Castellina, à 3km de Radda, embranchement) 0577 73 82 08 ou 338 937 34 65 www.monteraponi.it Fermé jan.- Pâques

Palazzo Leopoldo €€€

Tout l'éclat d'un palais du 18e s. : immenses chambres, sols en *terracotta* et traditionnels plafonds toscans en brique. Dans certaines, vous pourrez vous endormir dans un lit à baldaquin ou au coin du feu. Petit déjeuner servi dans l'ancienne cuisine du palais. Sauna et hydromassage au centre bien-être, piscine couverte. Double 145-250€.

RADDA IN CHIANTI Via Roma, 33 0577 73 56 05 www.palazzoleopoldo.it

COLLE DI VAL D'ELSA

Agriturismo biologico Ebbio ♥€€

Une belle maison de campagne gérée avec passion par Sibilla. Outre de la décoration champêtre et chic, vous pourrez profiter de séminaires de yoga et d'un potager bio qui constitue le point de départ du menu du jour (15€). Les chambres sont accessibles ponctuellement (voir site internet). Double 160€.

MONTERIGGIONI Strada del Gallinaio, 9 391 43 07 022 www.ebbio.it

Arnolfo B&B €€

À ne pas confondre avec le restaurant et l'hôtel de luxe situés dans la partie haute de la ville. Ce magnifique bed & breakfast dispose de dix chambres aménagées dans trois appartements typiquement toscans, dotés de murs en pierres apparentes et de plafonds striés de poutres. Double 75-90€ avec petit déj.

COLLE DI VAL D'ELSA Via Francesco Campana, 53 Colle Bassa ☎0577 92 20 20 ou 333 83 15 706 www.arnolfobb.it

SAN GIMIGNANO

Bellavista €€

L'hôtel doit son nom à l'impressionnant panorama qu'il livre sur les tours de San Gimignano. Les appartements, aux jolis intérieurs (lits en fer forgé, mobilier blanc, cuisine campagnarde), s'avèrent des plus agréables. Et le couple qui vous accueille est charmant. Petit déjeuner partagé autour de la grande table commune. Piscine. Double 80-120€, petit déj. 8€.

RACCIANO Località Racciano, 43 (2km de San Gimignano en direction de San Donato) ☎349 671 36 51 www.poderebellavista.net

Hotel Pescille €€

Une ancienne *fattoria* (ferme) devenue un somptueux hôtel de 32 chambres. L'audacieuse décoration intérieure, résolument contemporaine, ne trahit en rien l'âme des lieux, agrémentés d'un grand jardin planté de cyprès. Sur demande et en été seulement, le chef sert un délicieux brunch au bord de la piscine. Double 95-135€.

SAN GIMIGNANO Località Pescille (4km de San Gimignano dir. Volterra) ☎0577 94 01 86 www.pescille.it ⏲Fermé nov.-avr.

La Cisterna €€€

Le moins cher des hôtels intra-muros profite d'une situation de choix sur une place médiévale. Fondé en 1918 dans le palais Braccieri (13e s.), il compte une cinquantaine de chambres meublées avec goût dans un style florentin (lustres et dorures discrètes), avec vue sur la cour, la place médiévale ou la campagne. Compter 115-160€.

SAN GIMIGNANO Piazza della Cisterna, 23 ☎0577 94 03 28 www.hotelcisterna.it ⏲Fermé jan.-mi-mars

Hotel L'Antico Pozzo €€€

Un luxueux palais du 15e s. aux chambres chaleureuses, aux meubles patinés et aux splendides plafonds peints... Certaines donnent sur la rue, d'autres sur la terrasse où l'on prend le copieux petit déjeuner dès les beaux jours venus. Double 120-180€, petit déj. inclus.

SAN GIMIGNANO Via San Matteo, 87 ☎0577 94 20 14 www.anticopozzo.com ⏲Fermé 2 dernières sem. de jan.

SIENNE, AREZZO

SIENNE

Hotel Chiusarelli €

À deux pas de la basilique San Domenico, cette grande et gracieuse villa du 19e s., entourée d'un peu de verdure, n'est pas dénuée de charme. Parmi ses vastes 48 chambres, certaines bénéficient d'une vue dégagée. Élégante salle de restaurant et reposante véranda pour prendre le petit déjeuner (inclus). Double 70-150€.

SIENNE (plan 10, A2 n°32) Viale Curtatone, 15 ☎0577 28 05 62 www.chiusarelli.com

Albergo Tre Donzelle €
Cet hôtel compte 20 chambres immaculées d'un bon rapport qualité-prix, avec sdb commune pour la plupart (1 sdb pour 2 chambres). Double avec sdb 70-80€, 50-70€ avec sdb commune, petit déj. non compris.

SIENNE (plan 10, C2 n°31) Vicolo delle Donzelle, 5 ☎ 0577 27 03 90 ou 338 76 15 052 www.tredonzelle.com

Piccolo Hotel Etruria €€
Situé à seulement quelques dizaines de mètres de la piazza del Campo, l'hôtel compte 20 chambres lumineuses, bien tenues et équipées, mais sans grand charme. Double (avec clim.) 90€.

SIENNE (plan 10, B2 n°34) Via delle Donzelle, 3 ☎ 0577 28 80 88 www.hoteletruria.com

Albergo Bernini €€
Un établissement que vous apprécierez surtout pour son agréable terrasse, lorgnant vers la colline du Duomo. Dix doubles à la déco peu recherchée, mais une sympathique petite adresse tout de même, vite prise d'assaut. Double 80 (sans sdb)-100€ (avec sdb).

SIENNE (plan 10, A2 n°30) Via della Sapienza, 15 ☎ 0577 28 90 47 www.albergobernini.com

Pensione Palazzo Ravizza €€
Sans conteste l'un des plus ravissants hébergements de Sienne. Ce palais Renaissance du 16e s. abrite sur trois niveaux 40 chambres, les plus luxueuses se situant à l'étage noble (le 1er). Intérieurs superbes, avec splendides plafonds peints et pavements ou parquets. Parking privé gratuit. Le restaurant, réputé, installe en été des tables dans le jardin. Double standard 80-180€.

SIENNE (plan 10, A4 n°33) Pian dei Mantellini, 34 ☎ 0577 28 04 62 www.palazzoravizza.it ⏲ Mars-déc. Fermé jan.-fév.

Residenza d'Epoca Il Casato €€€
Le Palazzo Bardi, une imposante bâtisse du 14e s. parée d'un somptueux sol de marbre, propose 12 chambres aux admirables plafonds décorés ou peints. Fastueuses parties communes. Accueil charmant. Double 75-150€.

SIENNE (plan 10, B4 n°35) Via Giovanni Duprè, 126 (entrée principale) ou via Casato di Sopra, 33 ☎ 0577 23 60 01 www.relaisilcasato.it

ENVIRONS DE SIENNE

Albergo Giardino €
Le meilleur rapport qualité-prix de Montalcino. Neuf chambres simples, mais propres et spacieuses. Mario, le sympathique et volubile patron, est un passionné de vin. Il pourra vous conseiller sur le choix des millésimes et des producteurs. Double à partir de 110€, petit déj. inclus.

MONTALCINO Piazza Cavour, 4 ☎ 0577 84 82 57 www.albergoilgiardino.it ⏲ Fermé mi jan.-mi-fév.

Vecchia Oliviera €€€
Dans un ancien moulin à huile, aux portes de Montalcino mais à deux pas des meilleurs restaurants et caves de la région, ce 3-étoiles de style traditionnel propose 11 chambres confortables et lumineuses. Parking privé, grande piscine, clim. Double 120-190€.

MONTALCINO Porta Cerbaia ☎ 0577 84 60 28 www.vecchiaoliviera.com ⏲ Fermé 25 déc.-6 jan.

Hotel Relais Il Chiostro di Pienza €€
Dans un cloître franciscain du 15e s., contigu à l'église de San Francesco, cet hôtel offre 37 chambres tout confort (clim.) et dispose d'une belle piscine en contrebas du jardin.

Les suites n°101 et 102, avec leurs fresques, sont les plus attrayantes. Si vous n'y résidez pas, n'hésitez pas à pénétrer dans le cloître (et à visiter l'église, qui abrite elle aussi des fresques). Double standard 70-130€, petit déj. inclus.

PIENZA Corso Il Rossellino, 26 ☎ 0578 74 81 29 www.relaisilchiostrodipienza.com ⏲ Fermé nov. et jan.-mars

La Bandita Townhouse €€€

Un boutique hôtel installé dans un ancien couvent, au cœur de Pienza. Le mélange entre l'ancien et le moderne frise ici la perfection. L'établissement dispose de 12 chambres minimalistes mais raffinées, d'un petit spa et d'un restaurant où le chef concocte une bonne cuisine toscane. Des fenêtres, observez à perte de vue les merveilleux paysages du Val d'Orcia. Double standard 250-350€.

PIENZA Corso Il Rossellino, 111 ☎ 0578 74 90 05 ⏲ Restaurant fermé lun. midi

Meublé Il Riccio ♥€€

À deux pas de la piazza Grande, "Le Hérisson" propose, autour d'une exquise petite cour à colonnades, 10 chambres confortables et de très agréables parties communes. Superbe terrasse panoramique sur le toit. Vous serez choyé par les patrons. Double standard 100-110€, petit déj. 8€.

MONTEPULCIANO Via Talosa, 21 ☎ 0578 75 77 13 www.ilriccio.net

AREZZO

Casa Volpi €€

Juste à la sortie d'Arezzo, et déjà en pleine campagne. Cette imposante demeure du 18e s. est entourée d'un agréable parc. Le volume des pièces, les magnifiques carrelages, les frises qui ornent les plafonds et les plantes disposées çà et là composent un intérieur élégant. Vue sur Arezzo et le clocher du Duomo. Double à partir de 90€.

AREZZO (plan 11, C4 n°20) Via Simone Martini, 29 ☎ 0575 35 43 64 www.casavolpi.com

Vogue Hotel €€€

En plein centre historique, à mi-chemin entre la gare et la basilique San Francesco, cet hôtel de charme propose 26 chambres modernes et chaleureuses au confort high-tech. Double 145-220€.

AREZZO (plan 11, B3 n°21) Via Guido Monaco, 54 ☎ 0575 24 361 www.voguehotel.it

PRONONCIATION

Consonnes

c devant **a, o, u** "k"
c devant **e, i** "tch"
ch "k"
g devant **a, o, u, h** "gu"
g devant **e, i** "dj"
gli "lli" mouillé comme dans "alliance"
gn "gn" comme dans "gagner"
r "r" roulé
sc devant **e, i** "ch"
sc devant **a, o, u, h** "sk"
z généralement "ts" au milieu d'un mot, "ds" au début d'un mot

Voyelles

Pas de diphtongues : **au** se prononce "aou", **que** "kué", etc.
a "a"
e jamais muet "é" ou "è"
i "i"
o "o"
u toujours "ou"

LE B.A.-BA

Bonjour Buongiorno

Bonsoir/Bonne nuit Buonasera/Buona notte

Salut Ciao

Au revoir Arrivederci (tutoiement) ; **arrivederla** (vouvoiement)

À bientôt/à tout à l'heure A presto/a dopo

S'il vous plaît Per favore/per cortesia

Merci/de rien/je vous en prie Grazie/di niente/prego

Excusez-moi (Mi) scusi

Pardon (pour passer) Permesso

Je suis désolé Mi dispiace

Madame/mademoiselle/monsieur Signora/signorina/signore

Comment allez-vous ? Come sta ?

Très bien Molto bene

Je ne comprends pas Non capisco

Parlez-vous français ? Parla francese ?

Je ne parle pas italien Non parlo italiano

Est-ce que quelqu'un parle français ? C'è qualcuno che parla francese ?

Oui/non Si/no

Renseignement(s) Informazione(i)

Allô Pronto

Je suis français(e) Sono francese

Comment vous appelez-vous ? Come si chiama ?

Je m'appelle... Mi chiamo...

Au secours ! Aiuto !

Attention ! Attenzione !

Interdit/défendu Vietato

Dangereux(se) Pericoloso(a)

Beau/belle Bello/bella

TEMPORALITÉ

Lundi Lunedì

Mardi Martedì

Mercredi Mercoledì

Jeudi Giovedì

Vendredi Venerdì

Samedi Sabato

Dimanche Domenica

Janvier Gennaio

Février Febbraio

Mars Marzo

Avril Aprile

Mai Maggio

Juin Giugno

Juillet Luglio

Août Agosto

Septembre Settembre

Octobre Ottobre

Novembre Novembre

Décembre Dicembre

Aujourd'hui Oggi

Demain Domani

Hier Ieri

Matin Mattina

Après-midi Pomeriggio
Soir Sera
Quel jour sommes-nous ? Che giorno è ?
Quelle heure est-il ? Che ora è, che ore sono ?

COMPTER

Zéro Zero
Un(e)/premier Uno(a)/primo(a)
Deux/deuxième Due/secondo(a)
Trois/troisième Tre/terzo(a)
Quatre/quatrième Quattro/quarto(a)
Cinq/cinquième Cinque/quinto(a)
Six/sixième Sei/sesto(a)
Sept/septième Sette/settimo(a)
Huit/huitième Otto/ottavo(a)
Neuf/neuvième Nove/nono(a)
Dix/dixième Dieci/decimo(a)
Onze/onzième Undici/undicesimo(a)
Douze Dodici
Treize Tredici
Quatorze Quattordici
Quinze Quindici
Seize Sedici
Dix-sept Diciassette
Dix-huit Diciotto
Dix-neuf Diciannove
Vingt Venti
Trente Trenta
Quarante Quaranta
Cinquante Cinquanta
Cent/deux cents Cento/duecento
Cinq cents Cinquecento
Mille/deux mille Mille/duemila
Un million Un milione

EN VISITE

Quand ? Quando ?
Combien ? Quanto ?
Combien ça coûte ? Quanto costa ?
Une personne/deux personnes Una persona/due persone
Gratuit (entrée libre) Gratuito (ingresso libero)
Billet Biglietto, banconota
Prix Prezzo
Ouvert/fermé Aperto/chiuso
À quelle heure ouvre/ferme ? A che ora apre/chiude ?
Tous les jours Tutti i giorni
Jours ouvrables (lun.-sam.) Giorni feriali
Jours fériés Giorni festivi

SHOPPING

Chaussures Scarpe
Chaussettes Calzini
Un pantalon Un pantalone
Une chemise Una camicia
Un tee-shirt Une maglietta
Une veste Una giacca
Une jupe Una gonna
Une robe Un vestito, un abito
La taille La taglia, la misura
C'est trop grand, trop petit È troppo grande, troppo piccolo
Un sac à main Une borsa
C'est trop cher È troppo caro
La poste La posta
Un timbre Un francobollo
Une carte-postale Una cartolina

AU RESTAURANT

Déjeuner/dîner Pranzare/cenare
Boire/manger Bere/mangiare
Une table pour deux Una tavola per due persone
Menu/carte Il menù a prezzo fisso/la lista/il menù
Hors-d'œuvres Antipasti
Premier plat/plat principal Primo piatto/secondo piatto
Accompagnements Contorni
Plat du jour Piatto del giorno
Couvert Coperto

Pain Pane
Fromage Formaggio
Dessert Dolce
Gâteau Torta, dolce
Boissons Bevande
Eau minérale/gazeuse Acqua minerale/frizzante (gassata)
Jus de fruit/fruit pressé Succo di frutta/spremuta
Vin rouge/blanc/mousseux Vino rosso/bianco/spumante
Bière (à la pression) Birra (alla spina)
1/2 bouteille Mezza bottiglia
Thé Tè
Lait Latte
Santé ! Salute ! /Cin cin !
L'addition, s'il vous plaît ! Il conto per favore !
Ticket de caisse/facture Scontrino/fattura
Prenez-vous la carte de crédit ? Accetta la carta di credito ?
Frais/glacé Fresco/ghiacciato
Chaud/froid/tiède Caldo/freddo/tiepido
Huile d'olive Olio d'oliva
Vinaigre Aceto
Poivre/sel/salé Pepe/sale/salato
Sucre/sucré Zucchero/zuccherato

LIRE UN MENU

LA CARNE/LA VIANDE

Agnello Agneau
Anatra Canard
Bistecca Steak
Fegato, fegatelli Foie
Maiale Porc/cochon
Manzo Bœuf
Pancetta Lard
Pollo Poulet
Prociutto cotto/crudo Jambon cuit/cru
Salsiccia Saucisse
Vitello Veau

LA COTTURA/LA CUISSON

Al sangue Saignant
Cotto a puntino Cuit à point

PESCE E FRUTTI DI MARE/POISSONS ET COQUILLAGES

Acciughe, alici Anchois
Aragosta Langouste
Astice Homard
Baccalà Morue sèche
Calamaro Calamar
Cozze, mitilo Moule
Gambero Gambas, bouquet
Nasello Colin, lieu, merlu
Ostriche Huîtres
Polipo/Polpo/polipetti Poulpe/petits poulpes
Salmone Saumon
Scampo Gambas
Tonno Thon

LA FRUTTA/LES FRUITS

Arancia Orange
Castagne Châtaignes, marrons
Fragola Fraise
Pomodoro Tomate
Lampone Framboise
Limone Citron
Mandarino Mandarine
Mela Pomme
Oliva Olive
Pera Poire
Uva Raisin

LA VERDURA/LES LÉGUMES

Contorno Garniture
Aglio Ail
Capperi Câpres
Carota Carotte
Cavolo nero Chou noir de Toscane
Cannellini Petits haricots secs blancs
Fagiolo/fagiolino Haricot blanc/vert
Fave Fèves
Funghi (funghi porcini) Champignons (cèpes)

Riso Riz

Cipolla Oignon

Lattuga Laitue

Peperoncino Piment

Peperone Poivron

Spinaci Épinards

Zucca, zucchina Courge, courgette

LE BIBITE/LES BOISSONS

Caffè espresso Café très serré

Caffè ristretto (serré) Café très, très serré

Caffè lungo Café allongé

Latte macchiato Un verre de lait taché de quelques gouttes de café

Caffè corretto Serré et corrigé d'un apport d'eau-de-vie ou de liqueur

Tè freddo alla pesca, al limone Thé glacé à la pêche, au citron

Granita Glace pilée au café ou au sirop

Frappè ou frullato Milk-shake de fruits frais et de crème glacée

Cioccolata Le chocolat que l'on boit, à ne pas confondre avec le cioccolato, le chocolat que l'on croque

Acqua minerale Eau minérale, peut être con gas/gassata/frizzante (gazeuse) ou bien senza gas/non gassata/naturale (plate)

Succo di frutta Un jus de fruits en bouteille

Spremuta Un jus de fruit frais, pressé

SPÉCIALITÉS CULINAIRES

Bistecca alla fiorentina Côte de bœuf cuite à la braise

Bruschetta Pain grillé frotté à l'ail, avec de l'huile d'olive, nappé de tomates, de fèves fraîches, de salami...

Buccellati Pains parfumés à l'anis et fourrés de raisins secs

Cacciucco Ragoût de poisson (genre de bouillabaisse)

Cantucci Biscuits secs aux amandes à tremper dans le vin santo

Chianina Race bovine originaire du Val di Chiana dont la viande est réputée

Crespelle alla fiorentina Crêpes aux épinards et à la sauce béchamel

Crostini Toasts

Fettunta Synonyme de bruschetta

Focaccia Fougasse

Focaccina Petite pizza

Minestrone Soupe aux légumes

'Mbrecciata Soupe à l'ail et à l'huile d'olive (Ombrie)

Norcinerie Charcuteries d'Ombrie (Norcia)

Pappardelle alla lepre Larges tagliatelles accompagnées de sauce de civet de lièvre

Pecorino Fromage au lait de brebis

Porchetta Cochon de lait aux aromates

Ribollita Soupe aux haricots blancs, au chou noir et au pain

Saltimbocca Escalope de veau enrobée d'une tranche de jambon

Semifreddo Dessert mi-génoise, mi-glace

Tagliata Belle pièce de bœuf (manzo) coupé en tranche épaisse

Torciglione Pâtisserie de Pérouse à base d'amandes, d'œufs et de sucre

Trippa alla fiorentina Tripes à la sauce tomate, saupoudrées de parmesan

Zuppa di farro Soupe à base d'épeautre

INDEX

M

P

R

S-T

V

NOTES

Crédits photographiques

ILLUSTRATION RÉALISÉE EN PARTENARIAT AVEC

Couverture © Jon Arnold Image/hemis.fr **4ᵉ** © Jon Arnold Image/hemis.fr **3** - © Alena Bahdanovich/Shutterstock **4** - haut à gauche © Mauritius/Hemis, haut à droite © Cultura/Hemis, bas à gauche © Art Collection/Alamy/Hemis, bas à droite © David Burton/Alamy/Hemis **6** - © Andrea Pistolesi/Hemis **10** - © Jon Arnold Images/Hemis **11** - haut © Pierre Jacques/Hemis, bas © Archimago/Alamy/Hemis **12** - haut © Andrea Pistolesi/Hemis, bas - © René Mattes/Hemis **13** - © Manfred Gottschalk/Alamy/Hemis **14** - © Imagebroker/Hemis **15** - haut © Richard Soberka/Hemis, bas © RedHead/Alamy/Hemis **16** - haut © Jon Arnold Images/Hemis, bas Pierre Jacques/Hemis **17** - © Ivan Vdovin/Alamy/Hemis **19** - © Jean-Pierre Lescourret/Hemis **20** - © Mario Bonotto/Alamy/Hemis **23** - © Peter Erik Forsberg/Food/Alamy/Hemis **24** - © Andrea Pistolesi/Hemis **27** - © Digital Signal/Shutterstock **29** - © Pierre Jacques/Hemis **31** - © Scott Wilson/Alamy/Hemis **32** - © Anton Ivanov/Shutterstock **34** - © Peter Barritt/Alamy/Hemis **42** - haut © Colin Mitchell/Alamy/Hemis, bas à gauche © Domenico Tondini/Hemis, bas à droite © Darryl Brooks/Alamy/Hemis **43** - haut © Sergio Nogueira/Alamy/Hemis, bas © David South/Alamy/Hemis **45** - © Cultura/Hemis **46** - © @alidifirenze **47** - © Pierre Jacques/Hemis **49** - © Architect´s Eye/Alamy/Hemis **50** - © Peter Horree/Alamy/Hemis **53** - © David Burton/Alamy/Hemis **55** - © Galit Seligmann/Alamy/Hemis **57** - © Stephen Hyde/Alamy/Hemis **59** - © Andrea Pistolesi/Hemis **60** - © Peter Horree/Alamy/Hemis **62** - © Patrice Hauser/Hemis **65** - © Jon Arnold Images/Hemis **67** - © Andrea Pistolesi/Hemis **68** - © Andrea Pistolesi/Hemis **70** - © Danny Nebraska/Alamy/Hemis **73** - © Kamira/Shutterstock **74** - © ART Collection/Alamy/Hemis **77** - © SFM ITALY A/Alamy/Hemis **79** - © Volha Kavalenkava/Alamy/Hemis **81** - © Peter Barritt/Alamy/Hemis **82** - © Andrea Pistolesi/Hemis **84** - © BarbaJones/Shutterstock **87** - © Alamy/Hemis **89** - © Arkanto/Alamy/Hemis **91** - © Domenico Tondini/Alamy/Hemis **92** - © Roman Sigaev/Shutterstock **96** - haut © Andrea Pistolesi/Hemis, bas © escapetheofficejob/Alamy/Hemis **97** - haut © Hackenberg-Photo-Cologne/Alamy/Hemis, bas © Riccardo Sala/Alamy/Hemis **98** - © Andrea Moretti **99** - © Tuul et Bruno Morandi/Hemis **101** - © Mauritius/Hemis **105** - © Phillip Thomas/Alamy/Hemis **107** - © Jon Arnold Images/Hemis **108** - © Taraki/Shutterstock **111** - © Pierre Jacques/Hemis **115** - © World History Archive/Alamy/Hemis **116** - © Robert Harding/Hemis **118** - © Tim Graham/Alamy/Hemis **121** - © StevanZZ/Alamy/Hemis **122** - © Nick_Nick/Shutterstock **124** - © Andrea Pistolesi/Hemis **128** - haut © POMPE Ingolf/Hemis, bas © René Mattes/Hemis **129** - haut © Marco Rubino/Shutterstock, bas © Andrea Pistolesi/Hemis **130** - © Dario Cecchini **131** - © Hermes Jankone 1/Alamy/Hemis **133** - © Jon Arnold Images/Hemis **135** - © Peter Horree/Alamy/Hemis **137** - © Andrea Pistolesi/Hemis **138** - © Jam World Images/Alamy/Hemis **141** - © Marco Bicci/Alamy/Hemis **142** - © Laurent Giraudou/Hemis **144** - © Andrea Pistolesi/Hemis **147** - © Westend 61/Hemis **149** - © René Mattes/Hemis **151** - © Frantic00/Shutterstock **152** - © Maria Kovaleva/Shutterstock **154** - © Jon Arnold Images/Hemis **158** - haut © Eddy Galeotti/Alamy/Hemis, bas à gauche © PhotoBliss/Alamy/Hemis bas à droite © Jon Arnold Images/Hemis **159** - © Novarc Images/Hemis **160** - © Michael Depasquale **161** - © Julian Elliott/Alamy/Hemis **163** - © imagebroker/Hemis **166** - © Andrea Pistolesi/Hemis **169** - © Wojciech Strozyk/Alamy/Hemis **171** - © Jon Arnold Images/Hemis **173** - © Patrick Escudero/Hemis **174** - © Andrea Pistolesi/Hemis **176** - © Andrea Pistolesi/Hemis **178** - © Axiom/Hemis **181** - © Jon Arnold Images/Hemis **184** - © Riccardo Sala/Alamy/Hemis **187** - © Eloise Adler/Shutterstock **188** - © Laurent Giraudou/Hemis **190** - © Stephen Hughes/Alamy/Hemis **192** - © Everett - Art/Shutterstock **195** - © Dmitry Kushch/Fotolia **197** - © jorisvo/Shutterstock **199** - © Ian Dagnall Computing/Alamy/Hemis **200** - © Azoor Photo/Alamy/Hemis **203** - © Fashcool/Fotolia **205** - © Marc Hill/Alamy/Hemis **206** - © Cultura/Hemis **208** - © Cultura/Hemis **218** - © Andrea Pistolesi/Hemis

Toscane et Florence

Auteurs Assia Rabinowitz
Jean-François Breuiller, Alice Cheron, Jean-Louis Fontanel, Julie Innato, Mélani Le Bris, Cosimo Piccardi, Anthony Rendall

Directrice éditoriale Hélène Firquet
Responsable éditoriale adjointe Christina Beckers
Édition Anne-Valérie Cadoret, Emmanuelle Fernandez
Responsable artistique Flora Monnin
Maquette David Alazraki
Conception graphique Elhadi Yazi
Infographie Stéphane Jungers
Cartographie EdiCarto
Correction Fabienne Texier-Pinson
Mise à jour Julie Innato

Gallimard Loisirs 5, rue Gaston-Gallimard 75328 Paris Cedex 07
Tél. 01 49 54 42 00 contact@geo-guide.fr guides-gallimard.fr / geoguide-coups-de-coeur /
La collection GEOGuide a été créée en association entre Prisma Presse / GEO et Gallimard Loisirs

Numéro d'édition 375710 - ISBN 978-2-7424-6311-4

Impression Lego (Italie) **Photogravure** Nord Compo (Villeneuve-d'Ascq)

Avis aux GEOVoyageurs Entre l'enquête effectuée sur le terrain et la parution du guide, et compte tenu de l'épidémie de Coronavirus (Covid-19), les établissements mentionnés peuvent avoir fermé et certaines informations s'être périmées. Renseignez-vous auprès des prestataires pour organiser vos déplacements et votre séjour et pensez à réserver. N'hésitez pas à nous faire part de vos commentaires et de vos corrections à : contact@geo-guide.fr !

PEFC
PEFC/18-31-280

Cartes

- Autoroute et 2x2 voies
- Route principale
- Route secondaire
- Autre route
- Zone urbaine
- Parc naturel
- Sommet
- Tunnel, col, défilé
- Liaison maritime
- Aéroport
- Plage

Profondeur (en mètres)
- Plus 200
- De 50 à 200
- Moins de 50

Altitude (en mètres)
- De 0 à 100
- De 100 à 200
- De 200 à 500
- De 500 à 1 000
- De 1 000 à 1 500
- Plus de 1 500

Plans

- Axe urbain
- Espace vert
- Cimetière
- Bâtiment
- Voie ferrée
- Site remarquable
- Office de tourisme
- Gare ferroviaire
- Gare routière
- Station de tramway
- Parking